全国电力行业"十四五"规划教材

中国电力教育协会工程管理类专业精品教材

工程项目融资

（第二版）

主　编　王　乐　杨茂盛

副主编　孙　莉

参　编　杨　杨　薛文碧　张健为

　　　　樊　瑜　赵金煜

中国电力出版社

CHINA ELECTRIC POWER PRESS

内 容 提 要

本书为中国电力教育协会工程管理类专业精品教材、全国电力行业"十四五"规划教材。全书分为十一章，主要内容包括工程项目融资的组织结构、项目的可行性与可融资性分析、工程项目融资的投资结构、工程项目融资的方式、工程项目的资金成本和资金结构、工程项目融资的基本模式、工程项目融资的典型模式、工程项目融资的风险、工程项目融资的信用担保、国内外工程项目融资案例。全书主要围绕项目融资结构的四大模块，即项目的投资结构、项目的融资结构、项目的资金结构以及项目的信用保证结构进行叙述，详略得当，重点突出，案例丰富，融入课程思政内容，实用性强。

本书可作为普通高等院校管理科学与工程类相关专业的教材，也可作为高职高专院校工程管理等相关专业的教材，还可供项目融资工程咨询等人员参考。

图书在版编目（CIP）数据

工程项目融资/王乐，杨茂盛主编 . —2 版 . —北京：中国电力出版社，2024.11
ISBN 978-7-5198-8902-9

Ⅰ . ①工… Ⅱ . ①王…②杨… Ⅲ . ①基本建设项目－融资 Ⅳ . ①F830.55

中国国家版本馆 CIP 数据核字（2024）第 099413 号

出版发行：中国电力出版社
地　　址：北京市东城区北京站西街 19 号（邮政编码 100005）
网　　址：http://www.cepp.sgcc.com.cn
责任编辑：霍文婵（010-63412545）
责任校对：黄　蓓　常燕昆
装帧设计：赵姗姗
责任印制：吴　迪

印　　刷：固安县铭成印刷有限公司
版　　次：2016 年 7 月第一版　　2024 年 11 月第二版
印　　次：2024 年 11 月北京第一次印刷
开　　本：787 毫米×1092 毫米　16 开本
印　　张：15
字　　数：369 千字
定　　价：48.00 元

前　言

我国经济正处于迅速发展的关键期，大型基础设施项目的开发与建设已成为经济持续、健康发展的重要保证。2023 年国务院办公厅转发国家发展改革委、财政部《关于规范实施政府和社会资本合作新机制的指导意见》通知，提出规范实施政府和社会资本合作新机制，充分发挥市场机制作用，拓宽民间投资空间。坚决遏制新增地方政府隐性债务，提高基础设施和公用事业项目建设运营水平，确保规范发展、阳光运行。随着新的投资领域、投资机会的出现，项目融资已经成为项目筹集资金的重要手段，以解决大型基础设施工程项目建设的资金来源问题，推动社会经济基础设施项目的发展。

本书依据教育部高等教育司产学合作协同育人项目《〈工程项目融资〉课程建设》编写，以工程项目融资的四大模块为核心，即项目的投资结构、资金结构、融资结构以及信用保证结构。

（1）投资结构主要确定项目的实际投资者对项目资产的法律拥有形式和项目投资者之间的权利义务关系。

（2）资金结构重点阐述债务资金和权益资金。不同项目的资金结构存在差异，作为项目的直接投资者，必须根据项目的特点、现金流量以及风险状况，合理地选择项目的资金来源。

（3）融资结构的内容包括传统模式和典型模式，本书重点探讨 BOT 模式、PPP 模式和 ABS 模式的应用，同时引入"港珠澳大桥"工程项目作为典型案例进行详细阐述。

（4）信用保证结构主要从定性层面探讨风险管理和担保方式，帮助学习者理解有效的风险防范措施是工程项目融资成功的关键，结合工程项目实际设计合理的融资方案。

本书与行业发展趋势同步，符合工程管理相关专业的培养目标，为基础设施建设领域奠定了基础。本书的主要特色如下：

（1）理论与实践紧密结合。基于世界现代建筑的七大奇迹为教学案例背景，引入工程项目融资实际案例，引导学习者在掌握工程项目融资基本框架的基础上，理解工程项目融资决策的理论与分析方法，注重对学习者实践操作技能的培养，真正提高学习者在实际融资活动中发挥主观能动作用的能力和素质，为社会培养具有人文素养与融资技能兼备的精英人才。

（2）弘扬大国工匠精神，融入课程思政案例。在国内工程项目融资案例中引入"港珠澳大桥""北京大兴国际机场"等工程项目，从多层次、多角度反映当前工程领域的研究前沿，挖掘其中所蕴含的爱国精神、奋斗精神、坚持不懈精神、开拓创新精神等思想政治教育元素，构建课程思政案例集，对我国基础设施建设领域具有指导意义。

本书共十一章，由王乐担任主编，杨茂盛负责统撰定稿，具体分工如下：第一章由赵金煜编写，第二章由薛文碧编写，第三章由樊瑜编写，第四、七、八章由王乐编写，第五、六章由杨杨编写，第九、十章由孙莉编写，第十一章由张健为编写。感谢学生何佳橄和罗雅支在后期参与书稿的校对和完善工作。

本书配套教学资源：《工程项目融资》的 MOOC 教学资源（超星学银在线平台：https://www.xueyinonline.com/detail/235237238），包括教学大纲、教案、教学计划、PPT 课件、习题库以及试题库等，供读者学习使用。

本书在编写过程中，借鉴并参考了大量的专业文献资料以及同类教材的信息资料，在此谨向这些文献的作者表示感谢。

限于编者水平，书中难免存在不足和疏漏，恳请读者批评指正，以便今后进一步完善和提高。

编　者

2024 年 8 月于北京

第一版前言

项目融资自 20 世纪 70 年代作为一种筹资模式兴起以来，如今在世界各地的运用已经相当普遍。项目融资的资金来源更加广泛，期限更长，政府介入更少，涉及项目遍布能源、石化、电子等行业，有效地解决了各国经济发展过程中资金不足的问题，极大地推动了世界经济的发展。

中国经济正处于快速发展期，基础项目的开发与建设已成为经济持续、健康发展的重要保证。随着经济的进一步发展和新的投资领域、投资机会的不断出现，我国一些大型基础设施项目陆续采用项目融资方式进行建设，并取得了一定成效。但项目融资不同于一般的贷款，项目融资的贷款人通常只能以项目本身的现金流量作为偿债资金的来源。因此，项目融资面临的信贷风险比其他传统的融资方式大得多。

本书主要围绕项目融资的四大模块，即项目的投资结构、融资结构、资金结构以及信用保证结构进行叙述，其中投资结构主要确定项目的实际投资者对项目资产的法律拥有形式和项目投资者之间的权利义务关系，通常采用的项目投资结构包括公司型合资结构、合伙制结构、非公司型合资结构和信托基金结构等。在项目的可行性研究阶段，除了要考虑项目的技术可行性和经济合理性外，还必须考虑项目融资方案是否能被贷款银行接受，即融资的可行性，与项目融资环境及融资结构和模式有关系。融资模式的设计通常与项目自身的特点、项目投资者的要求以及项目所在国的经济、政治及法律环境等因素有密切关系。

在项目融资中，既有债务资金，也包括权益资本，在不同的项目中其资金结构会存在差异。对于项目直接投资者和项目融资者来说，必须根据项目的特点及其现金流量、风险状况合理地选择项目的资金来源。项目融资的融资模式包括基本模式和典型模式。项目融资模式的设计和选择是一个十分复杂的过程，每一个项目融资都具有独特的特点，所适用的范围也会有所不同。在项目的融资模式中结合工程实际和项目融资发展趋势，重点探讨了 BOT 模式、PPP 模式和 ABS 模式。最后，列举了工程项目融资的国内外经典案例。

本书由王乐、杨茂盛担任主编，孙莉担任副主编，其中第一章由赵金煜编写，第二章由薛文碧编写，第三章由樊瑜编写，第四章、第七章、第八章由王乐编写，第五章、第六章由杨杨编写，第九章、第十章由孙莉编写，第十一章由张健为编写。全书由杨茂盛统筹，董皓璐、李京凯做了大量校对和书稿完善工作。本书各章后附有思考题，以便读者在学习过程中通过思考与练习，更好地掌握相关知识。

长安大学来延肖审阅了全书，在此表示感谢！此外，本书在写作过程中，参考了部分专业资料，谨在此向这些资料的作者表示衷心感谢！

限于作者水平，书中难免存在不足和疏漏之处，恳请读者批评指正。

编　者
2016 年 4 月

目　　录

第一章 概　述

第一节　工程项目融资概况

项目融资这种特殊的融资方式，其早期形式可以追溯到 20 世纪 50 年代，美国一些银行利用产品贷款方式为石油、天然气项目安排的融资活动。然而，项目融资开始受到人们的广泛重视，并被视为国际金融的一个独立分支，是以 20 世纪 60 年代中期在英国北海油田开发中所使用的有限追索项目贷款作为标志的。项目融资已成为广泛应用于大型工程项目的资金筹集过程的重要手段，对于解决大型工程项目建设的资金缺口，尤其是缓解基础设施项目建设的资金紧张局面起到了十分重要的作用。在长期的实践中，各国都在项目融资领域积累了丰富的实践经验和理论成果。

一、定义

工程项目融资作为一个金融术语，还没有一个准确、公认的定义。项目融资可以从广义和狭义两个角度进行理解。

从广义上讲，凡是为了建设一个新项目或是收购一个现有项目以及对已有项目进行债务重组所进行的融资活动，均可称为项目融资。从狭义上讲，只有"有限追索"或"无追索"形式的融资活动才被称为项目融资，主要包含了以下基本内容：第一，项目融资是以项目为主体安排的融资，项目的导向决定了项目融资的基本方法；第二，项目融资中的债务偿还来源仅限于项目本身，项目融资用来保证贷款偿还的主要来源被限制在被融资项目本身的经济强度之中。

项目的经济强度可以从两个方面来衡量：一是项目未来的可用于偿还贷款的净现金流量，二是项目本身的资产价值。因此，在安排项目融资时，项目借款人对项目所承担的债务责任与其本身所拥有的其他资产和所承担的其他义务在一定程度上是分离的。

因此，项目融资是以项目的资产、预期收益或权益作抵押取得的一种无追索权或有限追索权的融资或贷款。在实践中，项目融资又被分成两个类型：无追索权的项目融资和有限追索权的项目融资。

（一）无追索权的项目融资

无追索权的项目融资是指项目发起人除了正常承诺提供的项目资本金外，不需要对项目贷款人提供任何其他支持，贷款人对项目发起人其他资产无任何追索权，只能依靠项目资产和项目所产生的收益作为还本付息的来源。

要安排无追索权的项目融资，需要对项目进行严格的论证，使项目贷款人理解并接受项目运行中的各种风险。因此，从某种程度上说，无追索权项目融资是一种低效的、昂贵的融资方式。

（二）有限追索权的项目融资

有限追索权的项目融资是指项目发起人在某个特定阶段或者规定的范围内，除承担对项目的出资额以外，还需承担有限的债务责任和义务，如提供从属贷款和出具履约保函，以承担已经识别一定时间或范围的项目风险，如项目建设和运营风险。除此之外，无论项目出现何种问题，贷款人均不能追索到借款人除该项目资产、现金流量以及所承担义务之外的任何财产。

这种有限追索性一般表现在时间上的有限性、金额上的有限性和对象上的有限性。

（1）时间上的有限性。一般在项目的建设开发阶段，贷款人有权对项目发起人进行完全追索，项目达到"商业完工"标准后，进入正常运营阶段时，贷款可能就变成无追索性质。也就是说，建设阶段仍然由项目发起人承担完工风险。

（2）金额上的有限性。如果项目在经营阶段不能产生足额的现金流量，其差额部分可以向项目发起人进行完全追索。

（3）对象上的有限性。如果项目是通过发起人成立的、具有单一目的项目实体进行的融资，除发起人为项目公司提供的担保外，贷款人一般只能追索到项目公司，而不能对项目发起人追索。大多数项目融资都是有限追索的。

至于贷款人在多大程度上对项目发起人进行追索，取决于项目的特定风险和市场对该风险的态度。

二、传统公司融资和项目融资方式的比较

传统的公司融资是通过发起人向银行贷款或发行股票、债券等方式筹集项目建设和经营所需要的资金。项目融资是新型融资方式，它与传统的公司融资方式有很大的区别。

传统的公司融资方式是依赖一个公司的资产负债及总体信用状况，为项目筹措资金，以公司本身作为债务人而进行的融资活动，包括发行公司股票、公司债券、取得银行贷款等。公司融资是完全追索权融资，而项目融资通常是无追索或有限追索形式的筹资方式。

举例说明项目融资与传统公司融资的区别。

某有限责任公司现有 A、B 两个项目，为满足日益增长的市场需求，决定增建 C 项目。增建 C 项目的资金筹集方式有两种：第一种，有限公司以整体为抵押，借来的资金用于建设 C 项目，而归还贷款的资金来源于 A、B、C 三个项目的收益。如果 C 项目建设失败，该公司把原来 A、B 两个项目的收益作为偿债的担保。这时，贷款方对该公司拥有完全追索权。所谓追索，是指贷款人在借款人未按期偿还债务时，要求借款人用以除抵押资产之外的资产偿还债务的权力，如图 1-1（a）所示。第二种，借来的资金用于建设 C 项目，用于偿还债务的资金仅限于 C 项目建成后的收益，如果 C 项目建设失败，贷款方只能从清理 C 项目的资产中收回一部分，除此之外，不能要求该公司从其他渠道获得的资金来源，包括 A、B 两个项目的收益来归还贷款，这时称为贷款方对公司无追索权；或者在签订贷款协议时，只能要求公司把其特定的一部分资产作为贷款担保，这时可称为贷款方对公司拥有有限追索权，如图 1-1（b）所示。

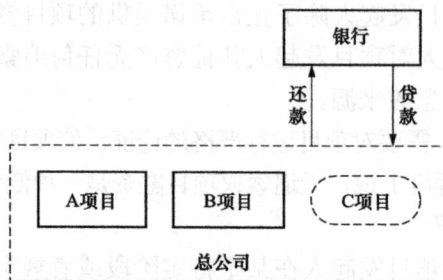

（a）传统融资方式

图 1-1 传统融资方式与项目融资的比较（一）

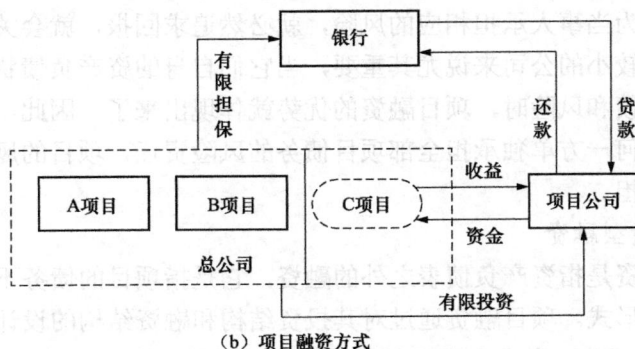

（b）项目融资方式

图 1-1 传统融资方式与项目融资的比较（二）

第二节 工程项目融资的特点

一、项目融资的基本特点

与传统的公司融资方式相比，工程项目融资的基本特点可以归纳为以下几个主要方面。

（一）项目导向

项目融资的首要特点是依赖于项目的现金流量和资产而不是依赖于项目的投资者或发起人的资信来安排融资。贷款银行在项目融资中主要考虑的是项目的经济强度，即依赖于项目的现金流量和资产而不是依赖于项目的投资者或发起人的资信。

因而与传统的公司融资相比，采用项目融资一般可以获得较高的贷款比例。根据项目的经济强度，通常可以获得 60%～75% 的资本需求量，在某些项目中甚至可以做到 100% 的融资。事实上，贷款人希望项目发起人能够投入大量的股本资金，发起人的投资不仅能够降低项目的整体负债水平，还表明发起人对项目的关心程度，其投入的股本比例越大，就越关心项目的成败，就越能增强贷款人对项目的信心。

（二）有限追索

有限追索是工程项目融资的第二个特点，是项目融资与传统公司融资区别的重要标志，无追索权可以看成有限追索项目融资的特例，即完全依靠项目的经济强度实现融资，这在实际应用过程中很难实现。作为有限追索的项目融资，贷款人可以在贷款的某个特定阶段（例如项目的建设期）对项目借款人实行追索，或者在一个规定的范围内（这种规定范围包括金额和形式的限制）对项目借款人实行追索。除此之外，无论项目出现任何问题，贷款人均不能追索到项目借款人除该项目资产、现金流量以及所承担的义务之外的任何形式的财产。

追索的程度则是根据项目的性质，现金流量的强度和可预测性，项目借款人在这个项目中的经验、信誉以及管理能力，借贷双方对未来风险的分担方式等多方面的综合因素，通过谈判确定的。对一个具体的工程项目而言，由于在不同阶段项目风险程度及表现形式会发生变化，因而贷款人对"追索"的要求也会随之相应调整。

（三）风险分担

在项目融资中，项目中任何一方都无力单独承担全部项目债务的风险责任，为了实现项目融资的有限追索，需要把与项目有关的风险要素，以某种形式在项目投资者、贷款方以及与项目开发有直接或间接利益关系的其他参与者之间进行分担。这种风险分担结构提高了项目成功的可能性，因为当事人承担相应的风险，就必然追求回报，就会关注项目的成败。这一特点对于一些规模较小的公司来说尤其重要，当它们自身的资产负债状况不足以承担一个大型的工程项目的负债和风险时，项目融资的优势就体现出来了。因此，一个成功的项目融资结构应该是没有任何一方单独承担全部项目债务的风险责任，项目的风险由任何与项目有关系的参与者共同分担。

（四）非公司负债型融资

非公司负债型融资是指资产负债表之外的融资，它是指项目的债务不体现在公司的资产负债表中的一种融资形式。项目融资通过对其投资结构和融资结构的设计，可以帮助投资者（借款人）将贷款安排成为一种非公司负债型的融资，使项目的债务不表现在项目投资者（即实际借款人）的公司资产负债表中，只以某种说明的形式反映在公司资产负债表的注释中。根据项目融资风险分担原则，贷款人对项目的债务追索权主要被限制在项目公司的资产和现金流量中，项目投资者（借款人）所承担的是有限责任，因而有条件使融资被安排成为一种不需要进入项目投资者（借款人）资产负债表的贷款形式。

非公司负债型融资对于项目投资者的价值在于，使得这些公司有可能以有限的财力从事更多的投资，同时将投资的风险分散并将投资限制在更多的项目之中。一个公司在从事超过自身资产规模的项目投资，或者同时进行几个较大的项目开发时，这种融资方式的价值就会充分体现出来。

（五）信用结构多样化

在项目融资过程中，贷款的信用结构是灵活多变的，具有多样化的特点。一个成功的项目融资，可以将贷款的信用支持分配到与项目有关的各个关键方面。例如，在市场方面，可以要求对项目产品感兴趣的购买者提供一种长期购买合同作为融资的信用支持（这种信用支持所能起到的作用取决于合同的形式和购买者的资信）；资源性项目的开发受到国际市场需求、价格变动的影响很大，能否获得一个稳定的、合乎贷款银行要求的项目产品长期销售合同，往往成为能否组织成功项目融资的关键；在工程建设方面，为了减少风险，可以要求工程承包公司提供固定价格、固定工期的合同，或"交钥匙"工程合同，要求项目设计者提供工程技术保证；在原材料和能源供应方面，可以要求供应方在保证供应的同时，在定价上根据项目产品的价格变化设计一定的浮动价格公式，以保证项目的最低收益。这些方式，都可以成为项目融资强有力的信用支持，提高项目的债务承受能力，减少融资对投资者（借款人）资信和其他资产的依赖程度。

（六）融资成本高

工程项目融资涉及面广、结构复杂，通常需要做大量的有关风险分担、税收结构、资产抵押等一系列技术性的工作，筹资文件往往比一般公司融资文件要多出几倍，需要几十个甚至上百个法律文件才能解决问题，这些必然使得组织项目融资要花费更长的时间，从而导致前期费用较高。同时，由于此项目融资属于有限追索性质，贷款方承担的风险较传统的公司融资大，所以希望获得较高的风险收益，这样便使得贷款利率要比普通贷款利率高。工程项目融资的这一特点限制了其使用范围。因此，在实际运作中，除了需要分析工程项目融资的优势之外，还必须考虑到工程项目融资的规模及经济效益问题。只有项目所需资金非常巨大，在规模效应的作用下，才可以在利用项目融资方式解决资金的同时还能实现一定的综合投资回报率目标。

（七）能够发挥税务结构优势

充分利用税务优势，是在项目所在国税法允许的正常范围内，通过精心设计的投资和融资结构，把项目的税务亏损作为一种资源最大限度地加以利用，以此为杠杆来降低融资成本，减少项目高负债期的现金流量压力，提高项目的偿债能力和综合收益率。

在项目融资中使用的税务亏损是一种结构性亏损，不能简单地等同于一般意义上的经营性亏损。这种亏损多出现在项目投资的前期，是由于项目的投入与产出在时间上不匹配造成的，主要成因包括固定资产折旧、债务资金的利息成本，以及一些特殊的成本摊销等。

二、项目融资的弊端

项目融资的基本特点使其在大型项目应用中具有一定潜力，但是其本身也有弊端。

（一）风险分配的复杂性

项目融资的核心是识别和分配风险，由于项目融资风险较大，风险种类较多，并且参与者众多，为在各参与方之间适当地分配风险，满足各参与方的要求，往往要经过较长时间的谈判，通过签订若干个合同的形式确定下来。因此，其风险的分配往往较为复杂，极有可能增加相应的成本。风险分配的复杂性使项目融资方式在发展中国家实施较为困难，主要由于这些国家的企业独立承担项目风险的能力相对较弱。

（二）增加了贷款人的风险

由于在项目融资过程中贷款人对项目发起人只拥有有限追索权或无追索权，所以，尽管在融资过程中贷款银行会要求项目发起人或其他利益相关方提供各种形式的担保或抵押，但项目的某些风险仍然不可避免地转移给了贷款银行，这与许多国家规定的银行不能作为风险的承担者相背离。

（三）贷款人的过分监督

由于贷款银行承担了项目中的风险，为保证银行自身的贷款的安全性，它必然要加强对项目发起人及项目公司的监管来控制所面临的风险，这种监管就过分了。例如，有时银行要求项目公司将项目报告、项目经营状况、项目工程技术报告等资料及时通报给贷款人，这样不仅会影响项目经营决策的效率，而且会增加项目的成本。此外，贷款人为规避风险，往往要求对项目进行过度的保险，并限制项目所有权的转移以确保项目经营管理的连续性。

（四）较高的利息和费用负担

与传统的公司融资方式相比，项目融资存在的一个主要问题是相对筹资成本较高，组织融资所需要的时间较长。贷款人承担了较传统的公司融资方式更多的风险，这必然导致项目融资的利息和费用负担也较传统公司融资要高。因此，只有项目所需要的资金数量确实非常巨大时才考虑利用项目融资这种融资方式。这对项目融资的应用具有较大的限制。

第三节　工程项目融资的适用范围

由于项目融资的有限追索性、风险分担等特点，使得项目融资在大型项目融资过程中占有优势，能够完成传统公司融资不能完成的项目。与传统公司融资方式相比，项目融资突出了以下功能：

1. 筹资能力强，能更有效地解决大型工程项目筹资问题

大型工程项目投资额一般巨大，少则几亿，多则上百亿，一般的投资者筹资能力有限，

仅凭自己的筹资能力，很难筹集到如此巨大的资金；同时，大型工程项目需要巨额资金，伴随的风险也很大，这两点就决定了传统的公司融资方式是行不通的。而采用项目融资则可以有效地解决这两个问题，因为项目融资通常是无追索或有限追索形式的贷款，项目融资的能力超过投资者自身的筹资能力，同时项目融资风险分担的特点，由不同的参与者分担，从而实现了筹资和风险分担的双重目的，解决了项目需要的资金。

2. 融资方式灵活多样，能减轻政府的财政负担

无论发达国家，还是发展中国家，政府能出资建设的项目都是有限的，或者说很难满足经济发展的需要。这主要是因为政府的财政预算支出的规模和政府举债的数量要受综合国力的制约。同时，政府要在经济发展的各项投资之间保持一定比例的均衡，需要解决建设任务和资金供给之间的矛盾，项目融资则是一个有效的途径。因为项目融资方式是多种多样的，灵活的，可以吸引众多的民间资本参与其中，解决了应由政府负责的项目资金问题，为政府财政支出减轻了负担。

3. 实现项目风险分散与风险隔离，能够提高项目成功的可能性

项目融资的多方参与的结构决定了其可以在项目发起人、贷款人以及其他项目参与方之间分散项目风险，通过各方签订的项目融资协议，能够明确项目风险责任的分担。对于项目发起人来说，利用项目融资的债务屏蔽功能，可实现资产负债表外融资，将贷款人的债务追索权限于项目公司，降低自身的财务风险。而贷款人也可以根据项目的预期收益和风险水平，要求发起人提供项目融资担保，在项目无法达到合理现金流量时，能够最大限度避免贷款风险。同时，由于各方都承担风险，必然在项目融资过程中追求合理的回报，最终促进项目融资成功。

第四节 工程项目融资的产生及发展

项目融资是经济技术发展到一定的阶段，为满足大型项目建设的需要，在特定的历史阶段应时代要求而产生的，因此也就只有建筑技术能够支撑大型或超大型项目的建设，而单个企业不能满足这种大型项目的资金需求或者不能承担大型项目带来的风险时，就需要在市场上筹资和寻找风险分担者，项目融资就是满足了这种要求才逐渐发展起来的。

一、项目融资兴起的原因

现代意义上的项目融资的产生，是由特定的历史背景和项目融资本身的特点决定的。从项目融资的产生和发展过程来看，项目融资是适应项目建设的发展和各国特定的历史环境而发展起来的。项目融资在世界范围内迅速兴起，日益受到人们的瞩目与青睐。这种融资方式对发电厂、通信、基础设施建设等资本密集型产业具有特殊的吸引力。这种吸引力来源于以下几个方面：

1. 资金获取

一般来说，基建项目的资金需求量是比较大的，项目发起方往往难以独自筹集到项目建设所需的全部资金。项目融资为项目的发起方提供了一个具有有限追索权或无追索权的资金来源，项目因此在资金上有了保障。

2. "资产负债表以外"的会计处理

对项目发起方来说，如果它直接从银行贷款，它的负债率就会提高。这会加剧它所面临

的金融风险，加大它在未来的融资成本。而如果项目发起方采用项目融资，由于项目融资中的银行贷款通常是没有追索权的，它对项目发起方的资产负债表并没有什么影响。发起方的债权债务都不会因此而有任何改变。即便项目发起方做出一些承诺和担保，也不会影响其资产负债表上债务与权益的比例。

3. 风险分担

项目融资中的贷款一般是无追索权或有限追索权的，所以项目发起方虽然是项目的权益所有者，但并不承担项目的风险。一旦项目不能创造出足够的现金流量来偿付贷款，风险将由项目参与者共同分担，这种风险分配结构对那些规模相对较小的借款方或项目发起方尤为重要，无追索权的贷款使它们不至于因为项目的失败而破产。

在风险分散的过程中，项目的境外权益投资者会希望由一家或几家规模庞大的跨国银行来承担某些政治风险，如价格限制、税收、进出口壁垒、不公平竞争、财产没收和收归国有等。而项目的贷款银行也不会独当一面，它们会要求项目所在国、所在地的政府就项目做出相应的担保和承诺。可以看出，在复杂的相互担保中，项目的风险被有效地分散了。

4. 税收好处

项目融资允许高水平的杠杆结构，这在某种程度上意味着资本成本的降低，因为在大多数国家贷款利息是免税的，而股权收益则必须上税。在项目融资中，可以达到70%以上的资产负债率，有的项目负债率甚至达到100%。

此外，在很多国家新企业会享受资本支出的税收优惠和一定的免税期，这也会鼓励项目发起方考虑项目融资这种融资方式。为了利用免税期，它们需要在项目所在地成立一个项目公司。

5. 借款限制

采用项目融资，项目发起方可以避开银行对它们的某些贷款限制。如果发起方在其签订的合同或信用文件中有限制其借款的条文的话，那么它完全可以通过项目融资的某些形式，如远期购买协议、受托借款或产品支付协议等来构造一种在法律上不能算作"借款"的融资结构。项目融资的优越性是有代价的。同传统融资相比，项目融资成本要更高。

二、现代项目融资的发展

（一）20世纪80年代以前的项目融资主要应用于资源开发项目

现代最早进行项目融资的可能算是美国通过发行工业收益债券（IRBs）进行城市基础设施和地区基础设施建设融资这一案例了。1913年，美国国会给那些州或者政府下级机构（简称市政）发行的工业收益债券的持有者所获得的收益提供免税政策，从而促进了美国市政债券的迅速发展。

（二）20世纪80年代后的项目融资向基础设施领域发展

发展中国家的基础设施项目在第二次世界大战后都是通过财政拨款、政府贷款和国际金融机构贷款建设的。但进入20世纪70年代后，发展中国家大量举债导致国际债务危机加剧、对外借款能力下降、预算紧张。在这种情况下，政府很难拿出更多的资金投资需求日益增加的基础设施建设项目。经济要发展，基础设施建设必须加强，各国开始不断地寻求一种新的融资方式，来解决经济发展和财政困难的矛盾。

在发达国家，以往的基础设施项目基本上也是通过财政预算，由政府直接拨款建设。进入20世纪70年代后，情况发生了一些变化，一是随着经济的发展和人民生活水平的提高，对公共基础设施的需求量越来越大、标准越来越高，而政府的财政预算则越来越紧张，由政府全额出资建设庞大的公共基础设施项目越来越困难；二是西方经济发达国家宏观经济政策的一个重要变化就是对国有企业实行私有化，而公共基础设施项目作为国有部门的一个重要领域，在私有化过程中首当其冲。在这种情况下，项目融资也成了发达国家建设基础设施的重要融资方式。

（三）项目融资逐渐向多国和多行业发展

20 世纪 80 年代初开始的世界性经济危机，使得项目融资的发展进入了一个低潮期。一方面，国际银行界最有利可图的发展中国家贷款市场由于一些国家特别是南美洲国家发生债务危机，已不可能再承受新的债务；另一方面，能源、原材料市场的长期衰退，迫使包括工业国家在内的公司、财团对这一领域的新项目投资持非常谨慎的态度，而这一领域又是项目融资的一个主要的传统市场。目前，在发达国家，随着对基础设施需求的减少，项目融资重点正转向其他方向，如制造业。

所以，从全球范围来看，项目融资正处在一个应用范围日益扩大的阶段。由于项目融资规模、地域范围的扩大，风险分析日益成为项目融资的重要方面。

三、项目融资在中国的现状与发展前景

为使我国的项目融资尽快走上正轨，并按国际惯例进行运作，对外贸易经济合作部于 1994 年发布了《关于以 BOT 模式吸引外商投资有关问题的通知》〔1994〕外经贸法函字第 89 号，国家发展和改革委员会也于 1997 年 4 月发布了《境外进行项目融资管理暂行办法》，这些文件基本构成了中国 BOT 项目融资的法律框架。目前，我国项目融资在国内的运用范围主要局限于电力、公路、桥梁等大型基础设施项目。

2014 年 11 月，国务院发布《国务院关于创新重点领域投融资机制鼓励社会投资的指导意见》（国发〔2014〕60 号），提出鼓励社会资本投资运营农业和水利工程，积极推动社会资本参与市政基础设施建设运营。

2015 年 5 月，国务院部署推广政府和社会资本合作（PPP）模式，汇聚社会力量增加公共产品和服务供给。会议称，"在交通、环保、医疗、养老等领域，推广政府和社会资本合作模式，以竞争择优选择包括民营和国有企业在内的社会资本，扩大公共产品和服务供给，并依据绩效评价给予合理回报，是转变政府职能、激发市场活力、打造经济新增长点的重要改革举措"。同时各职能部门、各省也发文部署政府和社会资本的融资模式。

2023 年 11 月 3 日，国务院办公厅转发国家发展改革委，财政部的国办函〔2023〕115 号文件《关于规范实施政府和社会资本合作新机制的指导意见》，指导意见提出，规范实施政府和社会资本合作新机制，充分发挥市场机制作用，拓宽民间投资空间。

第五节　工程项目融资的现实意义

随着经济的发展，基础设施建设资金需求量与政府资金短缺之间的矛盾日益突出，特别是发展中国家，这种情形尤为严重，而工程项目融资具有有限追索性质，适用于投资大、具有稳定收益的大型或超大型项目。

一、工程项目融资的一般意义

在为一个项目安排项目融资时，项目借款人对项目所承担的责任与其本身所拥有的其他

资产和所承担的其他义务在一定程度上是分离的。对于一个贷款人来说，虽然在初始时可能愿意完全依赖于项目现金流量和资产价值作为其贷款的基础，但是也必须考虑在最坏情况下贷款能否得到偿还的问题。如果项目的经济强度不足以支撑在最坏情况下的贷款偿还，那么贷款人就可能要求项目借款人以直接担保、间接担保或其他形式给予项目附加的信用支持。因此，一个项目的经济强度，加上项目投资者（借款人）和其他与该项目有关的各个方面对项目所做出的有限承诺，就构成了项目融资的基础。

项目融资的这一主要特性，在很多情况下可以帮助项目的投资者更为灵活地安排资金，实现其按照传统的融资方式可能无法实现的一些特殊的目标要求。

二、项目融资对我国项目建设的意义

1. 有利于加快城市基础设施的步伐

优先发展基础设施是世界经济发达国家的成功经验。据分析，GDP 要增长 1%，基础设施必须至少增长 1%作保证，并应适度超前。我国城市在开发和发展过程中，基础设施的建设远远滞后于经济发展和城市发展的步伐。通过项目融资模式，利用社会资本直接投资和经营基础设施产业，可以弥补基础设施建设资金不足的主要问题，大大加快我国基础设施建设的步伐。

2. 有利于减轻政府财政负担

政府财政需要满足国家经济建设、社会文教发展、行政管理支出等方面的需要，在各个方面中进行综合平衡。利用项目融资模式，可以充分利用私人资金发展我国的重大项目建设，减少项目建设对政府财政预算的影响，使政府在自有资金不足的情况下，仍能上马一些基建项目，从而支持国家经济发展。

3. 有利于改善投资结构

目前我国重大建设项目的投资主体主要是政府，投资体制格局单一，政府指令性投资比重大，资金缺口较大。采用项目融资方式，利用国际和国内商业资本直接投资和经营项目，实现投资主体多元化，改善我国项目建设的投资结构，有利于加快制度创新，实现资源的最优配置，增强我国产业的生机和活力。

4. 有利于借鉴国外成功经验，提高项目建设管理水平

我国项目建设中有属于技术密集型项目，而目前我国项目建设所需的一些单项或成套综合技术在一定程度上与国际先进水平还有差距，一些先进设备还不能制造，在设备引进上又存在资金缺口。采用项目融资方式，把私营企业的效率引入公用项目，极大地提高项目建设质量和加快项目建设进度。

第六节　工程项目融资成功的条件

运用复杂的融资结构把各方面参与者在项目中的利益结合在一起，达到限制风险、增强项目债务承受能力的目的，以实现项目投资者采用其他融资模式所无法实现的目标要求，是项目融资的成功之处。然而，这种结构的复杂性和各个利益主体之间的平衡与组合，也造成组织项目融资的困难程度远远超过其他的融资方式。为了使一个项目融资在设计、组织阶段以及在其后的执行过程中获得成功，需要注意许多方面的问题。除项目融资的客观条件要满足之外，项目投资者是否熟悉项目融资的原理及运作方式，是否掌握相应的法律、金融财务

知识，对融资的具体目标要求是否有清楚的认识，是否具备合作精神、耐心和灵活的谈判技巧等主观因素也是很重要的。项目融资成功的条件如下。

1. 认真完成项目的评价和风险分析工作

项目的可行性程度是投资决策的根本，也是能否安排融资的关键，因此项目的评价和风险分析是项目融资的重要基础工作。只有好的项目才有可能吸引银行提供贷款，只有对项目风险做出正确的分析，才能找出限制项目风险的方法和途径，设计出风险分担的融资结构。

项目可行性研究与项目风险分析有共同之处，但是侧重点有所区别。项目风险分析更着重于剖析与项目融资密切相关的各种风险要素，以及这些风险要素对融资结构的影响。项目风险存在于项目的各个阶段，包括建设期的完工风险，运行期的经营风险、技术风险、原材料供应风险、市场风险，各种因素造成的停工停产风险以及项目的金融风险、政治风险和国家风险等。对项目的风险不仅需要有定性的分析判断，还需要做出系统的定量分析，将各种风险因素对项目现金流量的影响数量化。

2. 确保项目融资法律结构严谨无误

项目参与者在融资结构中的地位以及他们所拥有的权力、所承担的责任和义务是通过一系列法律文件确定下来的（一个项目的融资结构可能是由几十个甚至上百个法律文件组成的）。法律文件是否准确无误地反映出项目各个参与者在融资结构中的地位和要求，各个法律文件之间的结构关系是否严谨，是影响项目融资成功与否的必要条件。如果被融资的项目是在第三国，则无论是投资者还是贷款银行都要注意该国的法律体系是否与本国法律体系或国际通用法律体系相衔接、相适应。

3. 及早确定项目的资金来源

项目主要投资者的股本资金的投入数量和投入方式，以及这些投资者对融资结构中风险分担方式的要求，对贷款银行和其他项目参与者加入该项目融资结构的态度有直接的影响。这种态度不仅与项目风险的高低、风险分担形式有关，而且与项目所需要的资金绝对量有关。项目的资金构成和来源，应与融资结构的设计同步进行，争取尽早明确一至两家的贷款银行作为融资资金的主要提供者，这样融资结构才能稳定。

4. 保证项目管理结构的合理性

为了保证项目融资在执行阶段的正常运作，项目合作伙伴的利益一致性和管理结构的合理性是重要的因素。出于项目规模的需求或者分担风险的需要，许多项目融资是建立在由若干个投资者组成的合资结构的基础上或者对项目有不同利益要求的参与者组成的信用保证集合体的基础上的。这种做法的优势是可以充分发挥合资或参与各方的长处，但是如果处理不好也会给项目带来种种的问题，特别是在项目融资的执行阶段。

5. 充分利用各项目参与者对项目利益的追求和热情

项目在安排融资阶段可能会遇到许多无法避免的困难及问题，有的项目谈判进程可能长达几年。在项目融资的组织过程中，从始至终注意保持所有的项目参与者（包括投资者、产品购买者、原材料供应者、贷款银团、融资顾问等）在项目中的利益追求和工作热情是十分关键的，特别是在谈判分担风险问题、谈判从工程公司手中取得更好的完工保证条件、谈判从原材料供应者手中获得更好的价格条件等问题时，要注意分析这些参与者对项目的期望以及对风险的承受能力，保持其参与项目的热情。

本 章 小 结

1．项目融资可以从广义和狭义两个角度进行理解。广义上讲，为了建设一个新项目，或者收购一个现有项目，或者对已有项目进行债务重组所进行的一切融资活动都可以被称为项目融资。狭义上讲，项目融资是指以项目的资产、预期收益或权益作抵押取得的一种无追索权或有限追索权的融资或贷款。本书所分析的项目融资重点是狭义上的概念。

2．项目融资（Project Finance）是以项目的资产、预期收益或权益作抵押取得的一种无追索权或有限追索权的融资或贷款。项目融资用来保证贷款偿还的主要来源被限制在被融资项目本身的经济强度之中。

3．项目融资具有不同于传统的公司融资的特点。具体体现在项目导向、有限追索、风险分担、非公司型负债、信用结构多样化、融资成本高、能发挥税务结构优势等方面。

4．项目融资一般适用于能取得可靠的现金流量并对贷款人有吸引力的项目。如能源开发项目、基础设施或者一些大型工业项目等。

5．项目融资的基础是项目的经济强度，在很多情况下可以帮助项目的投资者更为灵活地安排资金，实现其按照传统的融资方式可能无法实现的一些特殊的目标要求。

思 考 题

1．如何正确理解项目融资的概念？
2．项目融资与传统公司融资方式的主要区别是什么？
3．项目融资的基本特点表现在哪些方面？
4．结合项目融资的产生背景分析项目融资这一融资方式的现实意义。
5．促使工程项目融资成功的条件有哪些？

第二章　工程项目融资的组织结构

第一节　工程项目融资的组织形式

以项目融资方式筹资建设的基础设施项目，由于资金数额大、涉及面广，且要有完善的合同体系来分担项目风险，因此这类项目则需要更多的参与者参与其中。项目发起方、项目公司、借款方、贷款银行属于基本参与者，是这种特殊融资方式的主体；而没有承建商、供应商和购货商的参加，项目是不能实际建成的；担保受托方、保险公司也是项目成功的保障；由于项目融资涉及土地、建设经营权、关税、国内税收、环境保护、主权等重大问题，东道国政府在其中的作用更是不言而喻的。

一、工程项目融资的参与者

1．项目主办方

项目主办方又称项目发起方，是项目公司的投资者，是股东。项目主办人可以是单个投资者，也可以是由多个投资者组成的联合体。如承包商、供应商、项目产品的购货商或项目设施的使用者都可成为项目的发起人。此外，它还包括项目间接利益接受者，如拟建新交通设施工程所在地的土地所有者，该项目的投资兴建可以使土地升值，项目融资参与者之间的关系如图2-1所示。

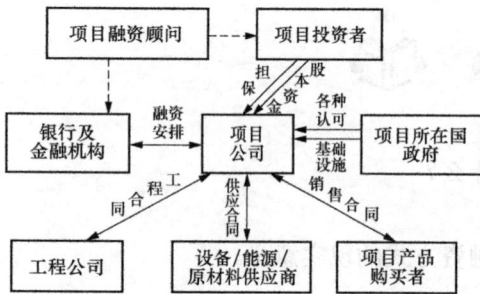

图 2-1　项目融资参与者之间的关系

2．项目公司

项目公司通常是一个法律实体。它是为了项目的建设和满足市场需求而建立的自主经营、自负盈亏的经营实体。项目主办方是项目公司的发起人和出资者，项目主办方投入的资本金属于项目公司的权益。除此之外，项目公司主要以项目本身的资产和未来的现金流量作为偿还债务的保证。因此，可以把项目公司看作一个资产经营公司，它并不一定参加建成项目的经营和产品销售。

3．借款方

借款方多数是项目公司。它们各自独立借款以便参与到项目中来。项目的承建公司、经营公司、原材料供应商及产品购买者都可能成为独立的借款方。国际上一些银行和金融机构不向国有企业贷款和提供担保，为避开这一融资障碍，可设立专门的机构，如受托借款机构。银行向受托借款机构提供贷款，实际上也是为国有项目公司的施工筹措了资金。受托借款机构向承建商支付工程费用。项目建成后，根据与项目公司签订的产品承购协议向承购商收取货款，然后归还银行的贷款本息。

4．贷款银行

在项目融资中，往往由多家银行组成一个银团对项目贷款，这种贷款称为辛迪加贷款。为了分散东道国的政治风险，银团一般由来自不同国家的银行组成，包括东道国的银行。

在项目中，贷款银行包括东京银行、花旗银行、国际金融公司、亚洲开发银行等。在该项目中，由于有国际金融公司、亚洲开发银行等多边金融机构参加，因此有利于减少东道国的政治风险。

5．承建商

负责项目工程的设计和建设，通常与项目公司签订固定价格的总价承包合同。一般情况下，承建商要承担延期误工和工程质量不合格的风险。对于特大工程项目，承建商可以另签合同，将工程分包给分包商，分散风险。

6．供应商

包括设备供应商和原材料供应商。其收益来源于供应合同，设备的供应一般与贷款捆绑在一起，一方面贷款方可以为本国企业开辟国外市场，另一方面，借款方可以获得出口信贷等优惠贷款。

7．承购商

为了保证基建项目的成功，使项目建成后有足够的现金流入用于还本付息，在项目谈判阶段，一般都要确定产品及服务的承购商，并签订协议，来减少或分散项目的市场风险。

8．担保受托方

贷款银行主要以项目公司的资产及项目未来收益作为还款保证。为了防止项目公司违约或转移资产，它们一般都要求项目公司将资产及收益账户放在东道国境外的中介机构，这家机构被称为担保受托方。担保受托方一般为资信等级较高的银行或独立的信托公司。

9．保险公司

项目融资的巨大资金数额以及未来许多难以预料的不利因素，要求项目各方准确地认定自己面临的主要风险，并及时为它们投保。

10．财务金融顾问

项目公司要在金融市场上筹集资金，必须熟悉金融市场运作规则并获得其帮助。项目主办人一般聘请商业银行和投资银行作为其金融和财务顾问。

11．专家

工程项目的设计和施工的技术问题需要听取专家的意见。项目主办人和财务金融顾问都要聘请一些国内外知名的技术专家，来编制或审查项目的可行性研究；监督和协调项目的进展。

12．律师

项目融资各参与方之间大多数是合同关系。项目文件的复杂性和参与方的国际性事务需要有资深的国际律师事务所介入。项目主办方进行初步可行性研究，项目公司抵押资产和贷款方拟定贷款协议时都要听取律师的意见。每个采用项目融资的工程项目都由于本身性质、所在地及东道国的不同而有其特殊之处，因此，律师要熟悉东道国的政治、经济、法律和税收制度，甚至要了解项目所在地的社会文化观念。

13．国际金融机构

发展中国家的许多项目都是由世界银行及地区开发机构提供部分或全部资金，如亚洲开发银行、欧洲复兴与开发银行等。取得这些国际金融机构的贷款可减少项目融资的资金成本，降低项目的风险。由于这些机构在贷款的审查和监督、担保、贷款的终止和生效等问题上有各自独立的政策和标准，这势必会影响融资结构，必须引起注意。

14．东道国政府

东道国政府在项目融资中的利益关系是间接的。例如，减免税收或特许兑换外币；东道国政府还经常通过代理机构投入权益资金，或充当项目产品的最大买主或用户。

二、工程项目融资的组织形式

根据形成项目融资的信用体系划分，可分为两种基本的融资方式：新设项目法人融资与既有项目法人融资。

1．新设项目法人融资

新设项目法人融资又称项目融资，主要是为实施新项目，由项目的发起人及其他投资人出资，建立新的独立承担民事责任的法人，承担项目的投融资及运营。以项目投资所形成的资产、未来的收益或权益作为建立项目融资信用的基础，取得债务融资。这种融资方式较易终止项目对于投资人的风险，实现所谓无追索权或有限追索权的借款融资，即项目的股本投资方不对项目的借款提供担保或仅提供部分担保。

2．既有项目法人融资

既有法人项目融资又称公司融资，在公司融资下，由发起人公司——既有项目法人（包括企业、事业单位等）筹集资金，投资新项目，不组建新的独立法人，负债由发起人公司及其合作伙伴公司承担。这类融资可以不依赖项目投资形成的资产，不依赖项目未来的收益和权益，而是依赖于既有公司本身的资信。通常，资金实力较强的公司，针对中小型工程项目投资的，可以采取公司融资的形式。

在这种融资模式下，虽然贷款和其他债务资金是用于项目，但是承担债务偿还责任的是公司。项目投资运营是公司经营的一部分，项目未来现金流量是公司现金流量的一部分。公司以其全部的资产及现金流量提供债务偿还保证。

在公司融资模式下进行项目融资，公司作为投资者，要做出正确的投资决策。当需要以负债形式融通资金支持时，银行要做出信贷决策。项目规模较大时，或者投资对公司发展有重大影响时，公司的股东会作为第三参与方，做出投资决策。

既有项目法人融资投资与项目有多种形式，主要有建立单一项目公司、非子公司式投资、由多家公司以契约式合作结构投资。

第二节　工程项目融资的运作过程

一、编制项目建议书

1．项目业主

政府采用项目融资方式是为了在其基础设施的建设上减轻政府财政负担，同时私营投资者则是抓住项目投资获利的机会，则会在项目上进行有序的、积极的投资研究。

2．投资前研究

为了确定项目的可行性，私营投资者必须对该项目的工程设计、经济及融资可行性进行深入而广泛的研究，拟定项目的范围并选择适当的技术来满足其需要。由于传统的项目融资是在没有政府偿还担保的情况下进行的，项目建设所需资金将不得不在国际金融市场上融资解决，因此私营投资者对项目的投资前研究必须做到尽可能准确。

3．初步规划和谈判

私营投资者做这项工作的目的是确认和建立赢得项目融资的能力，同时应确定建设项目的准则、债务的资金来源、项目股本以及与有关的政府当局初步接触的方案。

4．研究项目的初步期限和条件

私营投资者应拟定项目初步期限和条件，主要包括如下内容：项目特许期限、收费率、政府在外汇汇率、征税等方面的资助和保证等。

二、签订项目谅解备忘录

合同双方商编制的技术建议书提交给项目主管当局后，如果其技术参数和内容能满足当局要求，那么该合同方在履行完当局规定的相关标准后，将与项目主管当局进行新一轮的谈判并研究对提交的技术建议书进行适当修改，在此基础上，双方将签订项目谅解备忘录。

三、签订特许权协议或意向书

当有关项目的特许运营期限和条件等经双方谈判确定后，项目部门将与合同方签订特许权协议或意向书。在这个阶段，项目主管当局的许多政府机构将会参与其中。

四、项目的安排和组织

在获得了项目主管当局的特许权后，合同双方将为此项目专门建立一个项目公司。以便与施工单位签订施工合同及与其他单位签订其他有关协议。在这个阶段中，凡是直接或间接涉及该项目的参与者相互之间的权利义务关系，必须以合同或协议的方式得到最终的确认。对于国际性的工程，合同双方通常要在项目所在地，按照该国的法律设立一家专门的项目公司，业主授予该公司在特许期限内进行项目设计、施工、融资管理、运营和维护其产业方面的特许权；然后要求该项目公司在特许期限届满后，将合同设施在其良好状态的情况下无偿移交给业主。

五、项目施工阶段

在这个阶段中，合同双方将进行实际的项目施工和执行实施，并进行进一步的项目融资工作。项目施工通常采用的最普遍方法是交钥匙固定价格承包方式。承包商的总包价格不得随通货膨胀而浮动，而且承包商必须对不可预见的场地情况承担风险。国际项目融资的建设合同有一个显著的特点，即工期提前可获得奖金，而延误则要被罚款。由于项目融资比传统项目的施工组织更复杂，因此，为了保证施工工作的合理进行和正确执行，承包商常聘用监理机构对项目进行施工设计、施工质量和费用控制以及对项目的管理。

六、项目运行阶段

项目的运行和维护者主要负责在该阶段中收回投资和适当的利润，以归还贷款，支付运营费用、政府税收及股东分红等。

七、设施移交阶段

在规定的特许期限到期后，合同方通常就将合同设施的所有权或业主权无偿归还给政府当局或其指定的接收单位。

第三节　工程项目融资的实施程序

一般来说，项目融资的实施程序大致可以分为五个阶段：投资决策阶段、融资决策阶段、融资结构分析阶段、融资谈判阶段和融资执行阶段，见表 2-1。

表 2-1 项目融资的实施程序

阶 段 名 称	主 要 任 务
投资决策阶段	1. 项目的行业、技术、市场分析 2. 项目可行性研究 3. 投资决策——初步确定项目合作伙伴及投资结构
融资决策阶段	1. 选择项目融资方式——决定是否采用项目融资 2. 任命项目融资顾问——明确融资的具体任务与目标
融资结构分析阶段	1. 评价项目的各种风险因素 2. 设计融资结构及抵押保证结构
融资谈判阶段	1. 项目商务合同谈判 2. 选择银行、发出项目融资建议书 3. 组织贷款银团、起草融资法律文件 4. 融资谈判
融资执行阶段	1. 签署项目融资文件 2. 执行项目投资计划 3. 贷款银团经理人监督并参与有关决策 4. 项目的风险与控制

1. 投资决策阶段

对于任何一个投资项目，在决策者下决心之前，都需要经过相当周密的投资决策的分析，这些分析包括宏观经济形势的判断、工业部门的发展以及项目在工业部门中的竞争性分析、项目的可行性研究等内容。一旦做出投资决策，接下来的一个重要工作是确定项目的投资结构，项目的投资结构与将要选择的融资结构和资金来源有着密切的关系。同时，在很多情况下，项目投资决策也是与项目能否融资以及如何融资紧密联系在一起的。投资者在决定项目投资结构时需要考虑的因素很多，其中主要包括项目的产权形式、产品分配形式、决策程序、债务责任、现金流量控制、税务结构和会计处理等方面的内容。

2. 融资决策阶段

在这个阶段，项目投资者将决定采用何种融资方式为项目开发筹集资金。是否采用项目融资，取决于投资者对债务责任分担、贷款资金数量，时间、融资费用以及债务会计处理等方面的要求。如果决定采用项目融资作为筹资手段，投资者就需要选择和任命融资顾问，开始研究和设计项目的融资结构。

3. 融资结构分析阶段

设计项目融资结构的一个重要步骤是完成对项目风险的分析和评估。项目融资的信用结构的基础是由项目本身的经济强度以及各个利益主体与项目的契约关系和信用保证结构构成的。能否采用以及如何设计项目融资结构的关键在于要求项目融资顾问和项目投资者一起对与项目有关的风险因素进行全面分析和判断，确定项目的债务承受能力和风险，设计出切实可行的融资方案。

4. 融资谈判阶段

在初步确定了项目融资方案以后，融资顾问将有选择地向商业银行或其他投资机构发出参与项目融资的建议书、组织贷款银团、策划债券发行、起草有关文件等工作。与银行的谈判中会经过多次的反复，这些反复可能是对相关法律文件进行修改，也可能涉及融资结构或资金来源的调整，甚至可能是对项目的投资结构及相应的法律文件做出修改，以此来满足债权人的要求。在谈判过程中，强有力的融资顾问可以帮助加强投资者的谈判地位，保护其利益，并能够灵活地、及时地找出方法解决问题，打破谈判僵局。因此，在谈判阶段，融资顾问的作用是非常重要的。

5. 执行阶段

在正式签署项目融资的法律文件之后，融资的组织安排工作就结束了，项目融资进入执行阶段。在这期间，贷款人通过融资顾问经常性地对项目的进展情况进行监督，根据融资文件的规定，参与部分项目的决策、管理和控制项目的贷款资金投入及部分现金流量。

贷款人的参与可以按项目的进展划分为三个阶段：项目建设期、试生产期和正常运行期。在项目的建设期，贷款银团经理人将经常性地监督建设情况，根据资金预算和建设日程表，安排贷款的提取。在项目的试生产期，贷款银团经理人会监督项目试生产情况，将实际的项目生产成本数据和技术指标与融资文件的规定指标进行比较，以确认项目是否达到了融资文件规定的商业完工标准。在项目的正常运行期，项目的投资者所提供的完工担保将被解除，贷款的偿还将主要依赖于项目本身的现金流量，贷款银团经理人将按照项目融资文件的规定管理全部或部分项目的现金流量，以确保债务的偿还。

除此之外，贷款银团经理人也会参与部分项目生产经营决策，在项目的重大决策问题上有一定的发言权。由于项目融资的债务偿还与其项目的金融环境和市场环境密切相关，所以帮助项目投资者对项目风险的控制和管理，也是贷款银团经理人在项目正常运行阶段的一项重要工作。

第四节　工程项目融资的结构模式

项目融资是一种以项目的未来收益和资产作为偿还贷款的资金来源和安全保障的融资方式。项目融资的结构是指构成一个完整的项目融资所必备的框架形式，一般由四个基本模块组成：项目的投资结构、项目的融资结构、项目的资金结构和项目的信用保证结构。如图2-2 所示。

一、项目的投资结构

项目的投资结构是指项目的资产所有权结构，即项目的投资者（项目发起人）对项目资产和权益的法律所有权形式，以及在有多个投资者的情况下，这些投资者之间

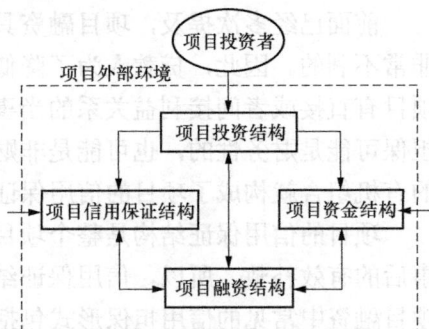

图 2-2　项目融资的结构框架

因项目融资而发生的权利义务关系。每一具体投资结构的确定，都应经过一定的投资决策分析程序。在这一过程中，需要考虑的因素包括：项目的产权形式、产品的分配形式、现金流量的控制、税务结构和财会制度等。目前，在国际上较为常见的投资结构主要有：公司型投资结构、合伙制结构、有限合伙制结构和信托基金结构等。不同的投资结构在所有权形式、责任形式、税务负担和权利能力等诸多方面产生不同的影响，则会对整个项目融资的运行状况产生影响。

二、项目的融资结构

项目的融资结构是项目融资的核心，是项目融资成功与否的关键所在。所以，如何设计融资结构就成为设计整个项目融资结构的重中之重了。一旦确立了项目的投资结构，项目融资的投资人就应当从实际出发，选择和设计最能够实现其融资目标的融资结构，以达到成本低、风险小、收益好的融资要求。

融资结构的决策过程包含两部分：一是根据项目债务责任的分担要求、所需资金的数量要求、项目的时间跨度、融资成本和收益预测等因素，决定是否应采取项目融资方式；二是如果决定采取项目融资方式，项目的投资人则应当聘请称职的融资顾问（主要由投资银行、财务公司和行业银行的项目融资部门担任），在明确融资的任务和目标的基础上由融资顾问确定合适的融资结构。目前，通常可以采用的融资结构主要有：生产支付融资结构、杠杆租赁融资结构、BOT（建设—运营—转移）融资结构及其衍生的融资结构。这些结构被广泛运用于各种大型基础设施项目，受到了各国的认可。

三、项目的资金结构

项目的资金结构是指在项目融资的整个资金量中股本资金和债务资金的形式、比例关系以及各自的来源等内容。项目的资金结构归根到底是由项目的投资结构和融资结构决定的，但又会反作用于这两项结构。这意味着，只有在确定了项目的投资结构和融资结构，才能确定具体的资金结构，而资金结构的优劣又将对项目融资的成功与否产生重要影响。目前项目融资常用的资金结构主要有：股本（资本金）、商业银行贷款和国际银团贷款、国际债券、欧洲债券、商业票据、政府出口信贷、融资租赁等。

在项目的资金结构中，最值得关注的是项目的债务比例和形式。这是由项目融资负债比例高的特性决定的。如何在债务比例处于高位的情况下，协调好安全性与效益性之间的关系是在设计具体的资金结构时所要重点考虑的问题。一般来说，除非有强有力的支持和担保，贷款人为了降低风险不愿意接受纯债务的项目资金结构的。

四、项目的信用保证结构

前面已经多次提及，项目融资具有很大的风险性和不确定性。这对于贷款人而言无疑是非常不利的。因此，贷款人为了降低自身的贷款风险，必然会要求项目的发起人以及其他与项目有直接或者间接利益关系的当事人为项目的建设和运营提供多种形式的担保。这种信用担保可能是财务性的，也可能是非财务性的，甚至只是某一确定计价的公式。这些信用担保的有机组合就构成了项目的信用保证结构。

项目的信用保证结构是整个项目融资结构的保障，它为贷款人提供了事先的信心保障和事后的有效补救。所以，信用保证结构的设计将会直接影响贷款人对贷款发放的条件安排。项目融资中常见的信用担保形式包括：项目完工支持协议、资金短缺支持协议、"不论提货与否均须付款"协议等。

当然，项目融资的整体结构设计不能简单理解为各基本模块的简单组合，应是多方参与者之间反复博弈之后的整体有机设计。实际上是通过开发商、贷款银行与其他参与方及有关政府部门等之间的反复谈判，完成融资的模块设计并确定模块间的组合关系。因此，项目融资的结构是多方参与者对不同方案比较、选择和调整的结果，任何一个模块的调整都将影响其他模块和整个项目融资结构。

第五节　工程项目融资的资金来源

一、自有资金和权益资本筹措

（一）公司融资的自有资金筹措

当项目的投资建设是以公司融资的方式进行时，可行性研究应通过分析公司的财务报表，以此来说明公司能够拿出多少自有资金进行投资。这一分析的另一个作用，是借以判断项目是否有希望获得债务资金，因为债务资金与自有资金的关系不是互补而是互动：自有资金越充足，越容易争取到债务资金；自有资金匮乏，则债务资金也不会跟进。

（二）项目融资的权益资本筹措

当项目的投资建设是以项目融资的方式进行时，可行性研究报告中针对权益资本筹措情况做出详细说明，包括出资方、出资方式、股本资金来源及数额、股本资金认缴进度等有关内容。提交可行性研究报告时须附有各出资方承诺出资的文件，以非现金形式作价出资的，还须附有资产评估证明等有关材料。

1. 项目的结构设计

对权益资本的分析，是在项目的结构设计这样一个大框架下进行的。在明确了资产所有权结构之后，项目的结构设计包括资产负债结构和股权结构。

（1）资产负债结构。资产负债比例，对于公司融资时的原有企业来说是历史形成的，没有选择的余地，只有调整的可能；对于项目融资时的项目公司来说则是设计而成的，在项目投资估算已经完成的情况下，权益资本的数额就基本决定了项目公司初始的资产负债率。

（2）股权结构。只要项目公司不是独资公司，就需要投资各方通过协商，确认各自缴付股本资金的数额、形式、时间等，以及由此产生的各方所占的股权比例。对此，可行性研究报告中应附有相应的协议文件。

涉外投资中，当以募集设立的方式组建股份有限公司时，有可能通过发行普通股或优先股来筹集股本。优先股通常可以得到不随盈利情况变动的股息，当公司清算时可优先分配剩余资产，没有表决权。普通股有表决权，其股息完全取决于公司的盈利情况，公司清算时分配剩余资产的序列排在最后。如果出现这样两种股本形式，应予以说明，并说明每类的比例，否则会影响财务评价。

2. 权益资本的来源

项目融资中，权益资本有三个主要来源：一是投资者为设立项目公司而缴付的出资额，即股本资金，又称投入资本；二是准股本资金；三是直接安排项目公司上市。此外，还包括接受的捐赠。

3. 股本资金的出资形式

根据财会制度和资本金制度，投资者可以用现金、实物、无形资产等形式出资，作为项目公司的资本金；对作为资本金的实物、工业产权、非专利技术、土地使用权，必须经过有一定资质的资产评估机构依照法律、法规客观公正地评估作价，避免出现高估和低估的现象。

4. 权益资本的到位与投入

采用项目融资方式建设项目时，权益资本理应先行投入，不足部分再投债务资金。否则的话，权益资本存到银行收取低息，同时却为债务资金付出高息，显然不合理。权益资本的到位时间，应该符合有关法律、法规及合同、章程的规定。

（三）权益资本的融资成本

融资成本是指为筹集和使用资金而付出的代价，包括资金筹集费和资金占用费两部分。资金筹集费是指在资金筹集过程中支付的各项费用，一般属一次性支出。资金占用费是因使用资金而发生的经常性费用，如股息、利息等。当以股票方式筹集权益资本时，需要支付股票印刷费、发行手续费、资产评估费、广告费、律师费等。股权或股票购买者对于投资回报率的要求也是一种融资成本，属于资金占用费。

二、债务资金筹措

（一）债务资金来源

债务资金按其使用期限可分为短期（1 年以内）、中期（1～5 年）、长期（5 年以上）债务。项目投资中所需要筹集的是中长期债务资金，主要通过在国内外的资本市场进行各类负债融资来解决。

1. 债务资金国内来源

西方国家的债务资金主要靠直接融资方式（证券）取得，而东亚国家则主要靠银行贷款。我国的资本市场还处于发展初期，因此通过银行获得债务资金的比例就更高一些。

（1）银行贷款。我国的银行体系可分为国家银行（国有独资或国有控股）、股份制银行、地方银行三类。此外，许多地方的城市信用社正在加快步伐组建为城市商业银行。

从投融资体制改革的大势来看，不管是商业银行还是政策性银行，都将按独立评审项目、自主决定贷款、自担信贷风险的市场化目标发展。所以，无论项目融资还是传统的公司融资，只有提高资信、分散风险，才有希望获得银行的贷款支持。

（2）债券融资。债券是债务人对其借款还本付息义务所开具的凭证，分为政府债券（国库券）、地方债券、金融债券、公司（企业）债券等。对于项目的筹资有意义的是公司（企业）债券。

债券融资可以从资本市场直接获得资金，资金成本（利率）一般低于向银行贷款。由于有较为严格的证券监管，只有实力很强的企业才有能力进行企业债券融资。

（3）信托投资公司贷款。信托投资公司的主要业务中，与融资有关的是信托贷款、信托投资、租赁等三项。其中最知名的是中国国际信托投资公司。

信托贷款可分为两类。一类是委托贷款（又称特定资金信托贷款），它是信托公司根据委托单位指定的借款人和资金用途，将委托单位的资金在额度内发放，并负责监督使用和到期收回本息的贷款方式。委托贷款须由出资单位、信托公司、借款单位三方签订合同。另一类是信托放款，它是信托公司以自有资金和筹集的资金，选择用款单位，自担贷款风险的一种贷款方式。

（4）租赁融资。资本货物的出租人在一定期限内将财产租给承租人使用，由承租人分期支付一定的租赁费，这种融物与融资相结合的筹资方式就是租赁融资。租赁融资品种较多，国内开展的主要有以下几种：简单融资租赁、回租融资租赁、杠杆融资租赁、委托融资租赁、项目融资租赁、经营性租赁以及国际融资转租赁等。

2. 债务资金国外来源

目前，国内金融机构在国际资本市场上融资的举措不断增多。因此项目的融资方案中，应充分考虑国际融资的可能性。

（1）国际贸易中长期出口信贷。出口国为了推动本国大型设备的出口贸易，在政府的支持下，由商业银行或专业银行向本国出口商或外国进口商、进口国银行提供的期限较长、金额较大的优惠性贷款，这就是国际贸易中长期出口信贷。其特点为：贷款只限购买提供贷款国的大中型成套设备等出口商品，有具体的价值比例规定；贷款期限可从 1～5 年延长至 10 年，通常每半年还本付息一次，宽限期不等；贷款金额起点较高等。

出口信贷有以下三种主要形式：

1）卖方信贷。卖方信贷是由出口国银行提供给本国出口商的。我国国内项目进口设备时，可委托外贸公司与国外设备出口商签约，以延期付款或赊销方式购买进口设备。此时信贷保险费、承诺费、管理费等均由国外出口商附加在货价中，国内机构对具体项目和金额较难掌握，一般比现汇成交的货价高3%~10%。

2）买方信贷。买方信贷是由出口国银行提供给我国外贸公司或银行的，国内项目用这笔借款向国外出口商现汇支付货款。此时国内机构可以了解信贷保险费、承诺费和管理费等费用数额，准确核算真实货价。买方信贷给进口商、出口商、进出口双方银行等各方都带来许多便利之处，所以买方信贷的运用成本远远超过卖方信贷。近年来我国利用西方国家的出口信贷，大部分属于贷给我方的买方信贷。

3）混合贷款。混合贷款是出口信贷、商业银行贷款以及出口国政府的援助、捐赠相结合的贷款。其中，政府出资一般占30%~50%，因此综合利率相对较低，期限可达30~50年，宽限期可达10年；但选项较严，手续较复杂。买方信贷通常由中国银行直接向出口国银行申请，混合贷款则需先由主管部门与对方政府洽谈项目。

（2）政府贷款。政府贷款是政府间利用国库资金提供的长期低息优惠贷款，具有援助性质。年利率从无息到2%~3%，偿还期限平均为20~30年，甚至有的长达50年，其中包含10年左右只付息不还本的宽限期。政府贷款规定一般都用于基础设施建设，且有一定的附加条件。

（3）世界银行集团贷款。我国利用世界银行贷款的对外窗口是财政部。世界银行集团共有五个经济单位，其中与资金筹措有关的是三个单位：

1）国际复兴开发银行（通称世界银行）。贷款对象是会员国官方、国有企业、私营企业，要有政府担保。其贷款分为项目贷款、部门贷款、结构调整贷款、技术援助贷款、紧急复兴贷款五类，其中项目贷款比重最大，影响和作用也最大。项目贷款期限平均为6~9年，也有的长达20年，宽限期5年；利率低于市场利率，定期调整利率，收取杂费较低。

2）国际开发协会。贷款对象是人均收入水平低的发展中国家，其贷款俗称"软贷款"，条件十分优惠。

3）国际金融公司。向会员国特别是发展中国家的私营企业提供资金，形式是贷款或参股，不需政府担保；每笔金额不超过200万~400万美元，贷款期限为5~15年，为商业利率。

（4）亚洲开发银行贷款。我国利用亚洲开发银行贷款的对外窗口是中国人民银行。亚洲开发银行的贷款形式有三类：

1）硬贷款。硬贷款即普通贷款，按平均借入贷款的成本外加0.5%的利差来确定利率，定期调整；期限为10~30年，宽限期为2~7年；主要用于基础设施项目，贷款条件要求较严。

2）软贷款。软贷款也称特别基金贷款，期限长达40年，宽限期为10年；宽限期后的10年，每年还本2%，以后20年每年还本4%；贷款为无息贷款，只收1%的手续费。另外针对科技落后的成员国提供用于项目咨询的技术援助特别基金，此基金属于赠款。

3）联合融资。联合融资是指亚洲开发银行和外来资金共同资助一个项目，它有平行融资、共同融资、伞形融资（后备融资）、窗口融资、参与性融资五种类型。

3. 国际项目融资

以项目融资方式筹资建设的情况下，大型开发项目面向国际多边资金的长期融通，就是国际项目融资。此时，项目发起人的中心工作是在无追索权（或有限追索）的基本前提下争取最大限度的负债。

国际项目融资中债务资金的来源，包括国内的银行贷款和债券、国际商业银行贷款、国际出口信贷、国际金融机构贷款、客户（受益人）信贷，还包括外国开发银行和保险机构的信用支持。但是融资方案并不是各资金来源的简单叠加，而是将所有资金来源在一个全面、严谨、科学的项目规划中的有机结合。

（二）债务资金分析要点

在融资方案设计中，仅仅列举出有几种债务资金来源是远远不够的，还必须具体描述债务资金的基本要素，以及债务人的债权保证。

1. 债务资金的基本要素

（1）时间和数量。要指出每项债务资金可能提供的数量及初期的支付时间、贷款期和宽限期、分期还款的类型（等额分期偿还本金、等额分期偿还本息或其他形式）。

（2）融资成本。反映融资成本的首位要素，对于贷款是利息，对于租赁是租金，对于债券是债息。应说明这些成本是固定的还是浮动的，何时调整及如何调整，每年计息次数，对应的年利率是多少等。

除了这些与债务总额或未偿还债务总额呈正相关关系的资金占用费之外，每项债务资金还附有一些其他费用，如承诺费、手续费、管理费、牵头费、代理费、担保费、信贷保险费及其他杂费。对于与债务资金相关而发生的资金筹集费，应说明其计算办法及数额。

（3）建设期利息的支付。建设期内是否需要支付利息，支付金额的数量是否将影响筹资总量，因此需要具体说明债权人的要求。不同的债权人有不同的付息条件，一般可分为三类：①利息资本化，也就是将建设期间的财务费用资本化，在项目投产并取得充足的现金之后，再开始偿还债务；投产之前不必付息，但未清偿的利息要和本金一样计息。②建设期内利息必须照付。③不但利息照付，而且贷款时就以利息扣除的方式贷出资金。

（4）附加条件。对于债务资金的一些附加条件应有所说明，例如，必须购买哪类货物，不得购买哪类货物；借外债时对所借币种及所还币种有何限制等。

（5）利用外债的责任。融资方案分析中，要明确外债是否属国家债务，以及属于哪一类型的债务。从外债管理和外汇管理角度来看，凡中国境内机关、团体、企事业单位、金融机构或其他机构对中国境外国际金融机构、外国政府、企业以及境内外金融机构用外国货币承担的具有契约性偿还义务的全部外债，均需要进行登记并接受国家外汇管理部门的监督。

2. 债权保证

债权人为了保障其权益，需要能够巩固其债权人地位的措施，使其权益不受侵犯，到期能收回本息。因此，债务人及涉及的第三方对债权人提供履行债务的特殊保证，就是债权保证。

在分析债务资金时，应根据可行性研究对债务人及有关第三方提出的债权保证加以说明。债权保证的形式主要有借款人保证、抵押、质押、担保等。在国际信贷中，借款人保证是非常有效的；国内因市场秩序较混乱，许多借款人缺乏信用观念，债权方往往强调抵押和担保。

本章小结

本章主要介绍工程项目融资的基本结构，其中分为 5 小节内容。要求学生掌握项目融资参与者之间的关系以及其实施程序阶段的划分；理解项目融资的运作程序和资金来源；理解权益资金和债务资金的区别，同时结合其运作过程了解项目融资的四种模式结构。

思　考　题

1. 工程项目融资的参与者主要有哪些？
2. 工程项目融资的运作过程包括哪几个阶段？
3. 工程项目融资的实施程序有哪些？
4. 项目的资金来源有哪些？
5. 工程项目融资的模式结构有哪几种？

第三章 项目的可行性与可融资性分析

第一节 项目的可行性研究

可行性研究（Feasibility Study）是在投资决策之前，对拟建项目进行全面的技术经济分析和论证，从而判断项目是否可行的一种科学方法。它是运用多种科学手段（包括技术科学、社会学、经济学等）对建设工程进行技术经济论证的综合科学，其基本任务是通过广泛的调查研究，综合论证工程项目在技术上的先进性、适用性、可靠性、经济合理性和有利性，以及建设可行性；在经济上是否合理，在财务上是否盈利，为投资决策提供科学的依据。

一、可行性研究的发展

（一）可行性研究在国外的发展

自20世纪30年代美国开发田纳西河流域时开始采用以后，到现在经历了三个发展阶段，已逐步形成一套较为完整的理论、程序和方法。

第一阶段是从20世纪初到20世纪50年代前期。这一阶段，项目的可行性研究主要采用财务分析方法，即从企业角度出发，通过对项目的收入与支出的比较来判断项目的优劣。

第二阶段是从20世纪50年代初到20世纪60年代末期。这一阶段，可行性研究从侧重于财务分析发展到同时从微观和宏观角度评价项目的经济效益。"费用—效益分析法"作为一种项目选择的方法被普遍接受。1958年，荷兰计量经济学家丁伯根（J. Tinbergen）首次提出在经济分析中使用影子价格的主张。之后，世界银行和联合国工业发展组织都在贷款项目的评价中同时采用了财务分析和经济分析两种方法。

第三阶段从20世纪60年代末到现在。这一阶段，可行性研究中出现了社会分析方法，即增长目标和公平目标结合在一起作为选择项目的标准。1978年，为指导广大发展中国家开展可行性研究，联合国工业发展组织编写了《工业可行性研究手册》，系统介绍了工业建设项目可行性研究的概念、内容和做法。1980年，联合国工业发展组织与阿拉伯国家工业发展中心共同编辑《工业项目评价手册》。

（二）可行性研究在我国的发展

党的二十大报告指出，要着力推动高质量发展，增强投资对优化供给结构的关键作用。高质量发展需要高质量的投资，高质量的投资需要高质量的决策。可行性研究是投资决策的核心环节，加强投资项目可行性研究是提升投资决策科学化水平的必然要求。

巩固和深化投融资体制改革成果，进一步提升我国投资项目前期工作质量和水平，根据《政府投资条例》《企业投资项目核准和备案管理条例》等规定，在2002年《投资项目可行性研究指南（试用版）》基础上，国家发展改革委研究制定了《政府投资项目可行性研究报告编写通用大纲（2023年版）》《企业投资项目可行性研究报告编写参考大纲（2023年版）》和《关于投资项目可行性研究报告编写大纲的说明（2023年版）》，着力推动项目的高质量发展。

二、可行性研究的阶段划分

可行性研究一般分为四个阶段。

（一）投资机会研究阶段

投资机会研究阶段又称为立项阶段，这一阶段主要是明确投资方向，对投资活动作战略性研究。其主要任务是提出建设项目投资方向的建议，通过对于区域政治、经济发展环境的分析、产业政策和资源条件的分析、市场趋势和盈利可能性的分析，寻找可能的投资项目。

通过投资机会研究，形成项目建议书，作为项目立项和进一步开展可行性研究的依据。由于投资机会研究目的在于明确投资方向，因此在研究上不需太深入，方案设计也可相对粗略，能够初步反映投资建设的效果即可。在投资估算上允许误差在±30%，对于大中型项目，机会研究的时间为 2～3 个月，费用占投资额的 0.2%～1%。

（二）初步可行性研究阶段

初步可行性研究也称为预可行性研究，是介于项目机会研究阶段和详细可行性研究阶段之间，其区别主要在于所获资料的详细程度不同，往往需要在正式开展可行性研究之前，做初步可行性研究，以便确认项目可行性研究的必要性。

初步可行性研究主要是由于大型项目的可行性研究需要耗费较多的人力、物力和财力，如果在初步可行性研究阶段否定了拟建项目，则可不用再开展可行性研究工作，避免人力和时间的浪费。若肯定了拟建项目，则可以开展详细的可行性研究。通常中小型项目可以不做初步可行性研究。初步可行性研究在投资估算上允许误差在±20%，研究的时间为 4～6 个月，费用占投资额的 0.25%～1.25%，研究结果要形成初步可行性研究报告。

（三）详细可行性研究阶段

详细可行性研究阶段又称可行性研究阶段，它是投资前期研究和评价的重要阶段。这一阶段的主要工作是对项目进行深入的技术经济分析。从项目的技术上、财务上和社会经济上对于项目建设的必要性、可能性和经济合理性进行详细的分析，对拟建项目提出结论性的意见，并最终形成可行性研究报告。

通过详细可行性研究，得出的结论一般有"可行"或者"不可行"两种情况。即使是可行的项目也可以提出需要修改的意见。详细可行性研究在投资估算上允许误差在±10%以内，研究的时间为 8～12 个月，中小型项目研究费用占投资额的 1%～3%，大型项目占投资额的 0.8%～1%。

（四）评估和决策阶段

评价研究也称为项目评估。按照国家发展和改革委员会的规定，对于大中型和限额以上项目及重要的小型项目，必须经有审批权的单位委托有资格的工程咨询单位进行评估论证。未经评估的建设项目，任何单位不得审批、不准组织建设。

严格地说，对于拟建项目的评估和决策属于可行性研究的后续阶段，这一阶段主要是在详细可行性研究的基础上，由决策机构对项目组织评审，通过评估的可行性研究报告可以作为投资的依据同时也可作为项目进一步设计、施工、生产的依据。

三、项目可行性研究的作用

（一）作为工程项目建设立项的依据

在我国现行建设管理体制下，业主和政府管理机关是否批准建设该项目，可行性研究报告中的评估结论是主要依据。可以说，可行性研究是决定投资项目命运的阶段。

（二）作为项目建设筹集资金的依据

项目建设资金有两种主要的筹资渠道，即向金融机构贷款或者由投资人出资。不管采用哪种渠道的资金，都需要提供可行性研究报告。投资人评估项目可行性研究报告，充分估算项目投资的收益和风险，确定有把握之后方可进行投资。当业主向银行或财团申请贷款时，必须附有该拟建项目的可行性研究报告，经办银行或财团审查其可行性研究报告，对拟建项目的财务、经济效益、贷款偿还能力、偿还期等进行严格审查，确定借出资金投入建设后不会承担很大风险且有偿还能力，才可向业主贷款。

（三）作为编制设计文件的依据

按建设程序规定，建设项目必须严格按已批准的可行性研究报告内容（其中包括已确定的建设规模、产品生产方案、工程选址、工程建设标准、总概算等控制指标）进行设计，不得随意变更。

（四）作为向当地政府和环保部门申请开工建设手续的依据

项目对环境影响的评价是项目可行性研究的重要内容，而环保部门的评审意见主要是依据项目可行性研究报告提供的方案和数据做出的。同时，项目可能涉及的土地占用、道路占用、安全设施等都需要有关政府部门或规划部门的审批，其依据也是可行性研究报告。

（五）作为工程建设补充基础资料的依据

可行性研究工作需要大量基础资料，当资料不完整或研究深度不够、不能满足下一步工作需要时，则应根据可行性研究报告提出的要求进行地形、地质和工业性试验等补充。

（六）作为拟建项目与有关协作单位签订合同或协议的依据

拟建项目不仅在建设过程中需要与承建方签订有关施工建设的合同或协议，而且需要与项目建成后的原材料供应商及商品销售商签订供销合同或协议，以保证项目建成投产后的正常运行。而可行性研究报告正是签订这些合同与协议的依据。

（七）作为拟采用新技术、新设备研制计划的依据

建设项目采用新设备、新技术必须慎重，经过可行性研究证明新技术或新设备确实可行时，方可列入研制计划并进行研制。

（八）作为项目后评价的依据

项目后评价是指项目交付使用后，由项目投资人在项目运行后进行的再评价。后评价要对项目的立项决策、设计施工、竣工验收、生产营运的全过程进行系统评价，计算项目有关的主要技术经济指标，并与可行性研究报告中的预测指标进行对比。

四、可行性研究的步骤

（一）接受委托

在项目建议被批准之后，开发商即可委托咨询评估公司对项目进行可行性研究。双方签订合同协议，明确规定可行性研究的工作范围、目标意图、进度安排、费用支付办法及协作方式等内容。承担单位接受委托时，应获得项目建议书和有关项目背景介绍资料，了解委托者的目的和要求，明确研究内容，制订计划并收集有关的基础资料、指标、规范、标准等基本数据。

（二）调查研究

主要从市场调查和资源调查两方面进行。市场调查应明确和预测市场的供给和需求量、价格、竞争能力等，确定项目的经济规模。资源调查包括建设地点、项目用地、交通运输条件、外围基础设施、环境保护、水文地质、气象等方面的调查，为未来规划方案设计、技术经济分析提供准确的资料。

（三）方案选择和优化

根据项目建议书的要求，结合市场和资源调查，在收集的资料和数据的基础上，建立多个可供选择的开发方案，进行反复的方案论证和比较，会同委托单位或部门明确方案选择的重大原则问题和优选标准，采用技术经济分析的方法，评选出合理的方案。研究论证项目在技术上的可行性，进一步确定项目规模、构成和开发进度。

（四）财务评价和综合评价

经上述分析后所确定的最佳方案，在估算项目投资、成本、价格、收入等基础上，对方案进行详细财务评价和综合评价。研究论证项目在经济上的合理性和盈利能力，提出资金筹措建议和项目实施总进度计划。

（五）编制可行性研究报告

经过上述分析与评价，即可编制详细的可行性研究报告，推荐合理的可行性方案和实施计划，提出结论性意见、措施和建议，供决策者作为决策依据。

五、编写可行性研究报告的要求和内容

（一）编写可行性研究报告的要求

可行性研究工作是项目投资前期的重要工作，对于项目未来建设是否能够顺利进行以及项目投资是否能够达到预期目标具有决定性的作用，因此，可行性研究报告遵循科学、客观的原则严格按照规范的程序进行。对于项目可行性研究报告提出下列要求：

1. 客观公正性

项目可行性研究应当在充分收集有关基础资料的基础上，进行客观公正的分析，分析过程和结论要符合客观规律，实事求是。可行性研究报告的结论要有充分的依据，对于不可行的项目要给出明确的意见，不能模棱两可。

2. 内容与格式规范

项目可行性研究报告的内容深度要达到国家规定的标准，基本内容要完整，调查资料要完整，重要数据要有出处，不可主观猜测。报告格式符合可行性研究的要求。

3. 报告编制单位要求具有基本资质

项目可行性研究工作一般应当委托具备一定资质的设计单位进行。研究报告应附有设计单位的资质证明。

（二）可行性研究报告的内容

由于项目的种类繁多，项目业主的要求也各有不同，故其内容有诸多不同。但是，从项目投资的特点来看，不同项目仍具有共同的研究内容，具有一个基本的研究框架。主要包括以下内容：

1. 总论

主要包括项目提出的背景和历史情况，研究工作的范围和依据，阐述项目投资的必要性和意义，以及存在的问题和建议等，对项目做出客观公正的综合性概述。

2. 市场需求预测和拟建规模

主要是对国内外市场需求情况的分析和预测，包括项目产品的市场容量、竞争状况、项目的产品方案和生产规模等。

3. 项目所需主要资源、原材料供应情况

主要分析项目生产所需要的主要资源和原材料来源、可供数量等。该项分析要和拟建生产规模结合考虑。

4. 基础设施条件

基础设施条件包括项目建设和运行过程中所需交通运输条件、能源供应条件、水资源供应条件、占用土地条件等内容。

5. 项目选址方案

项目选址主要根据项目的性质，项目建设地址的地理位置、水文、气象、地质、地形、与原有项目的关系，以及项目未来所在地的社会经济情况等内容。

6. 技术方案

主要包括项目的范围、技术来源和生产方法、主要工艺过程、设备选型、引进设备的供应商和技术水平、项目平面布置方案和土建工程量估算等。

7. 环境保护

项目建成后对于环境的影响主要包括有无"三废"排放；分析排放物的种类、数量、成分和对环境的影响程度；治理污染的措施和综合利用情况。

8. 项目投资筹措

估算项目所需的资金数量；资金来源和资金使用结构；筹资方案和借贷资金偿还计划，所需资金的落实情况。

9. 项目财务分析和国民经济分析

估算项目的主要财务指标，包括生产成本、销售收入、利润情况；编制项目的现金流量表；计算项目投资收益率、投资回收期、净现值和内部收益率等指标。从企业角度和国民经济角度对项目的预期经济效益做出分析。

10. 项目的投资风险分析

对项目进行不确定性研究，分析项目的主要风险因素及对项目的影响程度，涉及防范风险的方案。

11. 项目实施计划和组织管理

包括项目实施的进度安排，编制施工流程图；项目设计和施工单位的资质、施工组织情况。项目的管理机构、劳动定员和人员培训计划等。

12. 结论

运用各种指标数据，从技术、经济和财务、建设条件、预期目标的实现程度等多方面进行论述，得到项目可行性研究的结论。

第二节　项目财务评价

建设项目财务评价是在完成市场调查与预测、拟建规模、营销策划、资源优化、技术方案论证、投资估算与资金筹措等可行性分析的基础上，对拟建项目各方案投入与产出的基础数据进行推测、估算，对拟建项目各方案进行评价和选优的过程。财务评价的结果作为可行性研究重要的结论性意见和建议，是投资主体决策的重要依据。

一、财务评价的概念、内容和步骤

（一）财务评价的概念

建设项目的财务评价是在国家现行的财税制度和价格体系的前提下，从项目的角度出发，计算项目范围内的财务效益和费用，分析项目的盈利能力、偿债能力以及财务生存能力，评价项目在财务上的可行性。

（二）财务评价的内容

财务分析应在项目财务效益与费用估算的基础上进行。建设项目财务评价的内容应根据项目的性质和目标确定。

对于经营性项目，财务分析应通过编制财务分析报表，计算财务指标，分析项目的盈利能力、偿债能力和财务生存能力，判断项目的财务可接受性，明确项目对财务主体及投资者的价值贡献，为项目决策提供依据。对于非经营性项目，财务分析应主要分析项目的财务生存能力。

（三）财务评价的步骤

项目决策可分为投资决策和融资决策两个层次。投资决策重在考察项目净现金流的价值是否大于其投资成本；融资决策重在考察资金筹措方案能否满足建设要求。投资决策在先，融资决策在后。

财务分析一般须进行融资前分析，即在不考虑债务融资条件下进行财务分析。融资前分析不考虑融资方案变化的影响，从项目投资获利能力的角度，考察项目方案设计的合理性。同时融资前分析只进行盈利能力分析，并以项目投资现金流量分析为主，计算项目投资内部收益率和净现值指标，也可计算投资回收期指标（静态）。

在融资前分析结论满足要求的情况下，先初步设定融资方案，再进行融资后分析，即以设定的融资方案为基础进行的财务分析。融资后分析主要是针对项目资本金折现现金流量和投资各方折现现金流量进行分析，既包括盈利能力分析，又包括偿债能力分析和财务生存能力分析等内容。融资后分析是比选融资方案，进行融资决策和投资者最终出资的依据。

二、财务效益与费用估算

（一）财务评价基础数据与参数选取

财务评价的基础数据与参数选取是否合理，直接影响财务评价结论的正确性，在进行财务分析计算之前，应做好这项基础工作。

1. 财务价格

财务评价是对拟建项目未来效益与费用进行分析，应采用预测价格。预测价格应考虑价格变动因素，即各种产品相对价格变动和价格总水平变动（通货膨胀或者通货紧缩）。针对建设期和生产经营期的投入产出情况不同，应区别对待。基于在投资估算中已经预留了建设期涨价预备费，因此建筑材料和设备等投入品，可采用固定的价格计算投资费用，保证价格不必年年变动。生产运营期的投入品和产出品，应根据具体情况选用固定价格或者变动价格进行财务评价。

（1）固定价格。这是指在项目生产经营期内不考虑价格相对变动和通货膨胀影响的不变价格，即在整个生产运营期内都用预测的固定价格，计算产品销售收入和原材料、燃料动力费用。

（2）变动价格。这是指在项目生产运营期内考虑价格变动的预测价格。变动价格又分为两种情况，一是考虑价格相对变动引起的变动价格；二是既考虑价格相对变动，又考虑通货膨胀因素引起的变动价格。采用变动价格是预测生产运营期内每年的价格都是变动的。

进行盈利能力分析时，一般采用只考虑相对价格变动因素的预测价格，计算不含通货膨胀因素的财务内部收益等盈利性指标，不反映通货膨胀因素对盈利能力的影响。进行偿债能力分析，预测计算期内可能存在较为严重的通货膨胀时，应采用包括通货膨胀影响的变动价格计算偿债能力指标，反映通货膨胀因素对偿还能力的影响。在财务评价中计算销售（营业）收入及生产成本所采用的价格，可以是含增值税的价格，也可以是不含增值税的价格，应在评价时说明采用何种计价方法。

2. 税费

财务评价中合理计算各种税费，是正确计算项目效益与费用的重要基础。财务评价涉及的税费主要有增值税、营业税、资源税、消费税、所得税、城市维护建设税和教育费附加等。评价时应说明税种、税基、税率、计税额等内容。若有减免税费优惠，应说明政策依据以及减免方式和减免金额。

3. 利率

借款利率是项目财务评价的重要基础数据，用以计算借款利息。采用固定利率的借款项目，财务评价直接采用约定的利率计算利息。采用浮动利率的借款项目，财务评价时应对借款期内的平均利率进行预测，并采用预测的平均利率计算利息。

4. 汇率

财务评价的汇率，一般采用国家外汇管理局公布的当期外汇牌价的卖出、买入的中间价。

5. 项目计算期

财务评价计算期包括建设期和生产运营期。生产运营期，应根据产品寿命期（矿产资源项目的设计开采年限）、主要设施和设备的使用寿命期、主要技术的寿命期等因素确定。财务评价的计算期一般不超过 20 年。大型基础设施工程项目的运营寿命很长，如水利枢纽工程，其主体工程是永久性的，其计算期应根据评价要求确定。

6. 生产负荷

生产负荷是指项目生产运营期内生产能力的发挥程度，也称生产能力利用率，以百分比表示。生产负荷是计算销售收入和经营成本的依据之一，一般应按项目投产期和投产后正常生产年份分别设定生产负荷。

7. 财务基准收益率（i_c）设定

财务基准收益率是项目财务内部收益率指标的基准和判据，也是项目在财务上是否可行的最低要求，也用作计算财务净现值的折现率。如果有行业发布的本行业基准收益率，即以其作为项目的基准收益率；如果没有行业规定，则由项目评价人员设定。设定财务基准收益率时，应与财务评价采用的价格相一致，如果财务评价采用变动价格，设定基准收益率则应考虑通货膨胀因素。

（二）销售收入与成本费用估算

1. 销售收入估算

销售（营业）收入是指销售产品或者提供服务取得的收入。生产多种产品和提供多项服务的，应分别估算各种产品及服务的销售收入。对不便于按详细的品种分类计算销售收入的，可采用折算为标准产品的方法计算销售收入，编制销售收入、销售税金及附加估算表。

2. 成本费用估算

成本费用是指项目生产运营支出的各种费用。按成本计算范围，分为单位产品成本和总成本费用；按成本与产量的关系，分为固定成本和可变成本；按财务评价的特定要求，分为总成本费用和经营成本。成本估算应与销售收入的计算口径对应一致，各项费用应划分清楚，既要防止低估也要防止重复计算。

（1）总成本费用估算。总成本费用是指在一定时期（如一年）内因生产和销售产品发生的全部费用。总成本费用的构成及估算通常采用以下两种方法：

①生产成本加期间费用估算法，即

$$总成本费用＝生产成本＋期间费用$$

其中

$$生产成本＝直接材料费＋直接燃料和动力费＋直接工资$$
$$＋其他直接支出＋制造费期间费用$$
$$＝销售费用＋管理费用＋财务费用$$

②生产要素估算法，即

$$总成本费用＝外购原材料、燃料及动力费＋工资及福利费$$
$$＋修理费＋折旧费＋摊销费＋财务费用＋其他费用$$

生产要素估算法是从估算各种生产要素的费用入手，汇总得到总成本费用。将生产和销售过程中消耗的外购原材料、燃料、动力费用，人员工资福利，当期应计提的折旧和摊销，以及应付的财务费用相加，得出总成本费用。采用这种估算方法，不必计算内部各生产环节成本的转移，也较容易计算可变成本和固定成本。

（2）经营成本估算。经营成本是项目评价特有的概念，用于项目财务评价的现金流量分析。经营成本是指总成本费用扣除固定资产折旧费、无形资产及其他资产摊销费和财务费用后的成本费用。计算公式为

$$经营成本＝总成本费用－折旧费－摊销费－财务费用$$

（3）固定成本与可变成本估算。财务评价进行盈亏平衡分析时，需要将总成本费用分解为固定成本和可变成本。固定成本是指不随产品产量及销售量的增减而发生变化的各项费用，主要包括非生产人员工资、折旧费、无形资产及递延资产摊销费、修理费、办公费、管理费等。可变成本是指随产品产量及销售量增减而成呈比例变化的各项费用，主要包括原材料、燃料、动力消耗费用及包装费和生产人员工资等。长期借款利息应视为固定成本，短期借款如果用于购置流动资产，可能部分与产品产量、销售量相关，其利息可视为半可变半固定成本，为简化计算，也可视为固定成本。

（4）编制成本费用估算表。分项估算上述各种成本费用后，编制相应的成本费用估算表，包括总成本费用估算表和各分项成本估算表。

三、项目盈利能力分析

盈利能力分析是项目财务评价的主要内容之一，在编制现金流量表的基础上，计算财务内部收益率、财务净现值、投资回收期等指标。其中财务内部收益率为项目的主要盈利性指标，其他指标可根据项目特点及财务评价的目的、要求等条件选用。

（一）盈利能力分析报表

1. 现金流量表

（1）项目投资现金流量表。项目投资现金流量表是针对项目基本方案进行的现金流量分析。它是在不考虑债务融资条件下进行的融资前分析，从项目投资总获利能力的角度，考察

项目方案设计的合理性，即不论实际可能支付的利息是多少，分析结果都不发生变化，因此可以排除融资方案的影响。融资前分析计算的相关指标可作为初步投资决策的依据和融资方案研究的基础。根据实际情况，融资前分析可从所得税前或所得税后两个角度进行考察，选择计算所得税前或所得税后分析指标。

（2）资本金财务现金流量表。资本金财务现金流量表是用于计算资本金收益率指标。项目资本金现金流量分析主要是融资后分析。项目资本金现金流量分析指标应能反映从项目权益投资者整体角度考察盈利能力的要求。

项目资本金现金流量分析指标是比较和取舍融资方案的重要依据。通过融资前分析已对项目基本获利能力有所判断的基础上，针对项目资本金现金流量分析结果可以进而判断项目方案在融资条件下的合理性，因此可以说项目资本金现金流量分析指标是融资决策的依据，有助于投资者在其可接受的融资方案下最终决策出资。

（3）投资各方财务现金流量表，用于计算投资各方收益率。同时为了考察投资各方的具体收益，还需要编制从投资各方角度出发的现金流量表，计算相应的财务内部收益率指标。

投资各方现金流量表中的现金流入和现金流出需根据项目具体情况和投资各方因项目发生的收入和支出情况选择填列。依据该表计算的投资各方财务内部收益率指标，其表达式和计算方法与项目投资财务内部收益率相同，只是所依据的表格和净现金流量内涵不同，判断的基准参数有所区别。

2. 项目总投资使用计划与资金筹措表

项目总投资使用计划与资金筹措表是根据各项资金来源和条件，按照项目投资的使用要求所进行的规划与安排。该表是投资估算和融资方案两部分的衔接点。

3. 利润和利润分配表

利润和利润分配表反映项目计算期内各年的利润总额、所得税及税后利润的分配情况，用以计算总投资收益率和项目资本金净利润率等指标。

（二）盈利能力分析指标

1. 财务内部收益率（FIRR）

财务内部收益率是指项目在整个计算期内各年净现金流量现值累积等于零时的折现率，它是评价项目盈利能力的动态指标。其表达式为

$$\sum_{t=1}^{n}(CI-CO)_t(1+FIRR)^{-t}=0 \tag{3-1}$$

式中　CI——现金流入量；

　　CO——现金流出量；

$(CI-CO)_t$——第 t 年的净现金流量；

　　n——计算期年数。

财务内部收益率可根据财务现金流量表中净现金流量，用试差法计算，也可采用专用软件的财务函数计算。

按分析范围和对象不同，财务内部收益率分为项目财务内部收益率、资本金收益率（即资本金财务内部收益率）和投资各方收益率（即投资各方财务内部收益率）。

（1）项目财务内部收益率，是考察项目融资方案确定前（未计算借款利息）且在所得税前整个项目的盈利能力，供决策者在项目方案比选和银行等金融机构进行信贷决策时参考。

由于项目各融资方案的利率不尽相同，所得税税率与享受的优惠政策也可能不同，在计算项目财务内部收益率时，不考虑利息支出和所得税，是为了保持项目方案的可比性。

（2）资本金内部收益率，是以项目资本金为计算基础，考察所得税税后资本金可能获得的收益水平。

（3）投资各方内部收益率，是以投资各方出资额为计算基础，考察投资各方可能获得的收益水平。

项目财务内部收益率（*FIRR*）的判别依据，应采用行业规定或者评价人员设定的财务基准收益率（i_c），当 $FIRR \geqslant i_c$ 时，即认为项目的盈利能力能够满足要求。资本金和投资各方收益率应与出资方最低期望收益率对比，判断投资方的收益水平。

2. 财务净现值（*FNPV*）

财务净现值是指按设定的折现率（i_c）计算的项目计算期内各年净现金流量的现值之和。计算公式为

$$FNPV = \sum_{t=1}^{n} (CI - CO)_t (1 + i_c)^{-t} \tag{3-2}$$

式中　　*CI*——现金流入量；

　　　　CO——现金流产量；

$(CI - CO)_t$——第 *t* 年的净现金流量；

　　　　n——计算期年数；

　　　　i_c——设定的折现率。

财务净现值是评价项目盈利能力的绝对指标，它反映项目在满足按设定折现率要求的盈利之外，获得的超额盈利的现值。财务净现值等于或者大于零，表明项目的盈利能力达到或者超过按设定的折现率计算的盈利水平。一般只计算所得税前财务净现值。

3. 投资回收期（P_t）

投资回收期是指以项目的净收益偿还项目全部投资所需要的时间，一般以年为单位，并从项目建设起始年算起。若从项目投产年算起，应予以特别注明。其表达式为

$$\sum_{t=1}^{P_t} (CI - CO) = 0 \tag{3-3}$$

投资回收期可根据现金流量表计算，现金流量表中累积现金流量（所得税前）由负值变为 0 时的时点，即为项目的投资回收期。计算公式为

$$P_t = （累积净现金流量开始出现正值的年份数 - 1） +$$
上年累计净现金流量的绝对值/当年净现金流量值

投资回收期越短，表明项目的盈利能力和抗风险能力越好。投资回收期的判别标准为基准投资回收期，其取值可根据行业水平或者投资者的要求设定。

4. 投资利润率

投资利润率是指项目在计算期内正常生产年份的年利润总额（或年平均利润总额）与项目投入总资金的比例，它是考察单位投资盈利能力的静态指标。将项目投资利润率与同行业平均投资利润率对比，来判断项目的获利能力和水平。

5. 项目资本金净利润率（*ROE*）

资本金净利润率表示项目资本金的盈利水平，即

$$ROE = NP/EC \times 100\% \qquad (3\text{-}4)$$

式中　　NP——项目达到设计生产能力后正常年份的税后净利润或运营期内税后年平均净利润，净利润＝利润总额－所得税；

　　　　EC——项目资本金。

资本金利润率高于同行业的利润率参考值，表明用项目资本金净利润率表示的项目的盈利能力满足要求。

四、偿债能力分析

根据财务报表计算借款偿还期、利息备付率、偿还备付率等指标，评价项目借款偿还能力。如果采用借款偿还期指标，可不再计算备付率；如果计算备付率，则不再计算借款偿还期指标。

（一）偿债能力分析报表

1. 资金来源与运用表

资金来源与运用表用于反映项目计算期各年的投资、融资及生产经营活动的资金流入、流出情况，考察资金平衡和余缺情况。

2. 借款还本付息计划表

借款还本付息计划表反映项目计算期内各年借款的使用、还本付息计划以及偿债资金来源筹措计划。用以计算偿债备付率和利息备付率指标，编制偿债能力分析的表格。同时应根据与债权人商定的或预计可能的债务资金偿还条件和方式计算并编制借款还本付息计划表。

3. 资产负债表

资产负债表是国际上通用的财务报表，表中数据可由其他报表直接引入或经适当计算后列入，以反映企业某一特定时期的财务状况。编制过程中应实现资产与负债和所有者权益两方的自然平衡。与实际企业相比，财务分析中资产负债表的科目可以适当简化，反映的是各年年末的财务状况，必要时可以按照"有项目"范围编制。根据资产负债表的数据可以计算资产负债率、流动比率、速动比率等指标，用以考察财务主体的财务状况。

（二）偿债能力分析指标

1. 借款偿还期

借款偿还期是指以项目投产后获得的可用于还本付息的资金，还清借款本息所需的时间，一般以年为单位表示。这项指标可由借款偿还计划表推算，不足整年的部分可用内插法计算，指标值应能满足贷款机构的期限要求。

借款偿还期指标适用于尽快还款的项目，不适用于已约定借款偿还期限的项目。对于已约定借款偿还期限的项目，应采用利息备付率和偿债备付率指标分析项目的偿还能力。

2. 利息备付率

利息备付率是指项目在借款偿还期内，各年可用于支付利息的税息前利润与当期应付利息费用的比值，即，

利息备付率＝税息前利润（$EBIT$）/当期应付利息费用（PI）

其中税息前利润为利润总额与计入总成本费用的利息费用之和；当期应付利息是指计入总成本费用的全部利息。

利息备付率可以按年计算，也可以按整个借款期计算。利息备付率表示项目的利润偿付

利息的保证倍率。对于正常运营的企业，利息备付率应当大于 2，否则，表示付息能力保障程度不足。

3. 偿债备付率

偿债备付率是指项目在借款偿还期内，各年可用于还本付息资金与当期应还本付息金额的比值，即

偿债备付率＝可用于还本付息资金/当期应还本付息金额（PD）

其中，可用于还本付息资金为还本付息的资金（$EBITD_A$）与企业所得税（T_{AX}）之差。

可用于还本付息的资金，包括可用于还款的折旧和摊销，在成本中列支的利息费用，可用于还款的利润等。当期应还本付息金额包括当期应还贷款本金及计入成本的利息。

偿债备付率可以按年计算，也可以按整个借款期计算。偿债备付率表示可用于还本付息的资金偿还借款本息的保证倍率。偿债备付率在正常情况下应当大于 1。当指标小于 1 时，表示当年资金来源不足以偿付当期债务，需要通过短期借款偿付已到期债务。

4. 资产负债率

资产负债率（LOAR）是指企业某个时点负债总额（TL）同资产总额（TA）的比率。其计算公式为

$$LOAR = \frac{TL}{TA} \tag{3-5}$$

式中　　TL——负债总额；

　　　　TA——资产总额。

资产负债率表示总资产中通过负债得来的比例，是评价负债水平的综合指标。合理的资产负债率既能说明投资人、债权人的风险较小，又能说明经营安全、稳健、有效，具有较强的融资能力。

国际上公认较好的资产负债率指标是 60%。实践表明，行业间资产负债率差异也较大，实际分析时应结合国家总体经济运行状况、行业发展趋势、企业实力和投资强度等具体条件进行判定。

五、财务生存能力分析

财务生存能力分析是通过编制财务计划现金流量表，结合偿债能力分析，考察项目（企业）资金平衡和余缺等财务状况，判断其财务可持续性。

（一）财务计划现金流量表

财务计划现金流量表是国际上通用的财务报表，用于反映计算期内各年的投资活动、融资活动和经营活动所产生的现金流入、现金流出和净现金流量，考察资金平衡和余缺情况，是财务状况的重要财务报表。财务计划现金流量表分为四大项，即经营活动净现金流量、投资活动现金流量、融资活动现金流量和累计盈余资金。

（二）财务生存能力分析应注意的问题

财务生存能力分析应结合偿债能力分析进行，项目的财务生存能力分析可通过以下两个方面进行：

1. 分析是否有足够的净现金流量维持正常运营

（1）在项目运营期间，只有能够从各项经济活动中得到足够的净现金流量，项目才能持

续生存。财务生存能力分析中应根据财务计划现金流量表，考察项目计算期内各年的投资活动、融资活动和经营活动所产生的各项现金流入和流出，计算净现金流量和累计盈余资金，分析项目是否有足够的净现金流量维持正常运营。

（2）拥有足够的经营净现金流量是财务上可持续的基本条件，特别是在运营初期。一个项目具有较大的经营净现金流量，说明项目方案比较合理，实现自身资金平衡的可能性大，不会过分依赖短期融资来维持运营；反之，一个项目不能产生足够的经营净现金流量，或经营净现金流量为负值，说明维持项目正常运行会遇到财务上的困难，实现自身资金平衡的可能性小，有可能要靠短期融资来维持运营，有些项目可能需要政府补助来维持运营。

（3）通常项目运营期前期的还本付息负担较重，应特别注重运营期前期的财务生存能力分析。如果拟安排的还款期过短，致使还本付息负担过重，导致为维持资金平衡必须筹借的短期借款过多，可以设法调整还款期，甚至寻求更有利的融资方案，减轻各年还款负担。所以，财务生存能力分析应结合偿债能力分析进行。

2. 各年累计盈余资金不出现负值是财务上可持续的必要条件

各年累计盈余资金不出现负值是财务上可持续的必要条件。在整个运营期间，允许个别年份的净现金流量出现负值，但不能容许任一年份的累计盈余资金出现负值。一旦出现负值时应适时进行短期融资，该短期融资应体现在财务计划现金流量表中，同时，短期融资的利息也应纳入成本费用和其后的计算。较大的或较频繁的短期融资，有可能导致以后的累计盈余资金无法实现正值，致使项目难以持续运营。财务评价指标体系如表 3-1 所示。

表 3-1 财务评价指标体系汇总表

评价内容	基本报表		评价指标	
			静态指标	动态指标
盈利能力分析	融资前分析	项目投资现金流量表	项目投资回收期	项目投资财务内部收益率 项目投资财务净现值
	融资后分析	项目资本金现金流量表		项目资本金财务内部收益率
		投资各方现金流量表		投资各方财务内部收益率
		利润与利润分配表	总投资收益率 项目资本金净利润率	
偿债能力分析		借款还本付息计划表	偿债备付率 利息备付率	
		资产负债表	资产负债率 流动比率 速动比率	
财务生存能力分析		财务计划现金流量表	累计盈余资金	

六、不确定性分析

项目评价所使用的数据大部分来自估算和预测，在一定程度具有不确定性。为了分析不确定因素对经济评价的影响，需要进行不确定性分析，不确定性分析是研究技术项目方案中主要不确定因素（随机因素）发生变化时，对经济评价指标影响的一种分析评价方法。主要分析各种外部条件发生变化或者测算数据误差对方案经济效果的影响程度，以及方案本身对不确定性的承受能力。工程经济分析中不确定分析的基本方法包括盈亏平衡分析和敏感性分析。

（一）盈亏平衡分析

盈亏平衡分析是在市场、生产能力及经营管理许可的条件下，通过对产品产量、成本、利润相互关系的分析，判断企业对市场需求变化适应能力的一种不确定性分析方法，也称损益分析或量本利分析。通过计算项目方案的盈亏平衡点（BEP），分析各种不确定因素对经济效益的影响。盈亏平衡点反映了项目对市场变化的适应能力和抗风险能力，盈亏平衡点越低，适应市场变化的能力越强，抗风险能力也越强。

1. 线性盈亏平衡分析的前提条件

（1）产量等于销售量。

（2）产量变化，单位变动成本不变，故总成本是产量的线性函数。

（3）产量变化，销售单价不变，故销售收入是销售量的线性函数。

（4）只生产单一产品，或生产多种产品，但可以换算为单一产品计算。

在一定期间把成本分解成固定成本和变动成本两部分，再同时考虑收入和利润，建立关于成本、产销量和利润三者关系的数学模型，这个数学模型的表达形式为

$$利润＝销售收入－总成本－税金$$

其中
$$销售收入＝单位售价\ P×销量\ Q$$
$$税金＝单位产品销售税金\ t×销量\ Q$$
$$总成本＝变动成本＋固定成本＝单位变动成本\ CV×产量\ Q＋固定成本\ CF$$
$$B＝P×Q－t×Q－CV×Q－CF$$

即
$$B＝（P－t－CV）×Q－CF$$

2. 线性盈亏平衡点的表达形式

由式 $B＝（P－t－CV）×Q－CF$，项目不亏不盈即 $B＝0$ 时得：

产量盈亏平衡点　　　　$BEP（Q）＝CF/（P－t－CV）$

生产能力利用率盈亏平衡点 $BEP（f）＝盈亏平衡点产量/设计生产能力×100\%$ 同理，还可求出其他因素的 BEP，如

销售额盈亏平衡点　　　　$BEP（S）＝PCF/（P－t－CV）$

如果按设计生产能力 Q_c 进行生产和销售，价格盈亏平衡点为

$$BEP（p）＝CF/Q_c＋CV＋t$$

盈亏平衡点反映了项目对市场变化的适应能力和抗风险能力，盈亏平衡点越低，达到此点的盈亏平衡产量和收益或成本也就越少，项目投产后的盈利的可能性越大，适应市场变化的能力越强，抗风险能力也越强，如图3-1所示。

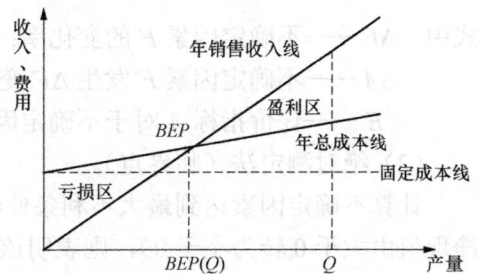

图3-1　线性盈亏平衡分析图

（二）敏感性分析

敏感性分析（Sensitivity Analysis）也称为灵敏度分析，是在确定性分析的基础上，通过

分析、预测项目投资、产品价格、成本、产量和工期等主要不确定性因素的变化对项目评价指标（如内部收益率、净现值等）的影响，从中找出敏感因素，判断评价指标对该因素的敏感程度和项目对此变化的承受能力。

敏感性分析有单因素敏感性分析和多因素敏感分析两种形式。单因素敏感性分析是敏感性分析的基本方法指假设各不确定因素之间相互独立，每次只改变一个因素的数值来进行分析，其他因素保持不变，估算单个因素的变化对项目效益的影响。多因素敏感性分析是对两个或两个以上互相独立的不确定因素同时变化的影响进行分析。通常只要求进行单因素敏感性分析。

1. 单因素敏感性分析的步骤

（1）确定敏感性分析指标。最基本的分析指标是内部收益率（FIRR），也可选择净现值（NPV）和投资回收期（Pt）等。主要分析投资大小对方案资金回收能力的影响可选用财务内部收益率；主要分析产品价格波动对方案超额净收益的影响可选用财务净现值；主要分析方案状态和参数变化对方案投资回收快慢的影响可选用投资回收期。

（2）选择需要分析的不确定因素。一般可选择价格、投资、经营成本、产销量、建设期、项目寿命等因素。

选择不确定因素的原则：预计可能发生的变动范围内，该因素的变动是否会影响方案的经济效果指标值；对在确定性分析中采用的该因素的数据的可靠性、准确性把握程度。

（3）设定不确定因素的变动范围，分析其变化对评价指标的影响。对不确定因素，按照一定的变化幅度（如±5%、±10%和±20%等）改变它的数值，然后计算这种变化对经济评价指标的影响数值。

（4）确定敏感性因素。敏感性因素是指发生较小幅度的变化就能引起经济评价指标发生较大变动的因素。计算分析不确定因素变动对经济效果指标的影响程度，建立相应模型与数量关系，确定敏感性因素。可以通过计算敏感度系数和临界点来判断。

2. 敏感性分析的方法

（1）相对测定法（敏感度系数）。敏感度系数是指表示项目评价指标对不确定因素的敏感程度。假设要分析的各不确定因素从确定性经济分析所用数值开始变动，且各因素每次变动幅度（增或减的百分数）相同，比较此时对经济评价指标的影响，据此判断经济评价指标对各因素的敏感程度，敏感度系数越大的因素越敏感。即

$$E = \Delta A / \Delta F \tag{3-6}$$

式中　ΔF——不确定因素 F 的变化率；

　　　ΔA——不确定因素 F 发生 ΔF 变化率时，评价指标 A 的相应变化率，%；

　　　E——评价指标 A 对于不确定因素 F 的敏感度系数。

（2）绝对测定法（临界点）。

计算不确定因素达到最大不利条件时经济评价指标的值，若已改变了项目的可行性（如净现值由大于 0 转为小于 0），则表明该因素是敏感性因素。

临界点是指项目允许不确定因素向不利方向变化的极限值。若超过临界点，项目的效益指标将不可行。临界点可用专用软件的财务函数计算，也可由单因素敏感性分析图（见图 3-2）直接求得近似值。敏感性分析图中每一条斜线的斜率反映内部收益率对该不确定因素的敏感程度，斜率越大敏感程度越高，可以同时反映多个因素的敏感性分析结果。每条斜线与基准

收益率线的相交点所对应的不确定因素变化率，即为该因素的临界点。

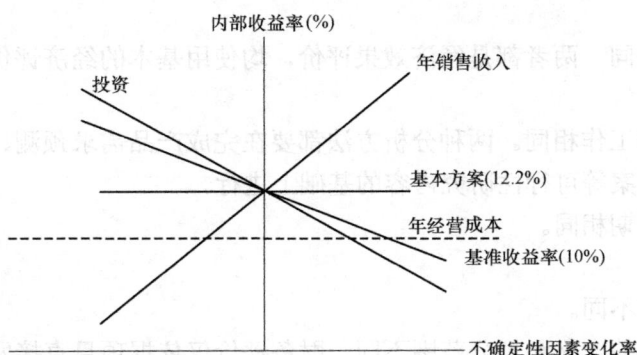

图 3-2 单因素敏感性分析图

临界点的高低与计算临界点的指标的初始值有关，如选取基准收益率为计算临界点的指标，对于同一个项目，随着设定基准收益率的提高，临界点就会变低，而在一定的基准收益率下，临界点越低，说明该因素对项目评价指标影响越大，项目对该因素越敏感。

第三节　国民经济评价

在市场经济条件下，工程项目财务评价结论能够满足投资决策要求，但由于存在市场失灵等原因，项目还需要进行国民经济评价，以全社会的角度判断项目配置经济资源的合理性。需要国民经济评价的项目主要是铁路、公路等交通运输项目、水利水电项目、国家控制的战略性资源开发项目、动用社会资源和自然资源较多的中外合资项目以及主要产出物和投入物的市场价格不能反映其真实价值的工程项目。

项目的国民经济评价是在合理配置社会资源的前提下，从国家经济整体利益的角度出发，计算项目对国民经济的贡献，分析项目的经济效率、效果和对社会的影响，评价项目在宏观经济上的可行性，为投资决策提供宏观依据。

一、国民经济评价的必要性

项目的财务评价不能说明项目对国民经济的真实贡献，主要原因有：

（1）由于企业和国家是从两个不同的角度评价，企业利益并不与国家利益完全一致，因此一个项目对国家和企业的费用和效益的范围不同。财务盈利效果仅是项目内部的直接经济效果，不包括对外部的影响。

（2）由于种种原因，项目的投入物和产出物财务价格略有失真，不能准确反映其对国民经济的真实价值。

（3）不同项目的财务分析包括了不同的税收、补贴和贷款条件，使不同项目的财务盈利失去了公正的效果。

在市场经济条件下，企业财务评价可以反映出建设项目给企业带来的直接效果，但由于市场失灵现象的存在，财务评价不可能将建设项目产生的效果全部反映出来。因此，正是由于国民经济评价关系到宏观经济的持续健康发展和国民经济结构布局的合理性等问题，由此可见国民经济评价是非常必要的。

二、国民经济评价与财务评价的关系

1. 相同点

（1）评价方法相同。两者都是经济效果评价，均使用基本的经济评价理论，即效益与费用比较的理论方法。

（2）评价的基础工作相同。两种分析方法都要在完成产品需求预测、工艺技术选择、投资估算、资金筹措方案等可行性研究内容的基础上进行。

（3）评价的计算期相同。

2. 不同点

（1）评价的角度不同。

（2）费用和效益的含义和划分范围不同。财务评价仅依据项目直接发生的财务收支，计算项目的费用和效益。国民经济评价则从全社会的角度考察项目的费用和效益，然而项目的有些收入和支出，税金和补贴、银行贷款利息。若要从全社会的角度考虑，则不能作为社会费用或收益。

（3）采用的价格体系不同。财务评价用市场预测价格；国民经济评价用影子价格。

（4）使用的参数不同。财务评价用基准收益率；国民经济评价用社会折现率。财务基准收益率以分析问题角度的不同而不同，而社会折现率则在全国各行业、各地区都是一致的。

（5）评价的内容不同。财务评价主要包括盈利性评价和清偿能力分析；国民经济评价主要是盈利能力分析，没有清偿能力分析。

（6）应用的不确定性分析方法不同。盈亏平衡分析只适用于财务评价，敏感性分析和风险分析可同时用于财务评价和国民经济评价。

三、国民经济效益与费用识别

项目的国民经济效益是指项目对国民经济所做的贡献，分为直接效益和间接效益。项目的国民经济费用是指国民经济为项目付出的代价，分为直接费用和间接费用。直接效益和直接费用可称为内部效果，间接效益和间接费用可称为外部效果。

1. 直接效益与直接费用

直接效益是指由项目产出物直接生成，并在项目范围内计算的经济效益。项目直接效益有多种表现：

（1）项目产出用于满足国内新增加的需求时，项目直接效益表现为国内新增需求的支付意愿。

（2）当项目产出用于替代其他厂商的产品或服务时，使被替代厂商减产或停产，从而使其他厂商耗用的社会资源得到节省，项目直接效益表现为这些资源的节省。

（3）当项目的产出直接出口或者可替代进口商品，从而导致进口减少，项目直接效益表现为国家外汇收入的增加或支出的减少。

直接费用是指项目使用投入物所形成，并在项目范围内计算的费用。一般表现为其他部门为本项目提供投入物，需要扩大生产规模所耗用的资源费用；减少对其他项目或者最终消费投入物的供应而放弃的效益；增加进口或者减少出口从而耗用或者减少的外汇等。

2. 间接效益与间接费用

间接效益与间接费用是指项目对国民经济做出的贡献与国民经济为项目付出的代价中，在直接效益与直接费用中未得到反映的那部分效益与费用。通常把与项目相关的间接效益（外

部效益）和间接费用（外部费用）统称为外部效果。外部效果的计算范围应考虑环境及生态影响效果，技术扩散效果和产业关联效果。为防止外部效果计算扩大化，项目的外部效果一般只计算一次相关效果，不应连续计算。

3. 转移支付

项目的部分财务收益和支出，从国民经济角度看，并未造成资源的实际增加或者减少，而是国民经济内部的"转移支付"，则不计入项目的国民经济效益与费用。转移支付的主要内容包括以下内容：

（1）国家和地方政府的税收；

（2）国内银行借款利息；

（3）国家和地方政府给予项目的补贴。

如果以项目的财务评价为基础进行国民经济评价时，应从财务效益与费用中剔除在国民经济评价中计入转移支付的部分。

四、影子价格

影子价格是在对项目进行国民经济评价中计算国民经济效益、费用专用的价格。影子价格主要是依据一定原则确定的，能够反映投入物和产出物真实经济价值，以及市场供求状况，以及资源稀缺程度，使资源得到合理配置的价格。进行国民经济评价时，项目的主要投入物和产出物价格原则上都使用影子价格。

1. 市场定价货物的影子价格

随着我国市场经济发展和贸易范围的扩大，货物的价格多数由市场决定，价格可以近似反映其真实价值。进行国民经济评价可将这些货物的市场价格加上或者减去国内运杂费等，作为投入物或者产出物的影子价格。

（1）外贸货物的影子价格，是以口岸价为基础，乘以影子汇率加上或者减去国内运杂费，作为投入物或者产出物的影子价格。

投入物影子价格（项目投入物的到厂价格）＝到岸价（CIF）×影子汇率

＋国内运杂费＋贸易费用

产出物影子价格（项目产出物的出厂价格）＝离岸价（FOB）×影子汇率

－国内运杂费－贸易费用

贸易费用是指对外经贸机构为进出口货物所耗用的，用影子价格计算的流通费用，包括货物的储运、再包装、短途运输、装卸、保险、检验等环节的费用支出，以及资金占用的机会成本，但不包括长途运输费用。贸易费用一般用货物的口岸价乘以贸易费率计算。

贸易费率由项目评价人员根据项目所在地区流通领域的特点和项目的实际情况确定。

（2）非外贸货物影子价格，是以市场价格加上或者减去国内运杂费作为影子价格。投入物影子价格为到厂价，产出物影子价格为出厂价。

2. 政府调控价格货物的影子价格

对于不完全由市场机制决定价格的货物或服务，由政府调控价格，例如由政府发布指导价、最高限价和最低限价等。这些货物或者服务的价格不能完全反映其真实价值，因此在进行国民经济评价时，应对这些货物或者服务的影子价格采用特殊方法确定。确定影子价格的原则为投入物按机会成本分解定价，产出物按消费者支付意愿定价。

（1）电价作为项目投入物的影子价格，一般按完全成本分解定价，电力过剩时按可变成本分解定价。电价作为项目产出物的影子价格，可按电力对当地经济边际贡献率定价。

（2）铁路运价作为项目投入物的影子价格，一般按完全成本分解定价，对运能富裕的地区，按可变成本分解定价。

（3）水价作为项目投入物的影子价格，按后备水源的边际成本分解定价，或者按恢复水功能的成本计算。水价作为项目产出物的影子价格，按消费者支付意愿或者按消费者承受能力加政府补贴计算。

3. 特殊投入物的影子价格

项目的特殊投入物是指项目在建设、生产运营中使用的劳动力、土地和自然资源等。项目使用这些特殊投入物所发生的国民经济费用，应分别采用下列方法确定其影子价格。

（1）影子工资。影子工资反映国民经济为项目使用劳动力所付出的真实代价，由劳动力机会成本和劳动力转移而引起的新增资源耗费两部分构成。劳动力机会成本是指劳动力如果不就业于拟建项目而从事其他生产经营活动所创造的最大利益。它与劳动力的技术熟练程度和供求状况（过剩与稀缺）有关，技术越熟练，稀缺程度越高，其机会成本越高，反之越低。新增资源耗费是指项目使用劳动力时，由于劳动者就业或者迁移而增加的城市管理费用和城市交通等基础设施投资费用。

（2）土地影子价格。土地影子价格是指由于土地被工程项目占用所付出的国民经济代价，即土地改变原有用途所放弃的净收益。土地影子价格按农用土地和城镇土地分别计算。

1）农用土地影子价格是指项目占用农用土地后国家放弃的收益，由土地的机会成本和占用该土地最佳可替代用途的净效益计算。土地影子价格中新增资源消耗一般包括拆迁费用和劳动力安置费用。

农用土地影子价格可从机会成本和新增资源消耗两方面计算，也可在财务评价中土地费用的基础上调整计算。后一种具体做法是，属于机会成本性质的费用，如土地补偿费、青苗补偿费等，按机会成本的计算方法调整计算；属于新增资源消耗费用的，如拆迁费用、剩余劳动力安置费用、养老保险费用等，按影子价格调整计算；属于转移支付的，如粮食开发基金、耕地占用税等，应予以剔除。

2）城镇土地影子价格通常按市场价格计算，主要包括土地出让金、征地费、拆迁安置补偿费等。

（3）自然资源影子价格。各种自然资源是一种特殊的投入物，项目使用的矿产资源、水和森林资源等都是对国家资源的占用消耗。矿产等不可再生自然资源的影子价格按资源的机会成本计算，水和森林等可再生自然资源的影子价格按再生费用计算。

五、国民经济评价报表编制

编制国民经济评价报表是进行国民经济评价的基础工作之一。国民经济效益费用流量表有两种，一是项目国民经济效益费用流量表，二是国内投资国民经济效益费用流量表。项目国民经济效益费用流量表以全部投资（包括国内投资和国外投资）作为分析对象，考察项目全部投资的盈利能力。国内投资国民经济效益费用流量表以国内投资作为分析对象，考察项目国内投资部分的盈利能力。国民经济效益费用流量表一般在项目财务评价基础上进行调整编制，有些项目也可以直接编制。

1. 在财务评价基础上编制国民经济效益费用流量表

以项目财务评价为基础编制国民经济效益费用流量表，应注意合理调整效益与费用的范围和内容。

（1）剔除转移支付。剔除财务现金流量表中列支的销售税金及附加、增值税、国内借款利息作为转移支付项目。

（2）计算外部效益与外部费用。根据项目的实际情况，确定可以量化的项目外部效益和外部费用。分析确定哪些是项目重要的外部效果，需要采用什么方法估算，并保持效益、费用的计算口径一致。

（3）调整建设投资。用影子价格和影子汇率逐项目调整构成投资的各项费用，剔除涨价预备税金、国内借款建设期利息等转移支付项目。

进口设备价格调整通常要剔除进口关税、增值税等转移支付；建筑工程费和安装工程费按材料费、劳动力的影子价格进行调整；土地费用按土地影子价格进行调整。

（4）调整流动资金。财务报表中的应付款项及现金并没有实际耗用国民经济资源，在国民经济评价中应将其从流动资金中剔除。如果财务评价中的流动资金是采用扩大指标法估算的，国民经济评价仍应按扩大指标法，以调整后的销售收入、经营费用等乘以相应的流动资金指标系数进行估算；如果财务评价中的流动资金是采用分项详细估算法进行估算的，则应用影子价格重新分项估算。

（5）调整经营费用。用影子价格调整各项经营费用，对主要原材料、燃料及动力费用用影子价格进行调整；对工资及福利费，用影子工资进行调整。调整销售收入，用影子价格调整计算项目产出物的销售收入。

（6）调整外汇价值。国民经济评价各项销售收入和费用支出中的外汇部分，应用影子汇率进行调整，计算外汇价值。从国外引入的资金和向国外支付的投资效益、贷款本息，也应用影子汇率进行调整。

2. 直接编制国民经济效益费用流量表

部分行业的项目可能需要直接进行国民经济评价，判断项目的经济合理性。具体步骤如下：

（1）确定国民经济效益、费用的计算范围，包括直接效益、直接费用和间接效益、间接费用；

（2）测算各种主要投入物的影子价格和产出物的影子价格，并在此基础上对各项国民经济效益和费用进行估算；

（3）编制国民经济效益费用流量表。

六、国民经济评价指标计算

根据国民经济效益费用流量表计算经济内部收益率和经济净现值等评价指标。

1. 经济内部收益率（EIRR）

经济内部收益率是反映对国民经济净贡献的相对指标，它表示项目占用资金所获得的动态收益率，也是项目在计算期内各年经济净效益流量的现值累计等于零时的折现率。其表达式为

$$\sum_{t=1}^{n}(B-C)_t(1+EIRR)^{-t}=0 \tag{3-7}$$

式中 B ——国民经济效益流量；

C ——国民经济费用流量；

$(B-C)_t$ ——第 t 年的国民经济净效益流量；

n ——计算期。

经济内部收益率等于或者大于社会折现率，表示项目对国民经济的净贡献达到或者超过要求的水平，则认为项目可以接受。

2. 经济净现值（ENPV）

经济净现值是反映项目对国民经济贡献的绝对指标，是用社会折现率将项目计算期内各年的净效益流量折算到建设期初的现值之和。计算公式为

$$ENPV=\sum_{t=1}^{n}(B-C)_t(1+i_s)^{-t} \tag{3-8}$$

式中　i_s——社会折现率。

项目经济净现值等于或者大于零，表示国家为拟建项目付出的代价可以得到符合社会折现率要求的社会盈余，或者除得到符合社会折现率要求的社会盈余外，还可以得到以现值计算的超额社会盈余。经济净现值越大，表示项目所带来的经济效益越大。

按分析效益费用的口径不同，可分为整个项目的经济内部收益率和经济净现值，以及国内投资经济内部收益率和经济净现值。如果项目没有国外投资和国外借款，全投资指标与国内投资指标相同；如果项目有国外资金流入和流出，应以国内投资的经济内部收益率和经济净现值作为项目国民经济评价的评价指标。

七、国民经济评价参数

国民经济评价参数是国民经济评价的基础。正确理解和使用评价参数，对正确计算效益和评价指标以及比选优化方案具有重要作用。国民经济评价参数体系有两类，一类是通用参数，如社会折现率、影子汇率和影子工资等，由有关专门机构测算和发布；另一类是一般参数，如货物影子价格等，由行业或者项目评价人员确定。

1. 社会折现率（i_s）

社会折现率是用以衡量资金时间价值的重要参数，代表社会资金被占用应获得的最低收益率，并用作不同年份资金价值换算的折现率。社会折现率可根据国民经济发展多种因素综合确定，可作为经济内部收益率的判别标准。各类投资项目的国民经济评价都应采用有关专门机构统一发布的社会折现率作为计算经济净现值的折现率。根据对我国国民经济运行的实际情况、投资收益水平、资金供求状况、资金机会成本以及国家宏观调控等因素的综合分析，目前社会折现率取值为10%。

2. 影子汇率

影子汇率是指能正确反映外汇真实价值的汇率。在国民经济评价中，影子汇率通过影子汇率换算系数计算，影子汇率换算系数是影子汇率与国家外汇牌价的比值。投资项目投入物和产出物涉及进出口的，应采用影子汇率换算系数调整计算影子汇率。根据目前我国外汇收支状况、主要进出口商品的国内价格与国外价格的比较、出口换汇成本以及进出口关税等因素综合分析，目前我国的影子汇率换算系数取值为1.08。

3. 影子工资

影子工资是项目使用劳动力过程中，社会为此付出的代价。影子工资由劳动力的边际产出和劳动就业或者转移而引起的社会资源耗费两部分构成。在国民经济评价中影子工资作为国民经济费用计入经营费用。

影子工资一般是通过影子工资换算系数计算。影子工资换算系数是影子工资与项目财务

评价中劳动力工资和福利费的比值。根据国家的社会经济状况、各类劳动力的结构和供需情况等因素的密切关系，技术劳动力工资报酬一般由市场供求决定，因此影子工资可以以财务实际支付工资计算，即影子工资换算系数取值为 1，非技术性劳动力的影子工资换算系数取值范围通常为 0.25～0.8，其具体数值根据当地非技术劳动力供应状况决定。

第四节 项目的可融资性分析

项目的经济、技术、环境的可行性并不意味着项目就具备了可融资性。也就是说，满足了投资者的最低风险要求，并不意味着项目一定能够满足融资的要求。因此，通过以上项目可行性分析的同时，还应该进行项目的可融资性分析。

项目的可融资性，即银行的可接受性研究（Bank ability study）。可融资性分析是站在提供贷款资金的银行的角度对项目的评价。一般来说，银行不愿承担不确定或不能控制的风险，银行只有在风险与其收益相当时，才愿意向项目注入资金。作为提供借贷资金给项目的银行，为保证其所承担的风险和其收益相当，会对项目提出各种限制条件，包括对各种授权合约的限制、对股东协议和所有者权益分配的限制、对特许协议的限制、对建设合同的限制及对经营和维护合同的限制等。

一、项目可融资性的内涵

项目可融资性应着重理解以下几点：

（1）银行一般不愿意承担法律变化的风险；

（2）若存在信用违约以及贷款人第一次偿还之前，项目发起人不得进行红利分配；

（3）完工前收入应用于补充项目的资本性支出，以此来减少对银行资金的需求量；

（4）项目风险应进行合理的分摊。项目公司不能承担过多的风险，尤其不能承担东道国政府和项目发起人都不愿承担的风险；

（5）项目合同涉及的其他当事人不能因为银行对项目资产或权益行使了抵押权益而终止与项目公司的合同。

二、对"免责条款"的运用

在项目融资实务中，项目发起人在说服银行接受该项目时，应注意利用不可抗力因素来构成"免责条款"。因此，对这一条款的理解相对于发起人和银行来说都是非常重要的。一般地出现以下事件时，就构成了不可抗力因素，可以免除项目发起人的责任：

（1）罢工或其他工业行为；

（2）战争和其他武装斗争如恐怖分子活动、武装阴谋破坏活动、暴乱等；

（3）封锁或禁运导致供应或运输的中断；

（4）不可抗力的自然现象，如雷电、地震、地陷、火山爆发、山崩、飓风、暴雨、火灾、洪水、干旱、积雪及陨石等；

（5）流行病；

（6）辐射和化学污染等；

（7）法律和法规的变化；

（8）其他人类暂时不能控制的事件等。

以上是构成不可抗力的事件，但并不意味着所有的项目都可以将以上所有事件视为不可抗力。对于不同的项目，不可抗力的特征是不同的，如在电力项目开发中，能源供应的中断就不构成项目的不可抗力事件，表明项目公司必须承担相应责任。

三、项目可融资性的必要条件

银行只有在所承担的风险与其收益相当时，才愿意向项目投入资金，而要保证这一点，银行就会提出种种限制条件。

（一）对各种授权合约的限制

（1）所有授权合约都必须确定项目的有效生命期；

（2）如果银行对项目公司行使抵押权时（包括银行卖出项目公司抵押的股份），授权合约不能提前终止，即所有这些合约应与项目而不是项目公司同在；

（3）授予的权利应能全部转让。

（二）对股东协议和所有者权益分配的限制

（1）发起人应认购分配的全部股份；

（2）发起人应补足成本超支的资金；

（3）发起人应为保险不能覆盖的部分提供资金保证。

（三）对特许协议的限制

（1）特许协议应规定项目的固定生命期；

（2）不能将不适当的条款附加在项目公司的身上；

（3）特许协议的授予者应承担法律变更的风险；

（4）由于不可抗力因素，应延长项目的特许期限；

（5）特许协议不能简单地因为银行对项目公司行使了抵押权而提前终止；

（6）银行应可以自由地转让特许权给第三者。

（四）对建设合同的限制

（1）建设合同应是采用交钥匙合同形式；

（2）在建设合同中应规定固定价格；

（3）应在固定期限内完工；

（4）不可抗力事件应控制在有限范围内；

（5）如果不能在固定日期完工，承包商应承担由此给项目公司带来的损失，而且这种损失赔偿额应至少能弥补项目公司须支付的银行贷款利息；

（6）承包商应提供多种形式的担保合同。

（五）对经营和维护合同的限制

（1）应对项目经营者提供适当的激励措施以使其保证项目正常且有效率地运行，实现项目公司利润最大化的目标；

（2）如果由于项目经营管理不善导致经营目标的失败，经营者应承受严格的处罚；

（3）银行有权对经营管理不善的经营者行使开除权或建议开除权。

基于以上三点，可进一步理解为：首先，经营者所得到的激励与所承受的处罚应相对平衡，有时甚至需要进行重新谈判，修改条款；其次，对于银行拥有的对经营者的否定权，操作起来有难度，通常的做法是把项目公司在经营和维护合同中拥有的控制合同终止权授予银行，银行可以控制经营合同的期限但不能直接开除经营者。

综上所述，只有在解决以上问题之后，才能消除银行的顾虑，方可将大量资金长期投入项目中来。

本章小结

可行性研究（Feasibility Study）是在投资决策之前，对拟建项目进行全面的技术经济分析和论证，从而做出项目是否可行的判断的一种科学方法。项目的经济、技术、环境的可行性并不意味着项目就具备了可融资性。因此，通过项目可行性分析的同时，还应该进行项目的可融资性分析。只有消除银行的顾虑，银行才能将大量资金长期投入项目中来。

通过本章学习，了解项目可行性研究的主要内容和工作程序、编写可行性研究报告的规范格式；掌握项目可行性研究的四个工作阶段，以及每个阶段的主要工作；掌握项目财务评价和国民经济评价的方法；理解项目可融资性的内涵及必要条件。

思考题

1. 什么是项目可行性研究？
2. 项目可行性研究的四个工作阶段是什么？
3. 项目可行性研究的主要内容是什么？
4. 编写项目可行性研究报告的要求是什么？
5. 国民经济评价和财务评价的区别是什么？
6. 财务评价的内容是什么？
7. 项目可融资性的内涵是什么？
8. 项目可融资性的必要条件是什么？

第四章 工程项目融资的投资结构

第一节 概 述

项目的投资结构对项目融资的组织和运行方式有着重要的影响，项目发起人在项目融资之前必须明确采用何种投资结构，尤其是存在多个发起人的情况下，必须选择合理的项目投资结构。对于基础设施建设项目和资源开发项目，由于需要投入巨额的资金，项目周期也很长，单一的投资者难以承担项目的全部风险，因此有必要由多个主体共同投资建设，共同承担风险，形成互补性效益，利用不同投资者的信用等级和所在国的优惠政策吸引项目贷款。此时，发起人需要考虑投资结构的影响因素，确定采用何种投资结构。

选择项目投资结构，就是在项目所在国的法律、法规、会计、税务等客观因素的制约下，寻求一种能够最大限度地实现其投资目标的项目资产所有权结构。确定项目单位的组织结构或项目投资结构是项目前期开发阶段的核心环节。所以，无论以何种形式组建项目单位，都应在项目进行全面的可行性研究之前的前期阶段确定下来。

一、项目投资结构的含义

项目的投资结构即项目的资产所有权结构，主要是指项目发起人对项目资产权益的法律拥有形式和发起人之间的法律合作关系。采用不同的投资结构，投资者对其资产的拥有形式、对项目产品及项目现金流量的控制程度，以及投资者在项目中所承担的债务责任和所涉及的税务结构会有很大差异。

二、项目投资结构的影响因素

（一）项目风险的分担和项目债务隔离程度的要求

实现融资的有限追索是采取项目融资方式的一个基本出发点，在项目投资结构设计时，必须考虑如何根据各项目参与方的特点和要求来实现项目风险的合理分配以及项目的债务追索性质和强度，以符合项目投资者的要求。通常项目投资者实现的收益率是和其承担的风险紧密相关的，因此各个投资者往往由于其背景、投资目标和对项目融资的具体要求不同，会对投资结构提出不同的要求，在投资结构设计时必须经过不断的修正和调整，最大限度地满足各投资者的要求。

（二）补充资本注入灵活性要求

由于融资项目所需资金数额巨大，项目风险种类较多，往往风险较一般项目要大，而且融资项目的债务股本比例较高，因此当项目遇到困难时，往往难以通过其他方式筹集资金，只能利用补充资本的形式来满足资金需求。融资项目要求注入补充资本的可能性大小和数额多少往往取决于项目性质、项目的投资等级、经济强度等因素，如果投资项目具有较高的经济强度，则要求注入补充资本金的可能性不大。反之，在设计项目投资结构时，就要格外重视这一问题。因此，当可能要求注入补充资本时，一般倾向于选择公司型投资结构，而如果项目出现财务困难的概率较小时，则可能会偏向选择非公司型投资结构。

（三）对税务优惠利用程度的要求

充分利用合理的税务结构来降低项目的投资成本和融资成本是国际投资活动的重要特点，因此税务问题是在设计项目投资结构和融资结构时需要考虑的重点，同时，税务结构问题也是投资结构设计中需要考虑的最为复杂的问题之一。在许多国家的税法中都规定，不同公司之间的税收在某些特定条件下可以合并，统一纳税，因此在项目投资结构设计时可以设法用一个公司的税务亏损去冲抵另一个公司的盈利，从而降低其应缴税总额，提高总体的综合投资效益。

不同的项目投资结构，往往会影响到投资者能否合理有效地利用融资项目的税务亏损问题。例如，在有限责任公司投资结构中，项目公司是纳税主体，其应纳税收入或亏损以公司为单位计算，较难实现税务冲抵。在非公司型投资结构中，项目资产由投资者分别直接拥有，项目的产品也是由投资者直接拥有，销售收入都直接归投资者所有，投资者可以自行决定其纳税收入问题，这就为冲抵税务亏损提供了可能性。

（四）财务处理方法的要求

项目的投资结构不同，其财务处理方法往往也存在差异，这种差异主要体现在两个方面：一是财务资料的公开披露程度，二是财务报表的账务处理方法。按照各国《公司法》《证券法》等相关法规规定，股份有限公司往往要承担信息公开披露的责任和义务，因此如果投资者不愿意将项目资料公之于众，则可能会对股份有限公司投资结构持谨慎态度。而且，按照各国相关法律规定，采用不同的投资结构，或者虽然投资结构相同，但是采用了不同的投资比例，往往会影响到项目的资产负债情况是否反映在投资者自身的财务报表上以及反映的方式，这就会对投资者的资产负债情况带来不同的影响。因此，在设计项目投资结构时，应注意对投资结构做适当的会计处理。

（五）产品分配形式和利润提取的难易程度

项目投资者参与项目的投资、开发、建设，往往是以获取一定的经济目标为目的的。这种经济目标可能是直接的项目产品，也可能是分得的项目利润。由于项目的特点和投资者自身的特点不同，对项目产品的分配形式和利润提取方式会有不同的要求。在投资结构设计时，往往要考虑以下两个方面：

（1）投资者的不同背景的影响。不同的投资结构对利润的提取形式有不同的规定。如在有限责任公司投资结构中，由项目公司统一对外销售，统一结算，统一纳税，在弥补项目经常性支出和资本性支出后，在投资者之间进行利润分配。而在非公司型投资结构中，项目产品是直接分配给各投资者自己支配的，投资者如果拥有较广泛的销售渠道和市场知名度，就很容易将产品变现，取得收入。因此，从这个意义上说，大型跨国公司参与项目融资时，会偏向于选择非公司型投资结构，而中小型公司参与项目融资时往往采取公司型投资结构。

（2）投资项目的不同性质也对项目投资结构有重要影响。在资源开发项目中，多数投资者愿意直接获得项目产品。因为这些产品可能是其后续工业生产的原材料，也可能是其特定客户或特定市场所必须的关键性资源。这是大多数跨国公司在资源丰富的发展中国家和地区从事投资活动的重要原因。而在基础设施项目投资中，多数投资者一般就不会十分重视对项目产品的直接拥有形式，只是为了开拓公司的业务活动领域，增加公司利润。因此，在资源性开发项目中，一般以非公司型投资结构从事项目的开发和建设，而在基础设施项目中则以公司型投资结构为主要投资形式。

（六）融资的便利与否

项目投资结构不同，项目资产的法律拥有形式就不同，投资者融资时所能提供的抵押担保条件就会不同，从而直接影响到项目的融资活动。

在有限责任公司投资结构中，项目公司是全部资产的所有人，它可以较容易地将项目资产作为一个整体抵押给贷款银行来安排融资，并且可以利用一切与项目投资有关的税务好处及投资优惠条件来吸引资金。同时，项目公司又完全控制着项目的现金流量，因此，以项目公司为主体安排融资就比较容易。在考虑融资便利与否时，还要顾及各国对银行留置权的法律规定，如有些国家法律规定，银行要对合伙制结构的抵押资产行使留置权时，相对公司型投资结构更为困难。

（七）资产转让的灵活性

投资者在一个项目中的投资权益能否转让、转让程度以及转让成本是评价投资结构有效与否的重要因素。其结果对于项目融资的安排有重要的影响。

作为项目融资的贷款银行，需要投资人提供抵押的资产或权益是可以较方便地转让的。一旦借款人违约，借款银行就可以通过出售用作抵押的资产或权益以抵消贷款本息，减少贷款的违约风险。反之，如果投资者用作融资抵押的资产或权益无法转让或转让困难，项目的融资风险就相应增加，贷款银行在安排融资时就会要求增加融资成本，增加信用保证以减少贷款风险。这样，对投资者来说就是增加了财务负担，相应会降低投资收益。

（八）项目管理的决策方式与程序

项目管理的决策方式与程序的关键是在充分保护少数投资者权益的基础上，建立一个有效的决策机制。决策方式与程序问题需要确立不同投资者在合资结构的不同层次中拥有的管理权和决策权，以及这些权利的性质和实际参与管理的形式及程度。无论采取何种投资结构，投资各方都需要按照决策问题的重要程度通过合资协议准确地明确下来。一般的原则是，最重要的问题需要全部投资者的同意才能决策；次重要的问题要求绝大多数（如 2/3 以上或 3/4 以上）投资者同意；一般性的问题只要求多数投资者的同意。

国际上较为普遍采用的投资结构有四种基本的法律形式：公司型投资结构、合伙制或有限合伙制投资结构、非公司型投资结构、信托基金结构。

第二节　公司型投资结构

公司型投资结构的基础是有限责任公司。公司型投资结构是目前世界上最简单有效的一种投资结构，这种投资结构历史悠久，使用广泛。

公司是与其投资者（公司股东）完全分离的独立法律实体，即公司法人。公司的权利和义务是由国家有关法律（或公司法）以及公司章程所赋予的。作为一个独立的法人，公司拥有一切公司资产和处置资产的权利。对于公司资产，公司股东既没有直接的法律权益也没有直接的受益人权益。公司承担一切有关的债权债务，在法律上具有起诉权也有被起诉权，并且除了在公司被解散的情况之外，公司对这些资产和权益有着永久性继承权，而不受到其股东变化的影响。投资者通过持股拥有公司，并通过选举任命董事会成员对公司的日常运作进行管理。

一、公司型投资结构的运作方式

由于股份有限公司发起人的人数有最低限制（不得少于5人），出资必须是货币，而项目融资中发起人的人数一般不到5人，投资者还倾向于以技术、厂房、土地、原料等入股，所以项目融资中公司型投资结构一般采用有限责任公司的形式。

由于公司型投资结构相对简单，国际上大多数的制造业和加工业项目采用的都是公司型投资结构，并且在20世纪60年代以前多数的资源性开发项目也采用的是公司型投资结构。公司型投资结构的形式如图4-1所示。

二、公司型投资结构的优点

（1）公司股东承担有限责任。在公司型投资结构中，投资者的责任是有限的，其最大责任被限制在已支付的股本资金以及已认购但尚未支付的股本资金之内。风险的隔离可以说是选用公司型投资结构的一个最重要的考虑。在公司型投资结构中，项目公司对偿还贷款承担直接责任，实现了对项目投资者的有限债务追索。

（2）融资安排比较容易。公司型投资结构安排融资有两方面的优点：其一，公司型投资结构便于贷款银行取得项目资产的抵押

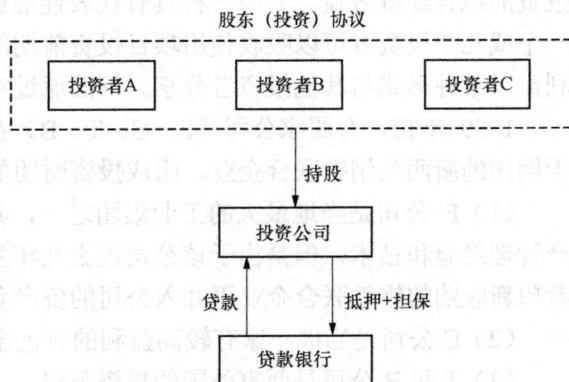

图 4-1　公司型投资结构（有限责任公司）

权和担保权，也便于贷款银行对于项目现金流量的控制，一旦项目出现债务违约，银行可以比较容易地行使自己的权力；其二，公司型投资结构易于被资本市场所接受，条件许可时可以直接进入资本市场通过股票上市或发行债券等多种渠道筹集资金。

（3）投资转让比较容易。公司股票代表着投资者在公司中的投资权益。相对项目资产的买卖而言，股票的转让程序比较简单和标准化。通过发行新股，公司型投资结构也可以较容易地引入新的投资者。

（4）股东之间权责利清晰。《中华人民共和国公司法》（以下简称《公司法》）中对股东之间的关系有明确的规定，其中最重要的一点是股东之间不存在任何的信托、担保和连带责任。

（5）可以安排非公司负债型融资结构。根据一些国家的公司法规定，如果投资者在项目公司中拥有的股份不超过50%，则项目公司的资产负债情况不需要反映到项目投资者的资产负债表中去，这就实现了非公司负债型融资。

三、公司型投资结构的缺点

（1）投资者对项目的现金流量缺乏直接的控制。在投资公司中，没有任何一个投资者可以对项目的现金流量实行直接的控制，这对于希望利用项目的现金流量自行安排融资的投资者来说是很不利的因素。

（2）项目的税务结构灵活性差，即不能利用项目公司的亏损去冲抵投资者其他项目的利润。由于项目公司不是任何一个投资者的控股公司或子公司，则项目开发前期的税务亏损或优惠就无法转移给投资者，而只能保留在项目公司中，并在一定年限内使用，这就导致了如果项目公司在几年内没有盈利，税务亏损就会有完全损失掉的可能性，也就降低了项目的综

合投资效益。

这种投资结构还存在着"双重纳税"的现象，即项目公司如有盈利时要缴纳公司所得税，项目投资者取得的股东红利还要缴纳公司所得税或个人所得税，这种现象无形中降低了项目的综合投资回报率。

四、公司型投资结构的变通

为了克服公司型投资结构带来的弊端，国外诸多公司在法律许可的范围内对其基本结构加以改造而创造出复杂的公司结构，争取尽快、尽早地利用项目的税务亏损（或优惠），提高投资的综合经济效益。其中一种具有代表性的做法是在合资公司中做出某种安排，使得其中一个或几个投资者可以吸收使用项目投资前期的税务亏损（或优惠），同时又将所获得的部分利益以某种形式与其他投资者分享。下面通过实例说明这种对公司型投资结构的变通。

1989 年初，有四家公司（F、C、T、B）在新西兰联合组成了一个投资财团投标收购濒于倒闭的新西兰钢铁联合企业。组成投资财团的四家公司的情况为：

（1）F 公司是当地最大的工业集团之一，具有雄厚的资金实力并拥有钢铁工业方面的生产管理经验和技术，但是由于该公司过去几年发展过快，资产负债表中的负债比例较高，不希望新收购的钢铁联合企业再并入公司的资产负债表，所以要求持股比例不超过 50%。

（2）C 公司是当地一家有较高盈利的有色金属公司。

（3）T 和 B 公司是两家外国的投资公司。

新西兰钢铁联合企业由于管理不善成本超支，连年亏损，终于倒闭，并留下了超过 5 亿新西兰元的税务亏损，投资财团希望利用这些税务亏损节约投资成本，但是只有 C 公司一家可以吸收这些亏损。因此几家公司在律师和会计师的协助下设计出如图 4-2 中的合资公司结构，具体操作过程如下：

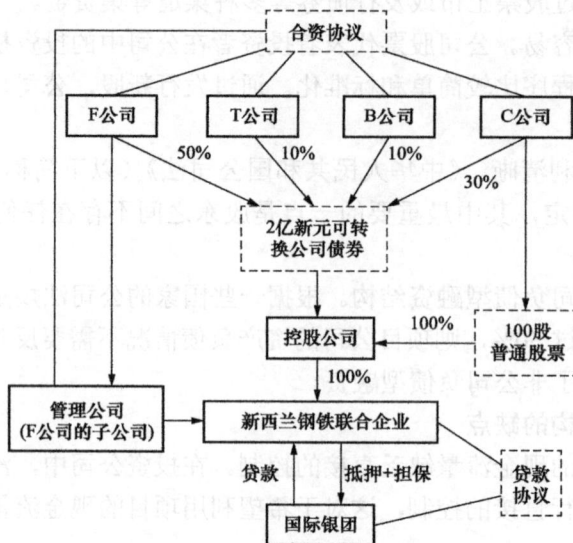

图 4-2 新西兰钢铁联合企业的合资公司结构

1）根据合资协议，C 公司认购控股公司的 100 股股票（一元一股），成为控股公司以至于钢铁联合企业法律上百分之百的拥有者，这样控股公司以及钢铁企业的资产负债和经营损益可以并入 C 公司的财务报表，同时，控股公司和钢铁企业的税收也可以与 C 公司的税收合并，统一纳税。

2）四方投资者通过认购控股公司的可转换债券（在合资协议中规定出可转换债券持有人的权益及转换条件）作为此项投资的实际股本资金来源；由于可转换债券定期支付利息，又为投资者安排股本资金融资提供了一定的可能性。

3）投资者根据合资协议组成董事会负责公司的重要决策，并任命 F 公司的下属公司担任项目经理负责公司的日常生产经营。

4）由于 C 公司通过此项投资可以获得 5 亿新西兰元的税务亏损的好处，所以多出资 5000 万新西兰元。由于巧妙地利用了被收购企业的税务亏损，除 C 公司外的其他投资者都可以实现一定程度的投资资金节约，而 C 公司通过将钢铁联合企业的税务亏损合并冲抵其他方面业务的利润，也可以预期获得 1.65 亿新西兰元的税款节约（当地公司所得税率为 33%）。

第三节　合伙制投资结构

合伙制投资结构是至少两个以上合伙人之间以获取利润为目的共同从事某项投资活动而建立起来的一种法律关系。合伙制结构不是一个独立的法律实体，其合伙人可以是自然人也可以是公司法人。合伙制结构通过合伙人之间的法律合约建立起来，没有法定的形式，也不需要在政府注册，这一点与成立一个公司有本质的不同。然而，多数国家都有完善的法律来规范合伙制结构的组成及其行为。合伙制结构包括普通合伙制和有限合伙制两种。

一、普通合伙制投资结构

（一）普通合伙制投资结构的基本概念

普通合伙制是所有的合伙人对于合伙制的经营、合伙制结构的债务以及其他经济责任和民事责任负有连带的无限责任的一种合伙制。普通合伙制结构中的合伙人称为普通合伙人。在大多数国家中普通合伙制结构一般用于专业化的工作机构，例如会计师事务所、律师事务所等，以及用于小型项目开发的投资结构，较少在大型项目和项目融资中使用。其操作过程如图 4-3 所示。

（二）普通合伙制投资结构与公司型投资结构的区别

（1）公司型投资结构资产是由公司而不是其股东所拥有，而合伙制的资产则是由合伙人所拥有。

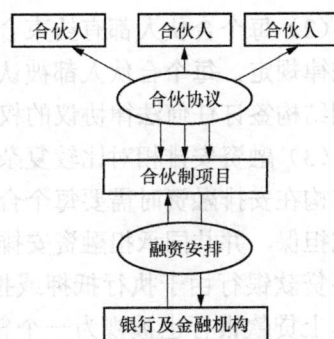

图 4-3　使用普通合伙制的项目投资结构

（2）公司型投资结构的债权人不是其股东的债权人，但是合伙人将对普通合伙制的债务责任承担个人责任。

（3）公司型投资结构的一个股东极少能够请求去执行公司的权利，但是每个合伙人均可以要求以所有合伙人的名义去执行合伙制权利。

（4）公司型投资结构的股东可以同时是公司的债权人，并且根据债权的信用保证安排（如资产抵押等）可以取得较其他债权人优先的地位；而合伙人给予合伙制的贷款在合伙制解散时，只能在所有外部债权人收回债务之后回收。

（5）公司型投资结构股份的转让，除有专门规定之外，可以不需要得到其他股东的同意，但是合伙制结构的法律权益转让必须得到其他合伙人的同意。

（6）公司型投资结构的管理一般是公司董事会的责任，而在普通合伙制结构中，每个合伙人都有权参与合伙制的经营管理。

（7）公司型投资结构可以为融资安排提供浮动担保，但是在多数国家中合伙制结构不能提供此类担保。

（8）合伙制投资结构中对合伙人数目一般有所限制，但是在公司型投资结构中对股东数目一般限制较少。

（9）公司型投资结构税务结构灵活性较差，而合伙制结构由于不是一个纳税主体，其在一个财政年度内的净收入或亏损将全部按投资比例直接转移给普通合伙人，普通合伙人单独申报自己在合伙制结构中的收入、扣减和税务责任，并且从合伙制结构中获取的收益（或亏损）允许与合伙人其他来源的收入进行税务合并，有利于合伙人较灵活地做出税务安排。

（三）普通合伙制投资结构的缺点

（1）合伙人承担无限责任。由于合伙人在合伙制结构中承担无限责任，一旦项目出现问题，或者如果其中的合伙人由于种种原因无力承担其应负的责任，其他合伙人就面临着所需要承担的责任超出其在合伙制结构中所占投资比例的风险。这一问题限制了普通合伙制在项目开发和融资中的应用。

为了克服这一弊端，国外有些公司在采用普通合伙制作为投资结构时，采取可减少合伙人风险的措施，其中一种做法是投资者并不直接进入合伙制结构，而是专门成立一个项目公司投资到合伙制结构中（图4-2）；另一种做法是为采用合伙制结构的项目安排有限追索的项目融资。

（2）每个合伙人都有约束合伙制的能力。普通合伙制的潜在的问题是，按照合伙制结构的法律规定，每个合伙人都被认为是合伙制的代理，因而至少在表面上或形式上拥有代表合伙制结构签订任何法律协议的权利。

（3）融资安排相对比较复杂。由于合伙制结构在法律上并不拥有项目的资产，因此合伙制结构在安排融资时需要每个合伙人同意将项目中属于自己的一部分资产权益拿出来作为抵押或担保，并共同承担融资安排中的责任和风险。合伙制结构安排融资的另一个潜在问题是如果贷款银行由于执行抵押或担保权利进而控制了合伙制结构的财务活动，有可能导致在法律上贷款银行也被视为一个普通的合伙人，从而被要求承担合伙制结构所有的经济和法律责任。

二、有限合伙制投资结构

有限合伙制是指在有一个以上的合伙人承担无限责任的基础上，允许更多的投资人承担有限责任的经营组织形式。有限合伙制主要适用于风险投资。在进行投资活动，尤其是风险投资需要两样东西：一是要有资金，二是要有投资管理人才，能辨别有盈利潜力的项目。但是在现实社会中，能够管好投资的人不一定有钱，而有钱的人不一定会投资。在这种情况下，采用有限合伙制投资结构的管理模式，有助于将这两部分能够结合起来。由具有良好投资意识的专业管理机构或个人作为普通合伙人，承担无限连带责任，负责企业的经营管理；作为资金投入者的有限合伙人享受合伙收益，对企业债务只承担有限责任。

（一）含义

有限合伙制是在普通合伙制基础上发展起来的一种合伙制结构。有限合伙制结构需要包括至少一个普通合伙人和至少一个有限合伙人。在有限合伙制结构中，普通合伙人负责合伙制项目的组织、经营、管理工作，并承担对合伙制结构债务的无限责任；而有限合伙人不参与也不能够参与项目的日常经营管理，对合伙制结构的债务责任也被限制在有限合伙人已投入和承诺投入到合伙制项目中的资本数量。

应用有限合伙制作为投资结构的项目中，普通合伙人一般是在该项目领域具有技术管理特长并且准备利用这些特长从事项目开发的公司。由于资金、风险、投资成本等多种因素的需求，普通合伙人愿意构建有限合伙制的投资结构吸引对项目的税务、现金流量和承担风险程度有不同要求的投资者，参加到项目中共同分担项目的投资风险和分享项目的投资利润。有限合伙制项目投资结构的操作过程，如图4-4所示。

有限合伙制结构是通过有限合伙协议组织起来的，在协议中对合伙各方的资本投入、项目管理、风险分担、利润及亏损的分配比例和原则均需要有具体的规定。

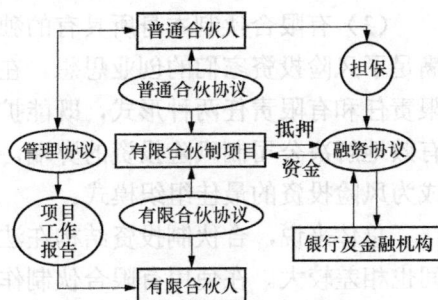

图4-4　有限合伙制的项目投资结构

（二）有限合伙制投资结构的优点

有限合伙制具备普通合伙制在税务安排上的优点，一定程度上避免了普通合伙制的责任连带问题，是项目融资中经常使用的一种投资结构。

（1）手续简便。许多国家都没有关于对合伙制成立的法律法规，因此，其所受限制较少。

（2）每个普通合伙人有权直接参加企业的管理，有利于发挥各合伙人的业务专长和管理能力，做到资源的充分利用。

（3）在一定程度上避免了普通合伙制的责任连带问题。在有限合伙制投资结构中，有限合伙人的责任仅以其投入和承诺投入的资本额为限来对合伙制投资结构承担债务责任。同时，因为它不是一个法律实体，所以，对于有雄厚资金实力的投资公司和金融机构来说，既可以承担有限的债务责任，又可以充分利用合伙制在税务扣减方面的优点，这是在项目融资中采用有限合伙制投资结构的主要原因。

（4）税务安排比较灵活。由于有限合伙制投资结构本身不是一个纳税主体，其在一个财政年度内的净收益或亏损可以全部按投资比例直接转移给合伙人，合伙人单独申报自己在合伙制投资结构中的收益并与其他收益合并后确定最终的纳税义务。

（三）有限合伙制投资结构在项目融资中的应用

（1）适用于资本密集、回收期长，风险较低的公用设施和基础设施项目，如电站、公路等，在这类项目中有限合伙人可以充分利用项目前期的税务亏损和投资优惠冲抵其他的收入，提前回收部分投资资金。

（2）适用于投资风险大、税务优惠大，同时又具有良好勘探前景的资源类地质勘探项目，如石油、天然气和矿产资源的开发。多数国家对资源类项目的前期勘探费用支出给予优惠的税收政策，通常是由项目的主要发起人作为普通合伙人，邀请其他的投资者作为有限合伙人为项目提供前期勘探的高风险资金，而普通合伙人则承担全部或大部分的项目建设开发的投资费用以及项目前期勘探、建设和生产阶段的管理工作，如图4-5、图4-6所示。

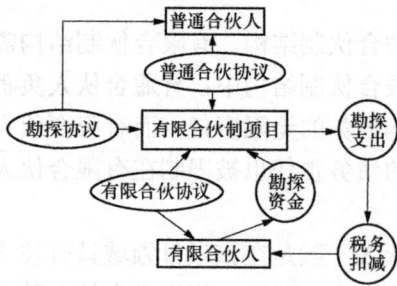

图 4-5 项目勘探阶段有限合伙制结构在资源性项目开发中的应用

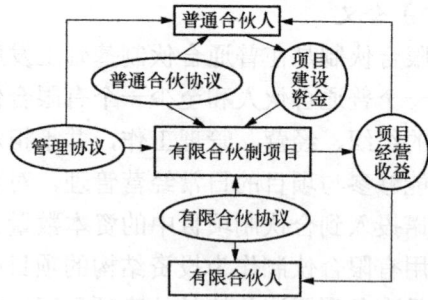

图 4-6 项目建设生产阶段有限合伙制结构在资源性项目开发中的应用

（3）有限合伙制本身所具有的独特价值，在一定程度上弥补了公司型投资结构的不足，满足了风险投资家们的创业思想。在有限合伙制中，既有人合因素又有资合因素，承载了无限责任和有限责任两种形式，既能扩大融资渠道，又能积极防范道德危险因素的出现，可以有效地解决公司制风险投资的弊端，从而在高风险、高回报的风险投资业中发挥积极作用，成为风险投资的最佳组织模式。

总体来说，合伙制投资结构在法律上比公司型投资结构复杂，有关的法律在不同国家之间也相差较大。在使用有限合伙制作为项目投资结构时，尤其要注意项目所在国家对有限合伙制结构的税务规定和对有限合伙人的定义，防止由于结构设计考虑不周而可能出现的两种极端情况：如果结构安排不好，有限合伙制有可能被作为公司型投资结构处理，失去了采用合伙制结构的意义；如果对于"参与管理"的界定不清楚，有限合伙人可能由于被认为"参与管理"而变为普通合伙人，从而增加了有限合伙人在项目中的风险。

第四节 非公司型投资结构

非公司型投资结构在项目融资中的应用领域主要集中在采矿、能源开发、初级矿产加工、石油化工、钢铁及有色金属等领域。这种投资结构从严格的法律概念上来说不是一种法律实体，只是投资者之间所建立的一种契约性质的合作关系。选择这种投资结构的原因可能是因为在这些领域仅有一个投资者来开发且融资能力有限，所以需要联合其他投资者来共同融资、共同解决技术和管理问题、共同承担风险，但又不失去对投资项目的控制；或者投资者具有进行项目开发所需要的所有条件，如技术、经验及融资能力，但缺少当地政府授予的经营合同，此时，它就可能与当地的经营者联合起来共同投资。

一、非公司型投资结构的运作及其特征

（一）非公司型投资结构的运作方式

非公司型投资结构又称为契约型投资结构，是项目发起人为实现共同目的，根据合作经营协议结合在一起的投资结构，是一种大量使用并且被广泛采用的投资结构。

非公司型投资结构在合作企业合同中约定投资或者合作条件、收益、产品的分配、风险和亏损的分担、经营管理的方式和合作企业终止时财产的归属等事项。非公司型投资结构的简单形式，如图 4-7 所示。

从表面上看，非公司型投资结构与合伙制结构有一定的相似之处，然而，这两种结构在本质上是有区别的，非公司型投资结构与合伙制结构的主要区别表现在两个方面：

（1）非公司型投资结构不是以"获取利润"为目的而建立起来的。合资协议规定每一个投资者从合资项目中将获得相应份额的产品，而不是相应份额的利润。

（2）在非公司型投资结构中，投资者们并不是"共同从事"一项商业活动。合资协议中规定每一个投资者都有权独立做出其相应投资比例的项目投资、原材料供应、产品处置等重大商业决策问题。从税务角度来看，一个合资项目是合作生产"产品"还是合作生产"收入"，是区分非公司型投资结构与其他投资结构的基本点。

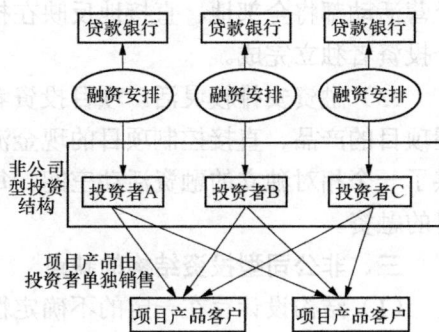

图 4-7　简单的非公司型投资结构

（二）非公司型投资结构的主要特征

（1）非公司型投资结构是通过每一个投资者之间的投资协议建立起来的。

（2）在非公司型投资结构中，每一个投资者直接拥有全部的项目资产的一个不可分割的部分。

（3）根据项目的投资计划，每一个投资者需要投入相应比例的资金，这些资金的用途包括项目的前期开发费用、项目的固定资产投入、流动资金、共同生产成本和管理费用等；同时，每一个投资者直接拥有并有权独自处置其投资比例的项目最终产品。

（4）投资者只承担与其投资比例相应的责任，投资者之间没有任何的连带责任或共同责任。

（5）由投资者代表组成的项目管理委员会是非公司型投资结构的最高决策机构，负责一切有关问题的重大决策；项目的日常管理由项目管理委员会指定的项目经理负责；项目经理可以由其中一个投资者担任，也可以由一个独立的项目管理公司担任。有关项目管理委员会的组成、决策方式及程序以及项目经理的任命、责任、权利和义务，需要通过合资协议或者单独的管理协议加以明确规定。

（6）投资者同意他们之间在非公司型投资结构中的关系是一种合作性质的关系，而不是一种合伙性质的关系。

（7）项目经营所需的资金由"资金支付系统"的机制来提供。这种资金支付系统是由各个投资者分别出资开立的一个共同账户，然后，考虑各投资者承担债务的比例和下月项目费用支出预算来估算每个月各个投资者应出资的数额。如果投资者违约，则其他投资者将不得不代其履行支付义务，然后再要求违约者偿还。

二、非公司型投资结构的优点

（1）投资者在投资结构中承担有限责任。每个投资者在项目中所承担的责任将在合资协议中明确规定。除了特殊情况外，这些责任将被限制在投资者相应的投资比例之内，投资者之间没有任何的连带责任或共同责任。

（2）税务安排灵活。由于投资结构不是一个法人实体，所以项目本身不必缴纳所得税，其经营业绩可以完全合并到各个投资者本身的财务报表中去。投资者在项目中的投资活动和经营活动都将全部地、直接地反映在投资者自身公司的财务报表中，其税务安排也将由每一个投资者独立完成。

（3）融资安排较灵活。项目投资者在非公司型投资结构中直接拥有项目的资产、直接掌握项目的产品、直接控制项目的现金流量，并且可以独立设计项目的税务结构，为投资者提供了一个相对独立的融资活动空间。每一个投资者可以按照自身发展战略和财务状况安排项目的融资。

三、非公司型投资结构的缺点

（1）结构设计存在一定的不确定性因素。在结构设计上要注意防止其投资结构被认为是合伙制结构而不是非公司型投资结构。

（2）投资转让程序较复杂。在非公司型投资结构中的投资转让是投资者在项目中直接拥有的资产和合约权益的转让。与股份转让或其他的资产形式转让（如信托基金中的信托单位）相比，程序比较复杂，与此相关联的交易成本较高，对直接拥有资产的精确定义也相对比较复杂。

（3）管理程序比较复杂。由于缺乏相关的法律法规约束非公司型投资结构的行为，采用该种结构的投资者的权益依赖于合资协议加以保护，因而必须在合资协议中对所有的决策和管理程序按照问题的重要性加以规定。对于投资比例较小的投资者，要特别注意保护其在投资结构中的利益和权力，要保证这些投资者在重大问题上的发言权和决策权。

第五节　信托基金结构

信托基金作为一种投资形式，在英、美、法等国家中应用较为普遍，而在我国应用则较少。在房地产项目和其他不动产项目的投资、在资源性项目的开发以及在项目融资安排中比较经常使用的一种信托基金形式被称为单位信托基金，在本书中将其简称为信托基金结构。严格地讲，信托基金结构是一种投资基金的管理结构，投资方式中属于间接投资形式。

一、信托基金结构的构成要素

（1）信托契约。信托契约与公司的股东协议相似，是规定和规范信托单位持有人、信托基金受托管理人和基金经理之间法律关系的基本协议。

（2）信托单位持有人。信托单位持有人类似于公司股东，是信托基金资产和其经营活动的所有者。理论上，信托单位持有人不参加信托基金以及信托基金所投资项目的管理。

（3）信托基金受托管理人。信托基金的受托管理人代表信托单位持有人持有信托基金结构的一切资产和权益，代表信托基金签署法律合同。受托管理人由信托单位持有人根据信托契约任命并对其负责，主要作用是保护信托单位持有人在信托基金中的资产和权益不受损害，并负责控制和管理信托单位的发行和注册，以及监督信托基金经理的工作。当信托基金经理的工作与信托单位持有人的利益发生冲突时，受托管理人一般不介入日常的基金管理。在采用英美法律体系的国家，信托基金的受托管理人一般由银行或者职业的受托管理公司担任。

（4）信托基金经理。信托基金经理由受托管理人任命，负责信托基金及其投资项目的日常经营管理。一些国家规定，受托管理人和信托基金经理必须是由两个完全独立的机构担任。

二、信托基金结构的优点与缺点

信托基金结构在项目融资中的应用，主要是作为一种被动的投资形式（即不作为项目的主要管理者），或者是为实现投资者特殊融资要求而采用的一种投资结构。这种结构的显著特点是易于解散，在不需要时可以较易地将信托基金中的一切资产资金返还给信托单位持有人。当投资者在开发或收购一个项目时不愿意新项目的融资安排反映在公司的财务报表中，而且计划新项目的投资结构只是作为一种临时性的安排，信托基金结构就成为一种能够达到双重目的的投资结构选择。同时，信托基金结构是将大型复杂收购活动及融资安排与原有公司业务区分开的一种有效方法。

（一）信托基金结构的优点

（1）有限责任。信托单位持有人在信托基金结构中的责任由信托契约来确定。一般来说，信托单位持有人的责任是有限的，仅限于在信托基金中已投入和承诺投入的资金。然而，受托管理人需要承担信托基金结构的全部债务责任，并有权要求以信托基金的资产作为补偿。

（2）融资安排比较容易。信托基金结构可为贷款银行提供一个完整的项目资产的权益来安排融资。信托基金结构易于被资本市场接受，需要时可以通过信托单位上市等手段筹集资金。

（3）项目现金流量的控制相对比较容易。按照各国有关信托基金的法律规定，信托基金中的项目净现金流量在扣除生产准备金和还债准备金以后都必须分配给信托单位持有人。从投资者的角度，采用信托基金结构将比公司型投资结构能够更好地掌握项目的现金流量。

（二）信托基金结构的缺点

（1）税务结构灵活性差。采用信托基金作为投资结构，其重要原因是税务安排的灵活性。然而，近些年来，这种灵活性已经逐渐消失了。虽然信托基金结构仍然是以信托单位持有人作为纳税主体，但是信托基金的经营亏损在很多情况下却被限制在基金内部结转用以冲抵未来年份的盈利。

（2）投资结构比较复杂。信托基金结构中除投资者（即信托单位持有人）和管理公司之外，还设有受托管理人，需要有专门的法律协议来规定各个方面在决策中的作用和对项目的控制方法，因此其投资结构相对复杂。

三、信托基金结构应用实例

第一国民信托基金就是一个典型的信托基金投资结构（图4-8）。在第一国民信托基金结构中，作为基金经理的第一国民管理公司隶属于澳大利亚国民银行（澳大利亚四大商业银行之一），是该银行的投资银行分支，主要从事项目投资咨询、基金管理、项目融资等业务。当1985年美铝澳大利亚公司为波特兰铝厂寻找投资者时，第一国民管理公司认为这是一个很好的投资机会，从而发起组建了第一国民资源信托基金，在证券市场上公开上市集资，投资收购波特兰铝厂10%的资产。第一国民管理公司在信托基金中没有任

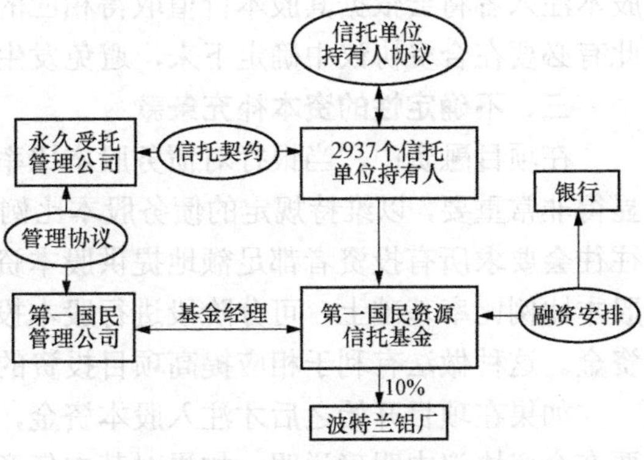

图4-8　第一国民信托基金结构

何投资，只是被基金的受托管理人任命为基金经理，主要负责信托基金的管理，并以项目投资者经理人的身份参与波特兰铝厂项目的管理，负责项目的产品销售、财务安排和其他的经营活动。通过这一投资结构，澳大利亚国民银行以公众集资参与了铝工业的生产和市场开发，并从信托基金中获得管理费收入。

第六节　投资协议中的主要条款

投资协议是项目投资结构的根本性文件。在公司型投资结构中，这种文件通常称为股东协议，但是有些内容也可能被纳入公司章程；对于信托基金结构，文件的形式比较复杂，一般由信托契约、管理协议和信托基金单位持有人协议组成。在合伙制结构中，这种文件称为合伙人协议；而在非公司型投资结构中，这种文件就称为投资协议。除了投资协议外，根据项目的性质和融资安排，投资者之间可能还需要有其他一系列文件作为投资结构的法律基础，包括项目管理协议、原材料能源供应协议、市场安排协议、技术转让协议、主要管理人员的聘用协议、项目建设合同、融资文件等。

无论采用何种投资结构，有一些带有共性的关键性问题是需要所有的投资项目面对的，并且需要针对项目的法律结构、投资者的性质和战略目标、项目的生产管理和市场安排、项目的融资方式等一系列问题，通过投资者之间的谈判协商加以解决。

一、投资项目的经营范围

在投资协议中，应明确定义投资项目的经营范围，包括明确投资者之间的法律经济关系，明确每一个投资者在投资项目中的责任和权益，而且还要说明合资项目经营范围的任何延伸或收购任何新的项目都必须得到投资者100%的同意，并且规定任何投资者在项目以外均不得从事与合资项目相竞争的商业活动。

二、初始资本注入形式条款

初始资本的注入形式也就是各投资者如何在项目投资中承担为项目提供一定的财务支持的责任。形式多种多样，可以以资本金形式注入；也可以以某一实物作为股本资金投入，尤其是在项目中存在股东时，这种情况比较普遍。因此，初始资本的注入形式必须在合资协议中有明确的规定。

除以现金形式注入股本外，其他注入的股本其评估价值必须得到其他股东的认可，因为股本注入者将会依据其股本价值取得相应的投资回报。而股本价值的估价是比较困难的，因此有必要在合资协议中确定下来，避免发生投资者之间的纠纷现象。

三、不确定性的资本补充条款

在项目融资中，当银行对债务股本比率规定了一个严格的标准时，对额外资本的补充就显得非常重要，以维持规定的债务股本比例。在项目融资出现的早期，银行在决定贷款以前，往往会要求所有投资者都足额地提供股本资金。而现在，银行一般只要求在保持原有的债务股本比例比率基础上，可分阶段进行股本投入，甚至可以在项目开发阶段结束时再注入股本资金。这种做法有利于相应提高项目投资的回报率。

如果在项目开始之后才注入股本资金，则需要任何一个股东相信其他股东的资信，这就要在合资协议中明确说明。如果对其中任意股东的资信存在不确定性，则必须提供一定形式的信用保证手段。最典型的形式就是由股东的银行出具银行保函或备用信用证。

四、投资者在投资项目中的权益

投资协议中需要规定每个投资者在项目中的投资以及在全部投资中所占的比例。对于非公司型投资结构，投资协议需要说明投资者在项目中所拥有的资产是全部资产的一个不可分割的部分，投资者同意将项目资产交给投资结构使用但是保留其独立的法律所有权。每一个投资者将有权利从投资结构中获得属于自己投资比例的产品。

对于公司型投资结构，投资者持有投资项目公司的股份，项目资产的拥有形式比较简单。然而，对于项目产品的分配与销售，融资担保等关键性问题也需要做出明确的规定。此外，为了安排项目融资，通常也需要投资者提供一定的项目担保和项目资金保证。

五、项目的管理和控制条款

投资协议中需要确定相关的项目管理机制，其中包括重大问题的决策和日常的生产管理两个方面。在公司型投资结构中重大问题的决策权在董事会；在非公司型投资结构中该决策权在项目管理委员会。投资协议需要规定出会议召开的时间、频率、地点、会议主席的选举、会议代表（或董事）的任命及取消、会议代表（或董事）的投票权以及重大问题的决策程序等主要内容。

关于项目重大问题的决策程序，习惯性的做法是将决策问题按照性质的重要性分类：①最重要的问题，如修改合资协议、改变或增加项目的经营范围、出售项目资产、停产、年度资本开支和经费预算等要求投资者100%同意；②相对重要的问题，如一定金额以上的费用支出、重大项目合同等要求绝大多数同意（2/3 或 3/4 以上同意）；③一般性问题要求多数同意。

通常，在项目管理委员会或公司董事会之下需要任命一个项目经理负责合资项目的日常生产经营活动。在非公司型投资结构、信托基金结构和合伙制结构中，需要单独成立一个项目管理公司承担项目经理的职责，并通过管理协议来规范项目管理公司的行为和权限。项目管理公司向项目管理委员会报告并按照其指示管理项目生产。项目管理公司可以是投资结构中一个具有生产技术和管理技能的投资者的子公司，也可以是投资者的投资公司，甚至可以是完全与投资者无关的具有一定专业技能的管理公司。在公司型投资结构中，项目经理除可以是由上述的管理公司担任外，很多情况下是由合资公司组织成立自己的管理团队来担任。

六、项目预算的审批程序

在合资协议中需要对预算审批制定严格的程序。项目预算一般由项目经理负责制订，在一个财政年度开始之前，提交项目管理委员会（或合资公司董事会）审批。预算审批程序在投资结构中一般分为两个阶段三个层次：

首先，根据项目支出的性质将预算资金分为重大资本支出、日常性资本支出和生产费用支出三个层次。

其次，在第一阶段，管理委员会审批项目年度预算，并授权项目经理在预算批准范围内负责日常性资本支出和生产费用支出，但是，在项目进行过程中，对于超出一定金额的重大资本支出，虽然管理委员会在审定项目预算时已在原则上批准，项目经理在实际支出之前也需要再次报告管理委员会审批，即第二阶段审批以确保项目的资金使用完全符合投资者的利益。为了保护少数投资者的利益，项目预算的审批通常要求100%或者绝大多数投资者的同意才能通过。

七、违约行为的处理方法条款

违约行为是指投资结构中的某一个投资者未能履行合资协议所规定的义务。对于非公司型投资结构或合伙制结构最常见的违约行为是投资者不承担或无法承担继续支付项目的资本支出和生产费用的责任。对于公司型投资结构或信托基金结构，投资者违约行为比较复杂，取决于投资者在项目中所承担的义务。一个投资者的违约行为有可能造成非违约方甚至整个项目的重大损失，因此在合资协议中需要对违约事件的处理做出严格且明确的规定，并对违约行为的补救措施提出多种可供选择的方法，为非违约方处理违约事件提供较大的选择余地。可供选择的处理违约事件的方法主要有以下几种：

（1）违约方权益的稀释。即一旦违约事件发生，违约方在项目中的权益比例将被降低，而且当违约方在项目中的比例降低到特定界限以下，有可能影响项目的正常运行，则规定该违约方不具有项目的决策权，以保证项目的重大决策仍能遵循 100% 投资者通过的原则。

（2）违约方权益的没收。合资协议也可以直接规定当违约事件发生时由非违约方没收违约方在项目中的资产或权益，但是这种做法较少使用。

（3）非违约方接管违约方责任的权利。在非公司型投资结构中，为了保证项目的正常运行，非违约方可以直接支付违约方所未支付的资本或生产费用。这部分支出将作为违约方的债务，并以交叉担保契约作为保证。

（4）非违约方处理违约方产品的权力。合资协议中可以规定当违约事件发生时，可授权项目经理或非违约方销售违约方在项目中所拥有的产品，销售收入冲抵违约方未支付的费用。

（5）非违约方强制收购。处理违约事件的另一种方法是给予非违约方收购违约方项目资产或股份的权力。收购项目资产或股份的定价可以按照公平市场原则或者带有一定的惩罚性质。

（6）违约方的部分权益损失。对于与项目全局影响不是很大的违约事件，合资协议可以规定在违约期间违约方将失去在合资项目中的决策权以及其他一些权益（例如红利分配），直至违约方的违约行为被纠正。

（7）惩罚性利息。如果违约方未能按时支付项目费用，一般规定违约方要支付高出银行利率的利息作为一种惩罚。

为了防止项目中违约事件的发生，在合资协议中有时对财务状况相对较弱的投资者的行为也要做出一些限制和规定。这些规定包括要求该投资者定期通报财务情况，要求该投资者在项目中保留一定的流动资金，以及对该投资者的利润分配政策做出一定的限制等。

八、融资安排条款

融资安排是投资结构中最为复杂的问题之一。对于非公司型投资结构，如果一个投资者以其相应的项目资产和权益作为抵押安排融资，违约行为的出现就会制造出贷款银行与非违约方之间的利益冲突，处理两者之间的关系就变成一个相当复杂的法律问题。在一些投资结构中，资金雄厚的投资者可能会要求任何一方均不能用项目资产作为贷款抵押，至少在很多情况下，投资结构会要求项目投资者之间的交叉担保的优先序列高于其中任何一个投资者以项目资产和权益对贷款银行所做出的抵押。但是有时这种序列的存在可能导致无法合理安排融资。

因此，在建立非公司型投资结构时，如果其中一个或几个投资者准备利用其项目资产与权益安排融资，这些问题都必须在初步拟定合资协议时认真加以考虑。对于公司型投资结构，如果一个投资者以相应的项目公司股权及其他权益作为抵押安排融资可能也会遇到类似的问题。有些合资协议规定，投资者不能以公司股权作为融资抵押，或者融资安排必须经过其他投资者的批准。

九、优先购买权条款

项目的优先购买权是指合资项目中现有投资者按照规定的价格公式和程序可以优先购买其他投资者在项目中的资产（或股份）的权利。在一个合资项目中投资者的资信程度和可靠性是保证项目成功的重要因素之一，为了防止不被现有投资者欢迎的投资者进入项目，或者为了防止某个投资者以低于市场价值的价格出售项目资产（股份），所有的合资协议中都规定现有投资者拥有项目的优先购买权。

十、项目决策僵局的处理方法条款

在 50%:50%的投资结构中，有时会出现合资双方在某一决策问题上争执不下、互不让步的情况，但是由于双方持有的股份或权利相等，因而无法做出正确的决策，这就是所谓的决策中的僵局。在投资结构中，如果一个或数个投资者对项目决策持有否决权时，同样会出现项目决策上的僵局的可能性。严重的决策僵局会造成项目的重大损失。

为了避免项目运转出现僵局而同时又保护一方或一部分投资者的利益，需要在合资协议中规定出相应的处理僵局的机制。一般的处理僵局的方法包括：协商、第三方仲裁和限制性收购。

本 章 小 结

本章主要介绍投资结构的四种形式——公司型投资结构，合伙制投资结构、非公司型投资结构以及信托基金结构，重点掌握公司型投资结构的运作方式以及普通合伙制和公司型投资结构的区别；理解合伙制投资结构的类型以及非公司型投资结构和合伙制投资结构的区别；了解信托基金结构的运作方式。在进一步理解的基础上，熟悉合资协议中的主要条款。

思 考 题

1. 试说明公司型投资结构的优缺点。
2. 简述普通合伙制与有限合伙制的区别。
3. 简述信托基金结构的构成要素。
4. 对比分析公司型投资结构与非公司型投资结构的区别。
5. 理解合资协议的主要条款的重要性和意义。

第五章　工程项目融资的方式

第一节　项目融资的资金结构

一、资金结构的概念

项目融资的资金结构是指在项目融资过程中所确定的项目的股本金（或称权益资本）与债务资金的形式、相互间的比例关系及相应的来源。项目融资的资金结构中股本金形式是指项目投资者直接投入资金作为股本金；或是第三方通过在资本市场上购买优先股或普通股的形式作为股本金；或者通过贷款担保和其他信用保证形式作为股本金；或者通过无担保贷款或可转换债券或零息债券作为准股本金投入。准股本金是指项目投资者或与项目利益有关的第三方所提供的一种从属性债务，相对股本金而言的，既有股本金的性质，又有债务资金的性质。作为投资者来讲，其具有债务资金的性质，最明显的特征是可以把这部分从属性债务的利息计入成本，冲抵所得税。

债务资金的形式是指通过银行借款或是在资本市场上发行债券，或是融资租赁等。股本金与债务资金的比例关系是指在项目资金结构中股本金与债务资金的各自比例及对项目融资的影响。股本金和债务资金的来源是指股本金和债务资金的来源渠道及对来源的合理选择。

与传统的公司融资相比，项目融资可以采取灵活多样的资金结构，确定资金结构的基本原则是在不会因为借债过多影响项目经济强度的前提下，尽可能地降低项目的资金成本。

二、股本金与债务资金比例的选择

作为项目投资者，股本金与债务资金的比例是项目融资中资金结构首要考虑的问题。投资者投入的股本金越多，承担的风险越大，筹集债务资金的可能性越大，同时，由于项目具有良好的发展前景且能够为其带来相应较高的投资收益；反之，投资者投入的股本金越少，承担的风险也比较小，筹集债务资金的可能性越小，同时，也可能失去取得较高投资收益的机会。

所以，作为投资者既要把自己的风险控制在一定的范围内（自己能够承受），又要不失时机地筹集债务资金，以保证项目的经济强度。从理论上讲，如果一个项目使用的资金全部是债务资金，它的资金成本应该最低，但项目的财务状况和抗风险能力则会由于承受如此高的债务而变得相对脆弱。相反，如果一个项目使用的全部是股本资金，则项目将会有一个相对稳固的财务基础，则项目的抗风险能力会大大提高，提高资金使用的"机会成本"。客观地讲，项目融资没有标准的股本金与债务资金比例可供参照，可以依据以下几个方面的因素来确定。

1. 资金需求量

一个投资项目所需要的投资资金包括建设投资和流动资金两部分，建设投资包括项目的固定资产投资、无形资产投资和开办费，对于项目所需要的各项投资，可以采取科学的估算方法进行测算。资金需求量是投资者确定股本金与债务资金比例的基础，在已知总量的情况下，首先考虑自己所能投入的股本金；其次分析自己所需要的债务资金的可能性和可行性；

最后初步确定股本金与债务资金的比例。

2. 投资者对项目现金流量和风险的判断

投资者投入的股本金与投资收益是成正比的，投入的股本金比例越高，可能获得的投资收益分成份额越大。所以，投资者在选择股本金与债务资金比例时，要看其对项目现金流量和风险的判断。如果对项目现金流量有足够的把握，项目风险比较小，则可以使股本金占的比例较大；如果没有足够把握确定项目的现金流量，同时对风险没有准确的判断，或者认为项目风险较大，则可以使股本金占的比例小一些。

3. 投资者筹集股本金的能力

投资者投入的股本金可以有多种形式，可以直接投入，也可以从外部筹集。在确定股本金与债务资金比例时，一定要考虑其筹资股本金的能力，能够保证所许诺的股本金及时到账，因为债务资金是在确定了股本金以后才到账的。

4. 资金市场上资金供求关系和竞争状况

项目融资所需要的债务资金主要来自资金市场。所以，资金市场上的资金供求关系和竞争状况是确定股本金与债务资金比例的一个重要因素。当资金市场的资金比较短缺时，投资者在借贷双方的谈判中会处于不利的地位，筹集债务资金的难度比较大，筹资成本也相对较高，债务资金的比例可能要相对低一些。当资金市场上供求基本平衡或供大于求时，资金市场竞争则相对比较激烈，在借贷双方的谈判中，投资者将会处于比较有利的地位，筹集债务资金的难度相对较小，筹资成本也相对较低，债务资金的比例要相对高一些。

5. 贷款银行承受风险的能力

对于贷款银行或贷款银团来说，面对的可能有众多贷款项目，对每一个贷款项目所能承受风险的能力总是有限的。如果对项目提供的贷款金额过大，可能会使其面临难以承受的风险。所以，在选择股本金与债务资金比例时要充分考虑贷款银行承受风险的能力——不但是投资者会考虑，贷款银行也一定会考虑的。

另外，在确定股本金与债务资金比例时还应考虑项目的经济强度和项目债务承受能力等因素。

三、股本金来源的选择

股本金的资金来源主要包括投资者投入的自有资金，通过发行股票筹集公募股本金和与项目有关的政府机构和公司为项目提供的资本金。另外，还可以通过无担保贷款、可转换债券和零息债券的形式筹集准股本金等方式。投资者投入的自有资金是指项目的投资者自筹资金对项目的直接投入，这是项目融资中股本金的主要来源。如果在安排项目融资的同时，能够直接安排项目公司上市，还可能通过发行项目公司股票的方式来筹集股本金和准股本金。与项目有关的政府机构出于其政治利益或经济利益等方面的考虑，也会为项目提供类似股本金和准股本金的资金。在项目融资时，股本金资金来源可以依据以下几个方面的因素来确定。

1. 各种来源的可获得性

尽管股本金（含准股本金）有以上所述的各种来源渠道，但对一个具体项目而言，要考虑各种来源的必要性和获得资金的可行性。首先要根据项目的特点确定各种来源的必要性，然后再考察相应的各种来源的可行性。在提供资金时，须首先要对项目做出基本的判断，包括项目的投资结构、项目的融资模式、项目的风险和经济强度等，并且根据这些判断决定是否提供资金。作为投资者，能否获得资金供应主体提供的股本金，还要看自身的筹资能力。

2. 对资金成本的判断

如果通过在资本市场上发行股票的方式获得股本金，其资金成本是这些股票可能获得的红利。如果通过无担保贷款、可转换债券或零息债券的形式筹集股本金，其资金成本是利息，此利息可计入成本而减少上缴所得税额。对于与项目有利益关系的第三方提供的股本金，名义的资金成本可能是最低的，但实际的资金成本要根据项目为此付出的代价进行估算。在对有可能获得的各项来源的股本金的资金成本进行估算后，就可以初步确定股本金的资金来源。

3. 贷款银行的要求

除了考虑各种股本金来源的可获得性和资金成本以外，也要考虑贷款银行的要求。不同的股本金形式和来源对项目的作用是不同的，有的是真实的投入股本金，有的只是作为股本金来考虑，并没有实际投入。作为项目投资者，往往注重股本金的可获得性和筹资成本，但作为贷款银行，则把项目投资者的股本金看作是其融资的安全保障。所以，项目投资者在确定股本金的来源时要充分考虑贷款银行的要求，如何考虑，考虑到什么程度，取决于项目本身的经济强度、项目对贷款银行的吸引力及当时金融市场上的资金供求关系和竞争力。

四、债务资金来源的选择

项目融资中的债务资金来源于国内外资金市场。一般来讲，债务资金主要来源于银行贷款、资本市场、政府出口信贷和融资租赁等。银行贷款包括商业性银行贷款和类似于世界银行、亚洲开发银行等这样的国际金融机构的贷款。银行贷款是项目融资中最基本和最简单的债务资金形式。贷款可以由一家银行提供，但更多的是由多家银行组成的银团甚至是国际银团联合提供。

资本市场举债是指以项目的名义直接在国外资本市场上发行债券或商业票据筹集债务资金。当项目涉及进口设备时，项目公司就有可能从设备的出口国政府的专设金融机构获得出口信贷。融资租赁是项目公司向设备租赁公司筹措设备投资的一种方式，也是一种集金融、贸易和工业三者相结合的方式，以租赁设备的所有权与使用权相分离为特征的新型信贷方式。在项目融资中，可以依据以下几个方面的因素来确定：

1. 各种来源的可获得性

选择债务资金的来源要充分考虑各种来源的可获得性。除了商业银行贷款和融资租赁注重项目本身的风险和经济强度以外，其他的来源都和项目所在国的信用等级、国家特定时期的体制、经济政策等有关。因此就必须在考虑各种来源的必要性的基础上，充分考虑这些来源的可行性。要求投资者认真研究各种资金来源的有关规定，包括贷款条件、担保要求、国家和行业倾向等，考察项目及所在国是否符合这些规定，只有符合这些规定的债务资金来源才可以作为选择的对象。

2. 利率比较

项目债务资金的利率风险是项目融资的主要金融风险之一。确定了债务资金来源的范围之后，要对各种来源的利率进行考察，比较各种利率的水平和风险程度。利率水平是指当时的利率，在贷款条件及其他条件相同的情况下，可以根据利率水平的高低对各种来源进行排序，优先考虑利率低的债务资金。利率的风险程度要根据资金市场上利率的动态趋势和贷款协议中所能签订的利率形式来判断。

在金融市场上，不同的市场有不同的利率变动，有些可能是降低的趋势，有些可能是提高的趋势，即使变动相同，提高或降低的幅度也会有所不同。如果在贷款协议中所能签订的利率是固定利率，则资金市场上利率的变动对项目债务资金的成本影响不大，风险比较小。如果在贷款协议中所能签订的利率只能是浮动利率或浮动和固定相结合的利率，项目将会面临较大的利率风险。这就需要投资者进行深入的分析和研究，选择利率水平较低、利率风险较小的债务资金来源。

3. 资金使用期限

一个项目对债务资金的需要有一个时间上的安排，不同时间可以有不同的债务资金的来源。而任何债务资金（贷款）都是有固定期限的，如长期贷款、中长期贷款和短期贷款等，在长期贷款中，有的可能是 15 年，有的可能是 10 年或者 7 年。项目投资者可以针对项目的现金流量特点，根据项目实施不同阶段对债务资金的需求，选择不同的资金来源，安排不同期限的贷款，有助于优化项目债务结构以及降低项目债务风险的作用。

第二节 债券市场融资

一、债券融资概述

（一）债券融资的定义

债券是一种有价证券，是社会各类经济主体为筹措资金而向债券投资者出具的，并且承诺按一定利率定期支付利息和到期偿付本金的债权债务凭证。随着债券市场的发展，债券融资已经成为项目融资中不可忽视的资金来源。

（二）债券的基本要素

1. 债券面值

债券面值包括两个基本内容：一是币种，二是票面金额。面值的币种可用本国货币，也可用外币，这取决于发行者的需要和债券的种类。债券的发行者可根据资金市场情况和需要选择适合的币种。债券的票面金额是债券到期时偿还债务的金额，不同债券的票面金额大小可能相差悬殊，但考虑到买卖和投资的方便，多倾向于发行小面额债券。面额印在债券上，固定不变，到期必须足额偿还。

2. 债券发行价格

债券发行价格是指债券发行时确定的价格。债券的发行价格可能不同于债券的票面金额。当债券的发行价格高于票面金额时，称为溢价发行；当债券发行价格低于票面金额时，称为折价发行；当债券发行价格等于票面金额时，称为平价发行。债券的发行价格通常取决于二级市场的交易价格以及同期市场的利率水平。

3. 债券偿还期限

债券偿还期限是指债券从发行日起至清偿本息之日止的时间。债券的偿还期限一般分为三类：偿还期限在 1 年或 1 年以内的，称为短期债券；偿还期限在 1 年以上、10 年以内的，称为中期债券；偿还期限在 10 年以上的，称为长期债券。

4. 债券票面利率

债券票面利率是指债券发行者预计一年内向投资者支付的利息占票面价值的比率。票面利率不同于实际利率。实际利率通常是指按照复利计算的一年期的利率。

（三）债券的种类

依据不同的标准，债券的种类可分为以下几类。

1. 按发行主体分类

这是最主要的分类方式。债券根据发行者的不同，可分为政府公债、地方债券、金融债券、公司债券、项目债券等。

（1）政府公债，指由国家、中央政府代理机构发行的债券，各国政府公债的名称虽然不一致，但发行的目的则都是为了弥补国家预算赤字，建设大型工程项目、归还旧债本息等。政府公债可分为国家债券和政府机构债券两种。国家债券专指由各国中央政府、财政部发行的债券。如美国的国库券、日本的国债、英国的金边债券等。政府机构债券是由各国政府有关机构发行的债券，是具有准国家性质的信用较高的债券一般由各种政府担保。

（2）地方债券，指由市、县、镇等公共机关发行的债券。发行目的在于进行当地开发、公共设施的建设等。如美国的市政府债券、日本的地方债券、英国的地方债券等。

（3）金融债券，指由银行等金融机构发行的债券。

（4）公司债券又称企业债券，是股份公司为筹措资金而发行的债券。发行债券的公司或企业向债券持有者做出承诺，在指定的时间，按票面额还本付息。公司债券的持有者是公司债权人，而不是公司的所有者，这是与股票持有者最大的不同。

（5）项目债券，指为某一特定的工程项目在金融市场（主要是国际金融市场）发行的债券，这是 20 世纪 90 年代之后发展起来的项目融资渠道。与项目贷款相比，项目债券的特点是期限相对较长、利率稳定、融资渠道广、谈判过程简单。发展中国家采用项目债券筹集资金较为普遍，发行者既可以在欧洲债券市场发行项目债券，也可以在亚洲（如新加坡）或美国债券市场发行项目债券。

2. 按偿还期限的长短分类

根据偿还期限长短不同，可把债券分为短期债券、中期债券、长期债券三种。短期债券期限一般在 1 年以内，中期债券期限一般在 1～5 年，长期债券期限在 5 年以上。

3. 按债券票面是否记名分类

按债券票面是否记名可分为记名债券和不记名债券。记名债券是将债券购买人的姓名登记在债券名册上，到期时应偿还的本金和应支付的利息只能由债券记名人本人或其正式委托人、合法继承人、受赠人领取。债券持有人要转让该债券时，必须到债券发行人处办理转让手续。不记名债券是债券票面上不记名，只附有息票，发行者见票即付利息，认票不认人，这种债券一般不能挂失。

4. 按债券是否有抵押、担保分类

按债券是否抵押、担保可分为有抵押债券、担保信托债券、保证债券、信用债券。

（1）抵押债券是指以土地、房屋等不动产或动产作为抵押品而发行的债券。债券到期如不能偿还本息，债券持有人可占有或拍卖抵押品作为抵偿。

（2）担保信托债券也称流动抵押债券，是发行者以动产或持有的有价证券为担保发行的债券，是抵押债券的一种形式。

（3）保证债券又称为担保债券，是以第三者作担保的债券。担保人可以是中央或地方政府、金融机构或其他企业。债券到期发行人不能偿还本息的，担保人有向债券持有人偿还本息的义务。

（4）信用债券是无抵押、不担保的债券。此类债券发行者一般信用较高，通常是由政府、金融机构、知名度较高的公司发行。

5. 按是否可参加公司分红分类

按是否参加公司分红可分为参加公司债券和非参加公司债券。

6. 按筹集的方法分类

债券按其是否公开发行，分为公募债券和私募债券。

公募债券是指向社会公开销售的债券。这种债券并非面向指定的少数投资者出售，而是通过证券公司面向社会上所有的投资者募集资金。发行公募债券必须遵守信息公开制度，以保护投资人的利益。

私募债券是指只向与发行人有特定关系的投资人发售的债券。私募债券的发行范围很小，不采用公开呈报制度，债券的转让也受到一定程度的限制，流动性较差。一般说来，投资者认购私募债券的目的不是为了买卖，而是为了持有债券获取利息。

7. 按投资人的收益分类

按债券投资人的收益可分为固定利率债券和浮动利率债券等。固定利率债券是指债券票面上已注明利息的债券。浮动利率债券是指债券票面上利率不固定，而是按规定做出定期调整。

8. 其他债券类型

（1）分期偿还债券，是指规定在将来到期日分期、分次、分组还本付息的债券。

（2）一次还本债券，是指在债券到期日一次还本付息的债券，这种债券最为普遍。

（3）年金债券，是指每期偿付的本息用年金法计算确定后，连本带息每期支付同样金额，至若干年后本息两清。

（4）通知债券，是指债券未到期前，发行者一般采用抽签方法确定提前偿还一部分或全部债券的一种债券。

（5）偿债资金债券，是公司债券发行时的一种偿债基金，逐年累积，待债务到期时一次用于偿债。

（6）可转换公司债券，是指依发行公司决定或债券持有人要求，可以转换为公司普通股票的债券。

（四）债券的特点

债券作为一种债券债务凭证，与其他有价证券一样，也是一种虚拟资本，而非真实资本，它是经济运行中实际运用的真实资本的证书。债券具有以下四个特征。

1. 偿还性

偿还性是指债券必须规定到期期限，由债务人按期向债权人支付利息并偿还本金。当然，也有例外，如无期债券或永久性公债，这种公债不规定到期时间，债权人也不能要求清偿，只能按期支取利息。历史上，只有英、法等少数国家在战争期间为筹措军费采用过。

2. 流动性

流动性指债券能够迅速转变为货币而不会在价值上承受损失的一种能力。一般来说，如果一种债券在持有期内不能任意转化为货币，或者在转换成货币时需要付出较高成本，如较高的交易成本或较大的资本损失，这种债券的流动性就较低。高流动性的债券一般具有以下特点：①发行人具有及时履行各种义务的信誉；②偿还期短，因而市场利率的上升只能轻微地减少其价值。

3. 安全性

债券安全性是相对于债券价格下降的风险性而言的。一般来说，具有高流动性的债券其安全性也较高。导致债券价格下降的风险有两类：

（1）信用风险。指债务人不能按期支付利息和偿还本金的风险。这主要是与发行者的资信情况和经营状况有关。信用风险对于任何一个投资者来说都是存在的。信用等级高，信用风险就小。

（2）市场风险。即债券的市场价格因市场利率上升而下降的风险。债券的市场价格与利率呈反方向变化，即市场利率上升，债券价格下降；市场利率下降，债券价格上升。债券的有效期（指到期之前的时期）越长，债券价格受市场利率波动的影响越小，随着债券到期日的临近，债券价格便趋于票面价值。

4. 收益性

从收益性来看，可以分为以下几种：

（1）利息收入。购买债券可以周期性地获得利息收入，其具有稳定性特征。

（2）买入价格和偿还价格的差异。有的债券按低于债券面值发行，而偿还时按面值偿还，则购买者就能获得一定的收益。

（3）对于利息再投资的收益。投资者可以把债券的利息收入进行再投资而获得收益。

（五）债券筹资的优点与缺点

1. 债券筹资的优点

（1）资金成本较低。利用债券筹资的成本要比股票筹资的成本低。这主要是因为债券的发行费用较低，债券利息在税前支付，有一部分利息由政府负担。

（2）保证控制权。债券持有人无权干涉企业的管理事务，如果现有股东担心控制权稀释，则可采用债券筹资。

（3）可以发挥财务杠杆作用。不论公司盈利多与少，债券持有人只收取固定的、有限的利息，而更多的收益可用于分配给股东，或留归企业以扩大经营。

2. 债券筹资的缺点

（1）筹资风险高。债券有固定的到期日，并定期支付利息。利用债券筹资，要承担还本付息的任务，会给企业带来更大的困难，甚至导致企业破产。

（2）限制条件多。发行债券的契约书中往往有一些限制条款，这种限制比优先股及短期债务严格，可能会影响企业的正常发展和以后的筹资能力。

（3）筹资额有限。利用债券筹资有一定的限度，当公司的负债比率超过了一定程度后，债券筹资的成本会迅速上升，有时甚至会发行不出去。

二、债券的发行条件

所谓债券的发行条件，主要是指制约债券发行的要素，或者说是对债券发行的总要求。按照国际惯例，发行债券需要符合规定的条件，一般包括发行债券最高限额、发行公司自有资本最低限额、公司获利能力、债券利率水平等。

（一）发行债券的法定条件

依照《中华人民共和国证券法》（以下简称《证券法》）规定，公开发行公司债券，应当符合下列条件：

（1）股份有限公司的净资产不低于人民币 3000 万元，有限责任公司的净资产不低于人民币 6000 万元。

（2）累计债券余额不超过公司净资产的 40%。

（3）最近三年平均可分配利润足以支付公司债券 1 年的利息。

（4）筹集的资金投向符合国家产业政策。

（5）债券的利率不超过国务院限定的利率水平。

（6）国务院规定的其他条件。

公开发行公司债券筹集的资金，必须用于核准的用途，不得用于弥补亏损和非生产性支出。

有下列情形之一的，不得再次公开发行公司债券：

（1）前一次公开发行的公司债券尚未募足。

（2）对已公开发行的公司债券或其他债务有违约或者延迟支付本息的事实，仍处于继续状态。

（3）违反《证券法》规定，改变公开发行公司债券所募资金用途的。

除上述法定条件以外，债券发行的条件还主要包括债券发行的客观因素和对债券自身的要求两个方面。

（二）债券发行的客观条件

1. 债券发行的社会环境的制约

（1）政治经济形势的影响。每个投资者都是分属不同的国家或地区，某个国家或地区的政治、经济形势的状况对债券投资者的投资行为有很大的影响。一般情况下，如果一个国家或地区政治稳定，经济稳定增长，社会产品供应充足，物价稳定，投资者不会急于购买商品，随着收入不断增加，持有的现金和社会闲散资金增加，则通过债券途径获取较高的收益便成了投资者追求的目标。相反，如果一个国家政治经济形势不稳定，一方面投资者难以获得稳定的收入；另一方面投资者认为债券投资前景未知，则不愿购买债券，置资金于风险之中。

（2）大量的社会资本提供保证。随着经济体制改革的深化，财政分级包干、企业自主权扩大等，打破了国民收入原有的分配格局。主要表现为：国家在国民收入分配中所占的比重下降，而地方、企业尤其是居民个人在国民收入分配中所占的比重逐步提高。

（3）新的信用形式和金融商品的出现为债券发行提供了可能。在财政信贷双重资金供应体制下，单一的融资渠道和银行信用形式的存在，使投资者不同的投资愿望难以实现，除用于扩大消费外，只能是储蓄。金融体制改革深化，新的信用形式和金融商品多元化、融资多渠道，使债券、股票等新的金融商品的出现已成为现实。

（4）金融财税政策的制约。国家的财政金融与税收财务政策，从宏观上决定了债券的结构，如我国对债券发行的种类、数额管理都很严格，均须事先得到批准，对债券数额实行指标管理，未经许可不准发行。在利率政策上规定以负债方式取得的资金不能作为资本金，从而影响长期债券的发行。

2. 不断强化的公共金融意识

债券发行的命运是掌握在投资者手中的，投资者的多寡、投资能力的强弱决定着债券发行市场的规模，而投资者的投资能力主要取决于其金融意识的变化及对于金融知识的掌握。随着我国公众的金融意识不断增强，债券已成为金融市场中重要的金融商品，由于其有较高的收益、变现能力强，因而对投资者有较强的吸引力，从而为债券的发行开拓了广阔的前景。

三、债券的发行程序

所谓债券的发行程序，就是指发行债券过程中所要经历的先后工作顺序。由于债券的种类、性质、范围的不同，所以债券发行程序也不相同。一般来说，债券的发行程序要经过以下四个步骤：一是债券发行的准备工作；二是债券发行的申请；三是债券发行的审查；四是债券的发行。

（一）债券发行的准备工作

由于我国债券发行工作起步较晚、经验不多，因此债券发行的准备工作尤为重要，对于债券能否取得发行资格、能否顺利发行有着举足轻重的作用。根据不同的债券，发行准备工作主要有以下几个方面。

1. 债券的信用评级

债券的信用评级是由投资服务机构对债券发行人的基本经营情况分析评级。一般情况下，国家债券不存在资信评级机构的审查评议，这主要是因为政府债券是政府的直接债务，而政府又掌握国家的资源和税收，因此，债券的安全可靠性高，一般被认为是没有信用方面的违约风险问题。债券信用评级多数以在国债以外的其他发债者为主，诸如企业债券评级，在这种债券级别的评定过程中，评级机构主要考察发行者以下几个方面的情况：

（1）发行者的概况。主要考察发行者的法律性质、资产规模和以往业绩；考察发行者所在行业的发展状况与前景；考察发行者在行业中的经济地位、业务能力和商业信誉等。

（2）发行者的财务状况。主要考察发行者的获利能力、资产价值、收入的安全性与稳定性；考察其资产负债表、收益表等会计报表；考察其经营资金、债务与股本的比率、流动负债等经济指标，考察其偿债能力及财务计划等。

（3）考察发行者的经营管理水平、人员素质以及公司的特许经营权等无形因素。较高的信誉等级对发行者来说既是一种很好的广告宣传，同时，对进一步的筹贷甚至产品的销售都会有很大帮助。对投资者来说，信用评级可以起到保护其利益的作用，级别越高，越将成为吸引投资者的投资热点。

2. 成立专门小组，熟悉和掌握债券发行所必须做的工作

这包括债券发行所需要的有关文件资料，报批手续，发行机构，发行成本核算，债券的发行市场情况，债券的印制，债券的纳税等工作。

3. 全面研究、拟定关于债券发行所必需的各种书面文件和书面资料

这主要包括债券的可行性报告，债券的发行额度，发行范围，筹贷的使用方向及效益情况，债券的发行章程、宣传资料等。

4. 对债券市场进行综合调研

特别是从法律方面对发债者的权利、义务、责任和风险进行全面的分析比较。

（二）债券发行的申请

1. 债券发行的申请

任何拟以债券方式筹措资金者必须在发行前首先提出正式发债申请，经中国人民银行审查批准。具体表现为，中国人民银行根据国家宏观经济政策和申请者的实际情况，决定是否批准发行，优先批准哪家发行以及决定其发行量的多少等。由于债券的发行数量、范围各有差异，为便于管理，中国人民银行总行及其分支机构行使审批权。

2. 申请发债对应提供的文件

债券发行者在依法定的程序，在发债前向债券主管机关——中国人民银行或其分支机构提出发债申请，并按规定报送有关文件，按计划发行总额一定比例注册申请费。需要报送的有关文件有以下几类：

（1）债券发行申请书。

（2）债券发行章程或说明书。这是申报的关键，应力求详细。如属公开发行的债券，必须予以公布，以便投资者了解、分析和进行选择。

（3）营业执照。系指由工商行政管理部门正式颁发的营业证书。主要看其是否为符合发行条件的合法的营利性企业。

（4）经会计事务所或审计事务所核查签证的上两个年度和上一个季度连续盈利的财务报表，以证实发行者近3年来连续盈利的真实性和合法性。

（5）如发行债券筹资用于固定资产投资，还应提供有权批准部门准予进行固定资产投资的批准文件，防止计划外固定资产投资项目。

（6）公开发行债券，还应提供中国人民银行及其分支机构指定的资信评级机构出具的债券等级证明，债券等级发到A级以上才能批准发行。这一等级证明，提供比较可靠的企业偿债资信依据，也为中国人民银行提供了审批的前提条件。

（7）公开发行债券，还应提供债券发行者与承销证券的证券公司或是其他经过批准可经营证券的金融机构签订的债券承销合同，通过合同建立双方的法律关系。明确发行风险的债券承销合同一般应载明以下内容：

1）合同当事人的全称，法定地址及法人代表。

2）采取的承销方式及当事人各自的权利与义务。

3）承销证券的名称、总金额以及承销价格。

4）债券的起止日期。

5）债券发行的起止日期。

6）承销债券后款项划付日期及方式。

7）承销债券费用的计算及支付方式、日期。

8）剩余债券退还日期及方法。

9）违约责任。

10）其他需要指定的内容。

（8）中国人民银行或其批准的金融机构所需的其他文件。

（三）债券发行的审查

采取直接融资方式筹措资金，为企业开辟了新的融资渠道，为企业增添了活力，同时受社会风险制约，无形之中增加了企业的压力。因此，无论是从维护经济秩序的稳定、维护企业金融机构的信誉、确保债券的顺利发行角度，还是从保护投资者利益的角度来讲，发行债券都要慎之又慎，作为证券发行的管理部门必须对发债者及债券进行严格的审查。

（四）债券的发行

债券的发行包括发行形式、发行价格的确定以及债券发行的决策。

1. 发行形式和发行价格的决定

（1）发行形式。包括：①内部发行，必须记名并限于向发行企业职工发行；②定向发行，限于向协同单位、联营单位及其职工发行；③公开发行，不限对象，自由认购。

（2）发行价格。详见"四、发行价格"的介绍。

2. 债券发行的决策

企业在决策发行债券前，应充分分析自身条件并对照国家有关发行债券的金融法规进行全面决策。

（1）发行额的决策。企业应考虑资金需求量，用于项目的资金应当是批准项目投资总额减去自筹资金及已经解决的资金来源，不足部分为项目的资金数，其流动资金需求量则可根据生产发展和银行借款额度不足部分来确定。

（2）债券利率的决策。主要根据国家宏观利率调控需要而定。

（3）债券发行期限的决策。就是债券自发行日到还本日的时间。

（4）发行方式的决策。主要包括以下几类：

1）包销，代理发行机构在委托协议规定期内，不管债券是否全部认购完毕，必须将筹资款划拨给发行企业。

2）全额包销，也称助销，即至规定的发行期结束，未售出的债券余额部分，由代理发行机构一次买进，在协议规定期内将筹款金额一次划归发行单位。

3）代销，也称推销，代理发行期结束后，在协议规定期内，将已发行新筹款项和未发行的债券一并划付、归还发行企业。

四、发行价格

债券属于虚拟资本的范畴，它与厂房等真实资本不同，本身没有价值，仅仅是一种凭证或所有权证书。债券与其他虚拟资本之所以有价格，是因为它们能给持有者（投资者）带来收入，相应构成发行者（筹资者）的成本支出。

（一）债券的价格

债券的价格又称债券行市，是债券在证券市场上以其自身独立的运动形态进行自由买卖的市场价格。

（二）影响债券发行价格的因素

企业发行债券时，由于市场利率可能与票面利率相同，也可能不同，因而其发行价格可能与面值相等，也可能与面值不等，会出现溢价发行或者折价发行的情形。所以，债券的发行价格必然要根据有关因素计算确定。通常情况下，债券的发行价格等于债券到期本金偿还额按市场利率计算的现值加上债券利息按市场利率计算的现值。计算公式如下

$$P=\sum_{t=1}^{n}\frac{I_t}{(1+t)^i}+\frac{M}{(1+i)^n} \qquad (5\text{-}1)$$

式中　P ——债券发行价格；

　　　I_t ——债券第 t 期的利息；

　　　M ——债券面值；

　　　i ——折现率；

　　　n ——计息次数。

根据上述公式，债券发行价格的大小取决于五个基本要素：面值（即本金偿还额）、票面利率、市场利率、计息方式、折现方式。

1. 债券的面值

债券的面值是债券的名义价值。它既是指债券到期时的本金偿还额，即不管以何种方式发行债券，到期时均以标明的面值偿还；也是计付利息的基础，即向企业投资者计付利息是以债券的面值和票面利率为准计算的。

债券面值对债券发行价格的影响表现在：在其他因素不变的情况下，债券面值越大，发行价格越高；反之，面值越小，发行价格越低。

2. 票面利率

票面利率是标在债券上的名义利率，可能与市场利率一致，也可能不一致，票面利率是企业向投资者计付利息的标准。

在我国票面利率的确定必须考虑如下因素：

（1）国家对债券利率的限制。

（2）企业的承受能力和经济效益状况。

（3）企业信誉的等级。信誉等级好的企业，利率可适当低一些；反之，较高的利率才能吸引投资者。

（4）付息方式。若债券到期一次还本付息，利率就要高一些；而分期付息时，利率则可低一些；贴现发行时利率则可更低。

票面利率对债券发行价格的影响表现在：在其他因素不变的情况下，票面利率越高，债券的发行价格就越大；反之，则越小。

3. 市场利率

市场利率就是企业发行债券时，金融市场上所通行的借贷利率，它是金融市场上资金供求矛盾运动的结果。市场利率的大小与企业债券的发行没有直接关系，是企业不可控制的因素。

市场利率对债券发行价格的影响表现在：在其他因素不变的情况下，市场利率越大，则债券发行价格越低；反之，市场利率越小，发行价格就会越高。投资者会在利益动机的驱动下，决定自己的投资行为。市场利率较高时，投资者就会把资金转向其他投资领域而放弃债券的购买，迫使企业降低债券的发行价格以吸引投资者；而市场利率较低时，投资者就会把资金转向购买债券，造成债券供不应求的现象。这时，企业再按面值发行债券，也会导致筹资成本的增加，故企业就会以较高的价格发行债券。

4. 计息方式

计息方式是债券发行者计付利息的时间和形式。因为货币具有时间价值，计息方式的不同会引起债券发行价格的变化。

（1）若债券到期一次还本付息，利息的支付是在最后一次完成的，投资者获取利息的时间最晚。为了弥补投资者晚收利息的损失，债券的发行价格要低一些。

（2）若债券是分次付息的，投资者比较及时地得到了利息，因而债权发行价格可适当高一些。

（3）在债券发行时就扣除利息的情况下（即"贴现发行"），投资者获取利息最为及时，债券发行价格也应最高。

债券的计息方式一般由企业自行确定，并在债券上标明，国家对此并不做统一规定。目前，我国企业发行的债券大多是采取到期一次还本付息的方式。

5. 折现方法

前已述及，因为债券发行价格实质上是本金现值与利息现值之和，因而必然涉及现值的计算方法，即折现方法问题。折现方法不同，计算结果也不相同。

要确定计算债券发行价格的折现方法，必须注意两个问题：

（1）单利与复利。复利法与单利法完全不同。单利法只假定"本能生利"，而复利法则假定"本能生利，利亦能生利"。用两种不同方法计算的现值是不同的，因而债券的发行价格也不同。到底用何种方法计算债券的发行价格，我国并没有统一的规定。大多数都是运用复利法计算债券的发行价格。

（2）折现利率。既然使用复利法计算债券的发行价格，由此涉及折现利率的确定问题。折现利率又称复利利率，指在一个期间内的复利次数。复利的间隔时间越短，复利利率越高，计算的终值越大，计算的现值却越小；复利的间隔时间越长，复利利率越低，计算的终值则较小，而计算的现值却越大。

五、债券的偿还

（一）债券的偿还时间

债券的偿还时间按其实际发生与规定的到期日之间的关系，分为提前偿还与到期偿还两类。其中后者又包括分批偿还和一次偿还两种。

1. 提前偿还

提前偿还又称提前赎回或收回，是指在债券尚未到期之前就予以偿还。只有在企业发行债券的契约中明确规定了有关允许提前偿还的条款，企业才可以进行此项操作。提前偿还所支付的价格通常要高于债券的面值，并随到期日的临近而逐渐下降。具有提前偿还条款的债券可使企业融资有较大的弹性。当企业资金有结余时，可提前赎回债券；当预测利率下降时，可提前赎回债券，再以较低的利率来发行新债券。

2. 分批偿还

如果一个企业在发行同一种债券的当时就为不同编号或不同发行对象的债券规定了不同的到期日，这种债券就是分批偿还债券。因为各批债券的到期日不同，它们各自的发行价格和票面利率也可能不相同，从而导致发行费较高。由于这种债券便于投资人挑选最合适的到期日，因而便于发行。

3. 一次偿还

到期一次偿还的债券是最为常见的。

（二）债券的偿还形式

债券的偿还形式是指在偿还债券时使用的支付手段。包括现金、新发行的本公司债券（简称新债券）、本公司的普通股股票（简称普通股）和本公司持有的其他公司发行的有价证券（简称有价证券）。其中前三种较为常见。

1. 用现金偿还债券

现金是债券持有人最愿意接受的支付手段，因此本形式最为常见。

为了确保在债券到期时有足够的现金偿还债券，企业需要建立偿债基金。如果发行债券契约的条款中明确规定用偿债基金偿还债券，企业就必须每年提取偿债基金，且不得挪作他用，以保护债券持有者的利益。

2. 以新债券换旧债券

这也叫"债券的调换"。企业之所以要进行债券的调换，一般有以下几个原因：①原有债券的契约中有较多的限制条款，不利于企业的发展；②把多次发行、尚未彻底偿清的债券进行合并，以减少管理费；③有的债券到期，但企业现金不足。

3. 用普通股偿还债券

如果企业发行的是可转换债券，则可通过转换变成普通股来偿还债券。

（三）债券偿还的有关规定

中国证券监督管理委员会令（第180号），《公司债券发行与交易管理办法》对债券的偿还做出了明确的规定。面向社会公开发行的企业债券，在债券到期兑付之前，应由发行人或代理兑付机构于兑付日的15日以前，通过广播、电视、报纸等宣传工具向投资人公布债券的兑付办法，其主要内容应包括：兑付债券的发行人及债券名称；代理兑付机构的名称及地址；债券兑付的起止日期；逾期兑付债券的处理；兑付办法的公布单位及公章；其他需要公布的事项。

债券到期日前3日，债券发行人应将兑付资金划入指定的账户，以便用于债券的偿还。

第三节 股票市场融资

一、股票的含义

股票是一种有价证券，它是项目公司向其出资者签发的出资证明或股份凭证。股票一经发行，持有者即为发行公司的股东，有权参与公司的决策、分享公司的利益，同时也要分担公司的责任和经营风险。股票一经认购，持有者不能以任何理由要求退还股本，只能通过证券市场将股票转让和出售。作为交易对象和抵押品，股票已成为金融市场上主要的、长期的信用工具。

二、股票的分类

根据不同的标准，可以对股票进行不同的分类。

1. 按股东享受权利和承担义务的大小分类

以股东享受权利和承担义务的大小为标准，可把股票分为普通股票和优先股票。

普通股票简称普通股，是股份公司依法发行的具有管理权、股利不固定的股票。普通股票具有股票最基本的特征，是股份公司资本的主要部分。

优先股票简称优先股，是股份公司依法发行的具有一定优先权的股票。从法律上讲，企业对优先股不承担法定的还本义务，是企业自有资金的一部分。

2. 按股票票面是否记名分类

以股票票面有无记名为标准，可把股票分成记名股票与无记名股票。

记名股票是股票上载有股东姓名或名称并将其记入公司股东名册的一种股票。记名股票要同时附有股权手册，只有同时具备股票和股权手册，才能领取股息和红利。记名股票的转让、继承都要办理过户手续。

无记名股票是指在股票上不记载股东姓名或名称的股票。无记名股票的转让、继承都要办理过户手续，只要将股票交给受让人，就可发生转让效力，移交股权。

公司向国家授权投资的机构和法人发行的股票，应当为记名股票。对社会公众发行的股票，可以为记名股票，也可以为无记名股票。

3. 按股票票面有无金额分类

以股票票面上有无金额为标准，可把股票分为面值股票和无面值股票。

面值股票是指在股票的票面上记载着每股金额的股票。股票面值的主要功能是确定每股股票在公司所占有的份额；另外，还表明在有限公司中股东对每股股票所负有有限责任的最高限额。

无面值股票是指股票票面不记载每股金额的股票。无面值股票仅表示每一股在公司全部股票中所占有的比例。这种股票只在票面上注明每股占公司全部资产的比例，其价值随公司财产价值的增减而增减。

4. 按发行对象和上市地区分类

以发行对象和上市地区为标准，可将股票分为 A 股、B 股、H 股和 N 股等。

在我国内地，有 A 股、B 股。A 股是以人民币表明票面金额，B 股是以外币认购和交易的股票。另外，还有 H 股和 N 股，H 股是在我国香港上市的股票，N 股是在美国纽约上市的股票。

三、股票的发行

股票的发行是利用股票筹集资金的一个最重要问题，现简介如下。

1. 股票发行的目的

明确股票发行的目的，是股份公司决定发行方式、发行程序、发行条件的前提。股份公司发行股票，主要是为了筹集资金，但具体来说，又有不同的原因，主要有以下几种：

（1）设立新的股份公司。股份公司成立时，通常以发行股票的方式来筹集资金并进行经营。

（2）扩大经营规模。已设立的股份公司为不断扩大生产规模，也需通过发行股票来筹集所需资金。通常，称此类发行为增资发行。如果拟发行的股票在核定资本的额度内，则只需经董事会批准；如果超过了核定资本额度，则需召开股东大会重新核定资本额。在核定的资本额度内增资发行，董事会通过之后，还要呈报政府有关机构，办理各种规定的手续。

（3）其他目的。其他目的的股票发行通常与集资没有直接联系，如发放股票股利。

2. 股票发行的条件

《中华人民共和国证券法》第二章第十二条规定，公司首次公开发行新股，应当符合《公司法》规定的条件和经国务院批准的国务院证券监督管理机构规定的其他条件。第十三条规定，公司公开发行新股，应当报送募股申请和下列文件：

（1）公司营业执照。

（2）公司章程。

（3）股东大会决议。

（4）招股说明书或者其他公开发行募集文件。

（5）财务会计报告。

（6）代收股款银行和名称及地址。

依照本法规定聘请保荐人的，还应当报送保荐人出具的发行保荐书。依照本法规定实行承销的，还应当报送承销机构名称及有关的协议。

3. 股票发行的基本程序

根据国际惯例，各国股票的发行都有严格的法律规定程序，任何未经法定程序发行的股票都不发生效力，这里仅介绍公开发行股票的最基本程序。

（1）公司做出新股发行决议；

（2）公司做好发行新股的准备工作，编制有关必备的文件资料和获取有关的证明材料；

（3）提出发行股票的申请；

（4）有关机构进行审核；

（5）签署承销协议；

（6）公布招股说明书；

（7）按规定程序招股；

（8）认股人缴纳股款；

（9）向认股人交割股票；

（10）改选董事、监事。

四、股票的上市

1. 股票上市的条件

公司公开发行的股票进入证券交易所必须受严格的条件限制。我国《证券法》第四十七条规定，股份有限公司申请股份上市，应当符合下列条件：

（1）股票经国务院证券监督管理机构核准已公开发行。

（2）公司股份总额不少于人民币 3000 万元。

（3）公开发行的股份达到公司股份总数的 25%以上；公司股本总额超过人民币 4 亿元的，公开发行股份的比例为 10%以上。

（4）公司最近 3 年无重大违法行为，财务会计报告无虚假记载。

证券交易所可以规定高于前款规定的上市条件，并报国务院证券监督管理机构批准。

2. 股票的直接上市融资和间接上市融资

直接上市融资是指股份有限公司按照《公司法》《证券法》的有关规定，按照股票发行程序申请公开发行股票，获得批准后发行股票，并在证券交易所上市交易。间接上市有两种形式，买壳上市和造壳上市，买壳上市即收购。

公司根据《公司法》《证券法》的规定，购买上市公司的部分股份，获得上市公司的控制权，而后将原有企业的优质资产置换到上市公司的资产中，再以配股、增发新股等形式进行新一轮的融资。造壳上市是根据相关法律，在拟上市海外证券市场所允许的地点，注册一家控股公司，而后通过资产置换，将原有企业的优质资产置换到新注册的控股公司里，再以控股公司的名义在海外证券市场上直接上市融资。

3. 股票上市的暂停和终止

依照《证券法》规定，上市公司有下列情形之一的，由证券交易所决定暂停其股票上市交易。

（1）公司股本总额、股份分布等发生变化不再具备上市条件。

（2）公司不按照规定公开其财务状况，或者对财务会计报告做虚假记载，可能误导投资者。

（3）公司有重大违法行为。

（4）公司最近 3 年连续亏损。

（5）证券交易所上市规则规定的其他情形。

五、普通股融资

（一）普通股的概念

普通股股票是最基本、最常见的股票，是股份公司依法发行的具有管理权、股利不固定的股票。是构成发行企业资本的基础。通常股份有限公司只发行普通股股票。

（二）普通股股东的权利

普通股股票的持有人，即普通股股东享有以下权利：

（1）经营管理参与权。普通股股东对发行企业经营管理的参与是通过在股东大会上的表决来完成的。也就是说，普通股股东的经营管理参与权主要表现为其在股东大会上的表决权，表决权的大小取决于股东持股的数量。

（2）经营成果分配权。当发行企业董事会决定发放股利时，普通股股东有权获取其应得数额。但在顺序上后于债券持有人和优先股股东；而且其数额也不固定，数额的大小要视发行企业的盈利状况和股利分配政策而定。

（3）新股认购权。当发行企业增发新股时，普通股股东有权优先购买新发行的股票，以保证普通股股东对发行企业股份占有的份额不至于因新股的发行而减少。

（4）剩余财产分配权。当发行企业破产或解散时，在企业财产满足了其他债权人的要求之后，普通股股东有权参与企业剩余财产的分配，但在顺序上须排在优先股股东之后。但现实中，在发行企业破产清算时，如果公司资不抵债，普通股股东实际上就分不到剩余财产。

（三）普通股筹资的优点与缺点

1. 普通股筹资的优点

（1）没有固定利息负担。公司有盈余，并认为适合分配股利，就可以分给股东；公司盈余较少，或虽有盈余但资金短缺或有更有利的投资机会，就可以少支付或不支付股利。

（2）没有固定到期日，不用偿还。利用普通股筹集的是永久性的资金，除非公司清算才需偿还。它对保证企业最低的资金需求有重要意义。

（3）筹资风险小。由于普通股没有固定到期日，不用支付固定的利息，此种筹资实际上不存在不能偿付的风险，因此风险最小。

（4）能增加公司的信誉。普通股本与留存收益构成公司所借入一切债务的基础。足够的自有资金，就可为债权人提供较大的权益保障，因而，普通股筹资既可以提高公司的信用价值，同时也为使用更多的债务资金提供了强有力的支持。

（5）筹资限制较少。利用优先股或债券筹资会受到很多限制，这些限制往往会影响公司经营的灵活性，而利用普通股筹资则没有这种限制。

2. 普通股筹资的缺点

（1）资金成本较高。一般来说，普通股筹资的成本要大于债务资金。这主要是股利要从净利润中支付，而债务资金的利息可在税前扣除。另外，普通股的发行费用也高于其他证券，资金成本较高。

（2）容易分散控制权。利用普通股筹资，出售了新的股票，吸引了新的股东，容易导致公司控制权的分散。

此外，新股东分享公司未发行新股前积累的盈余，会降低普通股的每股净收益，从而可能引起股价的下跌。

六、优先股融资

（一）优先股的概念

优先股是一种特殊的股票，是一种介于股本资金和负债之间的融资方式，优先股股东不参与公司经营管理，没有公司控制权，要支付固定的股息。优先股与普通股相比，在公司盈利上比普通股股东享有一定的优先权，在公司解散并分配剩余财产时，优先股先于普通股股东受偿，但是在债权人之后。所以，优先股可以视为一种准股本资金。

（二）优先股的性质

优先股是一种具有双重性质的证券，它虽属自有资金，却兼有债券性质。优先股的股利不能像债务利息从税前扣除，而必须从净利润中支付，但优先股有固定的股利。优先股对盈利的分配和剩余资产的求偿具有优先权。

公司的不同利益集团，对优先股有不同的认识。优先股是一种特殊债券，这是因为，它必须在普通股之前取得收益，分享资产。投资人在购买普通股票时也往往把优先股看作债券。但是，从债券的持有人来看，优先股则属于股票，因为它对债券起保护作用，可以减少债券投资的风险，属于主权资金。从公司管理当局和财务人员的角度来看，优先股具有双重性质，优先股虽没有固定的到期日，不用偿还本金，但往往需要支持固定的股利，成为财务上的一项负担。所以，当公司利用优先股集资时，一定要考虑这两方面的特性。

（三）优先股融资的优点与缺点

1. 优先股融资的优点

（1）财务负担较发行债券要轻。与债务融资相比，优先股财务负担较轻，这是因为优先股股利不是发行公司必须偿付的一项法定债务，如果公司财务状况恶化，优先股股利可以不付，从而可减轻企业的财务负担。

（2）财务上较为灵活。由于优先股没有规定的最终到期日，它实质上是一种永续性借款。优先股票的回收由企业决定，企业可在有利条件下收回优先股票，具有较大灵活性。

（3）保持普通股股东对公司的控制权。因为优先股一般没有表决权，通过发行优先股，公司普通股股东可避免与新投资者一起分享公司的盈余和控制权。当公司既想向外筹措自有资金，又想保持原有股东的控制权时，利用优先股融资尤为恰当。

（4）有利于增强公司信誉。从法律上讲，优先股股本属于公司的自有资金，可以作为公司其他筹资方式的基础，可以增强公司的信誉，提高公司的借款举债能力。

2. 优先股筹资的缺点

（1）筹资成本高。优先股所支付的股利要从税后净利润中支付，不同于债务利息可在税前扣除。因此，优先股成本很高。

（2）筹资限制多。发行优先股通常有许多限制条款。例如，对普通股股利支付的限制、对公司借债限制等。

（3）财务负担重。如前所述，优先股需要支付固定股利，但又不能在税前扣除，所以，当利润下降时，优先股的股利会成为一项较重的财务负担，有时不得不延期支付。

第四节　银　团　贷　款

一、银团贷款概述

银团贷款是由一家或多家银行牵头，多家银行与非银行金融机构参加的、按照一定的分工和出资比例组成的结构严谨的金融组织机构，集中资金按商定的期限和条件向某一借款人（或某工程项目）提供的金额较大的中长期贷款。银团贷款是我国利用国外商业贷款融资中的一种比较典型、普遍的方式。

银团贷款根据各参与行在银团中承担的权利和义务的不同，可分为直接型银团贷款和间接型银团贷款。

1．直接型银团贷款

直接型银团贷款是指在牵头行的统一组织下，由借款人与各个贷款银行直接签订一个贷款协议，根据贷款协议规定的条件，按照各自实现承诺的投入份额，通过委托代理行向借款人发放、收回和统一管理的银团贷款。它具有以下特点：

（1）牵头行的代理作用。

（2）参与行权利和义务相对独立。

（3）银团参与行相对稳定。

（4）代理行的责任明确。

2．间接型银团贷款

间接型银团贷款是指由牵头行直接与借款人签订贷款协议，向借款人单独发放贷款，然后再由牵头行将参与的贷款权分别转让给其他愿意提供贷款的银行，实现过程不必经借款人的同意，全部贷款的管理工作均由牵头行承担。它具有以下特征：

（1）牵头行身份的多重性。牵头行既是银团贷款的组织者，也是银团贷款的代理人。

（2）参与行和借款人债权债务的间接性。

（3）相对比较简单、工作量小。

相对而言，直接型投资更具有优越性，因此，在国外商业贷款融资中，直接型的银团贷款融资方式为人们所普遍接受。

二、银团组成及其分工

国外银团贷款融资过程中主要涉及的机构有牵头行、代理行和参与行。

1．牵头行

牵头行的主要职能是组织银团、准备文件、认购与推销贷款，承担贷款份额、安排贷款进度、与借款人谈判等。

2．代理行

代理行的主要职能是检查协议文件签字、从各参与行筹集资金、发出取款通知、确定利率、计收和分配偿还的贷款本金及利息和费用、代理银团处理贷款业务及行使贷款人的权利。

3．参与行

参与行即参加银团并按各自承诺份额提供贷款的银行，其主要职能是承担贷款的份额。

三、银团贷款的特点

1．有能力筹集到数额很大的资金

银团贷款市场是国际金融市场中规模最大、竞争最激烈的组成部分。在同样的项目风险条件下，只有在银团贷款市场上，最有可能筹集到数量较大并且成本相对较低的资金。

2．贷款货币的选择余地很大

贷款银行的选择范围非常广泛，为借款人提供了方便。在贷款申请过程中，借款人可以根据项目的性质、现金流量的来源及货币种类等因素科学选择融资银行，合理组织项目资金，保证了项目的合理运行。

3. 能够分散风险

参与银团贷款的银行通常是国际上具有一定信誉和经验的银行，具有参与复杂项目融资并承担部分信用风险的能力，在一定程度上分散与降低了项目风险。

4. 提款与还款方式比较灵活

因为它无须当地政府的批准，可根据协定的时间和工程建设的需要，随时提取资金。

四、银团贷款的利率和费用

1. 银团贷款利率

银团贷款的贷款利率，美元贷款（通常为 6 个月的）以伦敦银行间同业拆借利率（LIBOR）＋贷款利差（Margin）为标准执行，人民币贷款则按照目前中国人民银行规定的基准利率及浮动范围执行。

2. 银团贷款收费

银团贷款收费通常包括牵头安排费、管理费、承诺费、代理行费等。

3. 其他费用

其他费用主要包括律师费用等中介顾问公司费用。

银团贷款利差和费用的确定，主要受以下因素的影响：

（1）贷款市场整体资金供应和利率水平。

（2）该项目所处行业的风险状况。

（3）项目本身的贷款结构、担保结构所构成的风险状况。

（4）银企双方之间的谈判策略。

如果项目公司熟悉银行的惯例和银团贷款业务，或者项目公司聘请了专业的融资顾问协助进行贷款结构设计和银企贷款，其贷款的综合成本会有所节约。

五、银团贷款期限与偿还方式

贷款期限指借款的偿还期和宽限期。在宽限期内，只支付贷款利息，而不归还贷款本金，宽限期一般安排到项目建设期之后。借款期限主要根据项目的实际需要，建设期长短和获得收益的时间及偿还能力来确定。一般情况下，建设期项目还没有收益时，希望建设期为宽限期。此期间只偿还利息不偿还本金。

银团贷款的本金偿还方式有以下两种：

1. 到期一次偿还

从每次贷款的支付日算起，到偿还期年末，将贷款一次还清，此方式适用于贷款金额相对不大，贷款期限较短的中期贷款。

2. 分次偿还

这种方式适用于贷款金额大，贷款期限长的贷款。在整个贷款期内，商定一个宽限期，在宽限期内，借款人不用还本，只是每半年按实际贷款额付息一次。宽限期满后，每半年还本付息一次，每次还本金额相等，也可以安排成不等额还款，即项目营运前期现金流量较少，则少还一点贷款本金，后期随着现金流量的增加逐年加大本金还款额度。

六、银团贷款协议主要条款

银团贷款的主要贷款条件包括：提款先决条件（包括首次提款先决条件）、还款、利率、费用与税金、陈述与保证、积极承诺（又称肯定承诺）、消极承诺（又称否定承诺）、账户监督（现金流与项目账户）、违约事件、违约处理、贷款代理行与贷款人权利的行使、法律适用、司法管辖等。

银团贷款需要签署一整套贷款文本、一般包括：银团贷款主协议、贷款人之间的协议、担保函、房地产抵押协议、机器设备抵押协议、账户抵押协议、技术转让协议、权益转让协议、设备供应权益转让协议、应收账款/销售合同/委托代工合同权益抵押协议、保险权益转让协议、建设总承包合同履约担保转让协议、原材料供应协议、权益转让协议、项目发起人股权质押协议、存货抵押协议、项目投资人或保荐人支持函、备用融资协议等。

第五节　融　资　租　赁

一、融资租赁的概念

融资租赁又称设备租赁或现代租赁，是指实质上转移与资产所有权有关的全部或绝大部分风险和报酬的租赁。资产的所有权最终可以转移，也可以不转移。

它的具体内容是指出租人根据承租人对租赁物件的特定要求和对供货人的选择，出资向供货人购买租赁物件，并租给承租人使用，承租人则分期向出租人支付租金，在租赁期内租赁物件的所有权属于出租人所有，承租人拥有租赁物件的使用权。租赁期满，租金支付完毕并且承租人根据融资租赁合同的规定履行完全部义务后，租赁物件所有权即转归承租人所有。在融资租赁交易中，出租人也拥有设备购买人的身份，但购买设备的实质性内容如供货人的选择、对设备的特定要求、购买合同条件的谈判等都由承租人享有，承租人是租赁物件实质上的购买人。

融资租赁是集融资与融物、贸易与技术更新于一体的新型金融产业。由于其融资与融物相结合的特点，出现问题时租赁公司可以回收、处理租赁物，因而办理融资时对企业资信和担保的要求不高，比较适合中小企业融资。此外，融资租赁属于表外融资，不体现在企业财务报表的负债项目中，不影响企业的资信状况，这对需要更多渠道融资的中小企业而言是非常有利的。

二、融资租赁的形式

融资租赁可细分为如下三种形式。

1. 售后租回

根据协议，企业将资产卖给出租人，再将其租回使用，资产的售价大致等同于市场价。采用这种租赁形式，出售资产的企业可得到相当于售价的一笔资金，同时仍然可以使用资产，当然，在此期间，该企业要支付租金，没有财产所有权，从事售后租回的出租人为租赁公司等金融机构。对承租企业而言，当其急需现金周转时，售后回租是改善企业财务状况的一种有效手段。对非金融机构类的租赁公司来说，售后回租是扩大其业务种类的一种简便易行的方法。

2. 直接租赁

直接租赁是融资租赁的基本形式，指承租人直接向出租人租入所需要的资产，并付出租金。直接租赁的出租人主要是制作厂商、租赁公司。除制造厂商外，其他出租人都是从制作厂商处购买资产出租给承租人。其特点是租赁公司根据与承租人达成的租赁协议，按照承租人提出的设备规格，技术要求，向承租人选定的供货厂商购买设备，取得设备的所有权，并将设备直接租赁给承租人使用。

3. 杠杆租赁

杠杆租赁是国际上较为流行的融资租赁方式，是指出租人只承担部分租赁设备的购置成本，其余由银行等金融机构贷款补足的租赁形式。它通常涉及承租人、出租人和贷款人三方。从承租人的角度来看，它与其他租赁形式并无区别，同样是按合同的规定，在租赁期内按期支付租金，取得资产的使用权。但对出租人却不同，出租人只出购买资产所需的部分资金（通常为 20%～30%）作为自己的投资，另外以该资产作为抵押向贷款人借入其余资金。因此，它既是出租人又是借款人，同时拥有该资产的所有权，既收取租金又要偿付债务。如果出租人不能按期偿还借款，那么资产的所有权就要转归贷款人。

三、融资租赁的特点

融资租赁其实质是以融物的形式达到融资的目的，它是一种重要的现代融资方式。融资租赁通常具备以下特点：

（1）融资租赁交易涉及三方面的关系，即出租方、承租方和供货方，包括两个或两个以上的合同。融资租赁的三方关系是由其业务的特殊性决定的。出租方根据承租方的要求，出资向供货方购买设备，将其租给承租方使用，定期向承租方收取租金。

（2）租赁资产的所有权与使用权相互分离。租赁资产虽由承租人选定，但由出租人购入，因此，所有权归出租人占有。承租人在完全履行合同的情况下，对租赁资产享有独占的使用权。

（3）与租赁资产所有权有关的风险和利益几乎已全部转移给承租人。所谓与租赁资产所有权有关的风险，指由于资产闲置或技术陈旧而发生的损失，以及由于经营情况变化致使有关收入发生的变动。所谓与资产所有权有关的利益，指在资产有效使用年限内直接使用它而获得的利益、资产本身的增值，以及变卖残值所实现的收入。

（4）租赁资产由承租人自行选择，出租人只根据承租人的要求购进有关资产，提供资金融通。对于资产的质量、规格、数量、性能、外观等，出租人概不负责。

（5）租赁期内，租赁资产的维修、保养和保险等责任均由承租人承担。

（6）出租人几乎可以通过一次出租，便可全部收回在租赁资产上的投资。

（7）融资租赁以承租人对设备的长期使用为前提，租赁期限一般为 3～5 年，有的则长达 10 年或 10 年以上。为了保障出租与承租双方的利益，在合同有效期内，承租人不得中途退租、解约，出租人也不可单方面要求撤销合同，只有当租赁资产毁坏至无法维修或被证实已丧失其使用价值时，才能中止执行租赁合同。同时合同的中止应以出租人不受经济损失为前提。在承租人违约的情况下，出租人有权将租赁资产出卖或转让他人。

（8）租赁期满时，承租人享有廉价购买租赁资产的选择权，获得资产；亦可续租或将租赁资产退给租赁公司。

四、融资租赁的风险

融资租赁的风险来源于许多不确定因素，是多方面并且相互关联的，在业务活动中充分了解各种风险的特点，才能全面、科学地对风险进行分析，制定相应的对策。融资租赁的风险种类主要有以下几种：

1. 产品市场风险

在市场环境中，不论是融资租赁、贷款或是投资，只要把资金用于购买设备或技术改造，首先应考虑用租赁设备生产的产品的市场风险，这就需要了解产品的销路、市场占有率和占有能力、产品市场的发展趋势、消费结构以及消费者的心态和消费能力。若对这些因素了解的不充分、调查的不细致，都会增加市场风险。

2. 金融风险

因融资租赁具有金融属性，金融方面的风险贯穿于整个业务活动过程之中。对于出租人来说，最大的风险是承租人的还租能力，它直接影响租赁公司的经营和生存，因此，应从立项开始关注还租的风险。货币支付也会有风险，特别是国际支付，支付方式、日期、时间、汇款渠道和支付手段选择不当，都会增加风险。

3. 贸易风险

因融资租赁具有贸易属性，贸易方面的风险从订货谈判到验收随时都存在。由于商品贸易在近代发展的比较完备，社会也相应建立了配套的机构和防范措施，如信用证支付、运输保险、商品检验、商务仲裁和信用咨询都对风险具有防范和补救作用。但由于人们对风险的认识和理解的程度不同，有些手段未被全部采纳，导致贸易风险依然存在。

4. 技术风险

融资租赁的好处之一就是先于其他企业引进先进的技术和设备。在实际运作过程中，技术的先进与否、先进的技术是否成熟、成熟的技术是否在法律上侵犯他人权益等因素，都是产生技术风险的重要原因。严重时，会因技术问题使设备陷于瘫痪状态。

五、融资租赁业务的一般操作程序

我国现阶段融资租赁业务以直接融资租赁为主，因此，本书所讲的融资租赁业务的一般程序将围绕直接融资租赁业务展开。

直接融资租赁的一般做法是：承租人向出租人提出租入某项资产申请；购置资产所需资金全部由出租人垫付；资产购进后直接交承租人使用；承租人定期向出租人交纳租金；租赁期满承租人享有资产产权、续租权或返还权。

典型的直接融资租赁业务一般有以下程序：

1. 租赁申请

承租人租入资产时，需首先向租赁公司提出书面申请。其内容主要包括资产的名称、数量、规格型号、价格、生产厂商、国别、交货时间、交货地点等。同时，承租人还应如实提供租赁公司要求的相关资料。

2. 租赁业务受理

租赁公司在收到租赁申请及相关资料后，应在规定时间内做出是否受理的选择，然后对租赁进行调查与评估。

3. 租赁项目审查

租赁公司受理承租人的租赁申请后，需对项目进行严格审查。

六、融资租赁租金的确定方法

在租赁筹资方式下，承租企业要按合同规定向租赁公司支付租金。租金的数额和支付方式对承租企业的未来财务状况具有直接的影响，也是租赁筹资决策的重要依据。

1. 融资租赁租金的构成

融资租赁租金的构成通常包括租赁资产的购置成本和租息两部分。

（1）租赁资产的购置成本包括资产购买价格、运杂费、保险费等。

（2）租息包括租赁公司融资成本和租赁手续费。其中，融资成本指租赁公司为承租企业购置设备融资的应计利息；租赁手续费包括租赁公司承办租赁设备的营业费用以及一定的利润。

此外，租赁期限的长短以及租金支付的方式也是影响租金的重要因素。

2. 融资租赁租金的计算

融资租赁租金确定的方法与贷款计算方法比较相似，只是租金的算法比贷款更具有多样性和灵活性，更适合融资租赁业务复杂多变的特征。租金计算方法分为浮动租息和固定租息两大类，其中固定租息计算方法有平均分摊法、等额年金法和附加率法。目前，在我国融资租赁实务中，大多采用等额年金法。

（1）浮动利率计算方法。

租赁提供的是长期资金，由于每期使用的利率不一样，因此，每期支付的租息也不同称之为浮动租息。它的计算方法却灵活多变。计算方法与固定租息不同的是，首先将还本计划分期确定后，每到还租日，以上期末未回收本金结算一次利息，加上计划应回收本金，算出租金；再用已回收的本金冲减未回收本金，作为下期租金计息基数。

每期应付租金日都要根据资金市场的利率变化，确定下期租金的利率标准。其特点是：未回收本金占压时间越长，租金总额就越高。在整个租赁期内，利率随期数变动。由于变动因素多，计算出的各期租金差额较大，对承租人来说存在一定利率风险。这种算法，本金偿还和期数可根据承租人的实际还款能力而定，因此，更能适应企业的还款能力，体现租金计算的灵活性，但也增加了租金不确定性和租赁项目后续管理的难度。租赁公司的资金来源一定不要使用短期资金补长期资金的方式操作，以避免金融风险。

（2）等额年金法。

等额年金法是利用年金现值的计算公式经变换后计算每期支付租金的方法。因租金有支付在前和支付在后两种支付方式，需分别说明。

1）支付在前的计算。租赁费支付在前就是在合约签订以后，必须立即支付首期的租赁费。租赁费支付在前的计算公式为

$$R=\frac{P(1+i)^{n-1}i}{(1+i)^n-1} \tag{5-2}$$

式中　　R——租赁费；

　　　　P——设备价格；

　　　　i——利率；

　　　　N——年数。

如果每半年支付一次，则公式为

$$R=\frac{P(1+i/2)^{2n-1}i/2}{(1+i/2)^{2n}-1} \tag{5-3}$$

[例 5-1] 某公司为完成一项目，租赁一套设备，设备价款 50 万美元，利率为 9.5%，每半年支付一次，租赁期为 5 年，第一次租赁费在签约日支付，计算每期租赁费。

$$R=\frac{P(1+i/2)^{2n-1}i/2}{(1+i/2)^{2n}-1}=\frac{50\times(0.095/2)\times(1+0.095/2)^{2\times5-1}}{(1+0.095/2)^{2\times5}-1}=6.1068\approx6.11(万美元)$$

每期租赁费用的计算见表 5-1。

表 5-1　　　　　　　　　　　　每期租赁费用计算过程　　　　　　　　　　单位：万美元

时　　间	期 初 余 额	利　　率	利　　息	还　　款	期 末 余 额
0	50.00	9.5%	0	6.11	43.89

时　间	期　初　余　额	利　率	利　息	还　款	期　末　余　额
1	43.89	9.5%	2.08	6.11	39.87
2	39.87	9.5%	1.89	6.11	35.66
3	35.66	9.5%	1.69	6.11	31.25
4	31.25	9.5%	1.48	6.11	26.62
5	26.62	9.5%	1.26	6.11	21.78
6	21.78	9.5%	1.03	6.11	16.71
7	16.71	9.5%	0.79	6.11	11.40
8	11.40	9.5%	0.54	6.11	5.83
9	5.83	9.5%	0.276	6.11	0

2）支付在后的计算。租赁费支付在后就是在租赁合同签约生效后，可以不马上支付租赁费。首期租费在半年或一年以后支付。租赁费支付在后的计算公式为

$$R=\frac{P(1+i)^n i}{(1+i)^n-1} \tag{5-4}$$

如果每半年支付一次，则公式为

$$R=\frac{P(1+i/2)^{2n}i/2}{(1+i/2)^{2n}-1} \tag{5-5}$$

[例 5-2] 某公司为完成一项目，租赁一套设备，设备价款 50 万美元，利率为 9.5%，每半年支付一次，租赁期为 5 年，租赁费在签约后半年支付，计算每期租赁费。

$$R=\frac{P(1+i/2)^{2n}i/2}{(1+i/2)^{2n}-1}=\frac{50\times(0.095/2)\times(1+0.095/2)^{2\times5}}{(1+0.095/2)^{2\times5}-1}=6.397（万美元）$$

每期租赁费用的计算见表 5-2。

表 5-2　　　　　　　　　　　　每期租赁费用计算过程　　　　　　　　　　单位：万美元

时　间	期　初　余　额	利　率	利　息	还　款	期　末　余　额
0	50.00	9.5%	0	6.397	50.00
1	50.00	9.5%	2.38	6.397	45.98
2	45.98	9.5%	1.18	6.397	41.77
3	41.77	9.5%	1.98	6.397	37.35
4	37.35	9.5%	1.77	6.397	32.73
5	32.73	9.5%	1.55	6.397	27.89
6	27.89	9.5%	1.32	6.397	22.82
7	22.82	9.5%	1.08	6.397	17.50
8	17.50	9.5%	0.83	6.397	11.94
9	11.94	9.5%	0.57	6.397	6.11
10	6.11	9.5%	0.29	6.397	0

3）考虑残值的租赁。有些租赁设备有一定的残值，例如汽车、机床等。这些货物有二手市场，如果出租人同意按预先规定的残值价格进行租赁，那么承租人支付租赁设备总价的95%～80%不等。

租赁费用支付在前，考虑残值的租赁费计算公式为

$$R=\frac{P[(1+i)^{n-1}-S]i}{(1+i)^n-1}$$ （5-6）

式中 S——残值。

租赁费用支付在后，考虑残值的租赁费计算公式为

$$R=\frac{P[(1+i)^n-S]i}{(1+i)^n-1}$$ （5-7）

［例 5-1］和［例 5-2］中，如果考虑残值，租赁费的计算结果见表 5-3。

表 5-3 考虑残值租赁费用计算结果 单位：万美元

残 值 比 率	租赁费用支付在前	租赁费用支付在后
0	6.107	6.397
5%	5.906	6.195
10%	5.604	5.994
15%	5.503	5.793
20%	5.302	5.592

七、融资租赁筹资的优点与缺点

1. 融资租赁筹资的优点

（1）筹资速度快。租赁往往比借款购置设备更迅速、更灵活，因为租赁是融资与设备购置同时进行，可以缩短设备的购进和安装时间，使企业尽快形成生产能力，有利于企业快速占领市场。

（2）限制条款少。企业运用股票、债券、长期借款等融资方式，均会受到较为严格的资格限制。相对而言，租赁筹资的限制条件较少。

（3）设备淘汰风险小。由于科学技术的不断更新与进步，设备陈旧过时的风险较高，因此多数租赁协议中规定该风险由出租人承担，承租企业可免受该风险的影响。

（4）税收负担减轻。租金可在税前扣除，承租企业可享受一定的税收优惠。

（5）财务风险小。租金在整个租期内分摊，不用到期归还大量本金。许多借款在到期日一次偿还本金，这会给财务基础较弱的公司造成相当大的困难，有时甚至会产生不能偿付的风险。而租赁则把这种风险在分摊整个租期内，可适当减少不能偿付的风险。

（6）增加投资者运用资金的灵活性。租赁具有 100%融资的特性，采用这种方式可以使项目投资者保留较高的自有资金和银行信用额度，将其用于其他投资和业务发展机会。

2. 融资租赁筹资的缺点

（1）筹资成本较高。一般来说，其租金要比银行贷款或发行债券所负担的利息高。在企业财务困难时，固定的租金也会成为一项较沉重的负担。

（2）融资弹性较小。固定的租金金额和租金支付期限，增加了企业资金筹措的难度。

本章小结

项目融资的资金结构是指在项目融资过程中所确定的项目的股本金与债务资金的形式、相互间的比例关系及相应的来源。作为项目投资者，股本金与债务资金的比例是项目融资中资金结构选择首要考虑的问题，受到资金需求量、投资对项目现金流量和风险的判断、投资者筹集股本金的能力、资金市场上资金供求关系和竞争状况、贷款银行承受风险的能力等因素的影响。

债券是政府、企业向社会公众筹措资金而发行的一种有固定收益的有价证券，是债务人承诺按一定利率和在一定日期支付利息，并在特定日期偿还本金的书面债务证书。

股票融资可以分为普通股融资和优先股融资，其中最普遍的是普通股融资。普通股融资支付股利灵活，一般不用偿还股本，融资风险小。普通股筹资更容易吸收资金，但普通股融资不能获得财务杠杆带来的利益，股利不具备抵税作用。增加普通股票发行量，则导致现有股东对公司控制权的削弱。

银团贷款是由一家或多家银行牵头，若干家非银行金融机构共同参加，组建的责任义务与权利收益共同体，签署共同融资协议，为项目或公司提供融资服务的业务。

融资租赁是一种项目债务融资的方式。实质上是转移了与资产所有权有关的全部或绝大部分风险和报酬的租赁，即全部风险与报酬都由出租人转移到了承租人，所有权最终有可以转移，也可以不转移。

思 考 题

1. 什么是项目融资的资金结构？
2. 试对比股票融资与债券融资的优缺点。
3. 债券融资的优缺点有哪些？
4. 普通股融资的发行方式有哪些？
5. 不同的项目管理人员对项目融资方式有不同的偏好，将全班同学分成若干小组，小组中每位同学均提出自己最喜欢的融资方式并说明理由，小组内部讨论分析各位同学的差异，指出差异产生的主要原因。
6. 假设某公司采用融资租赁方式于 2024 年 1 月 1 日从一租赁公司租入一台设备，设备价款为 60 万美金，租期满后，设备归企业所有，租赁费率为 15%，租赁期为 5 年。
（1）假设租金于每年年末等额支付，计算每年年末应支付的租金。
（2）假设租金于每年年初等额支付，计算每年年初应支付的租金。

第六章 工程项目的资金成本和资金结构

第一节 资 金 成 本

一、资金成本概述

（一）资金成本的概念

资金成本又称融资成本，它是工程项目融资中非常重要的概念。在市场经济条件下项目融资活动所使用的资金不可能是无偿的，是要付出一定代价的，例如向银行、债券持有人支付的利息等。企业为了完成项目筹集和使用资金而付出的代价就是资金成本，具体来说，资金成本主要包括两大部分：资金筹集费和资金占用费。

1. 资金筹集费

资金筹集费是指企业为项目筹集资金而付出的费用。例如向银行支付的借款手续费，发行股票、债券的发行费用、律师费用、评估费用等。通常，筹集费用是在筹措资金时一次支付的，在用资过程中不再发生，可视为筹资总额的一项扣除。

2. 资金占用费

资金占用费是指企业在项目投资和经营过程中因占用资金而付出的费用。例如向银行借款所支付的利息、向股东发放股票的股利等。资金占用费与筹资金额的大小、资金占用时间的长短有直接联系，是资金成本的主要内容。

（二）资金成本的作用

1. 资金成本是工程项目筹资决策的重要依据

资金成本是工程项目选择筹资来源和方式，拟定筹资方案的依据，也是评价投资项目可行性的标准。工程项目的资金来源渠道多种多样，项目筹资决策的核心问题就是确定融资方案，而综合资金成本的高低就是确定最佳筹资方案的主要依据。

2. 资金成本是评价投资决策的主要标准

资金成本是评价投资项目可行性的主要标准。项目的资金成本通常被认为投资项目的最低报酬率，只有投资项目的预期收益率高于资金成本，项目投资才被认为是可行的。因此，项目资金成本是项目投资评价的主要标准。

3. 资金成本是衡量业绩的重要尺度

资金成本是投资人要求的报酬率，也是最低报酬率，任何项目无论采用何种方式运营，其实际的投资报酬率都要高于资金成本，才能满足投资者的要求。因此，资金成本成为衡量企业业绩的重要尺度。

（三）资金成本的计算

资金成本可以用绝对数表示，也可以用相对数表示。资金成本用绝对数表示即项目资金总成本，它是筹资费用和用资费用之和。由于它不能真实反映用资数量，所以较少使用。资金成本用相对数表示即资金成本率，它是资金占用费与筹资净额的比率。由于绝对数不利于不同资金规模筹资方案的比较，通常情况下资金成本的计算主要用相对数来表示，其计算公式为

$$K=\frac{D}{P-F} \tag{6-1}$$

式中　　K——资金成本率；

　　　　D——资金占用费；

　　　　P——筹集资金总额；

　　　　F——资金筹集费。

由于资金筹集费一般以筹资总额的某一百分比计算，因此，上述计算公式也可表现为

$$K=\frac{D}{P(1-f)} \tag{6-2}$$

式中　　K——资金成本率；

　　　　D——资金占用费；

　　　　P——筹集资金总额；

　　　　f——资金筹集费率。

企业以不同方式筹集的资金所付出的代价一般是不同的，企业总的资金成本是由各项个别资金成本及资金比重所决定的。本书对资金成本的计算必须从个别资金成本开始。

二、个别资金成本

个别资金成本是指工程项目不同筹资方式所筹资金的成本。主要包括银行借款成本、债券成本、优先股成本、普通股成本和留存收益成本等。其中，前两者属于债务成本，后三者属于权益成本。

（一）银行借款资金成本

银行借款成本主要包括借款费用和借款利息两部分，其中借款费用主要指的是银行手续费。根据《中华人民共和国税法》（以下简称《税法》）规定，银行借款利息可以税前扣除，起到抵税的作用。因此，一次还本、分期付息银行借款资金成本的计算公式为

$$K_l=\frac{I_t(1-T)}{P_l(1-f_l)}=\frac{i_t(1-T)}{1-f_l} \tag{6-3}$$

式中　　K_l——银行借款资金成本率；

　　　　I_t——银行借款年利息；

　　　　P_l——银行借款筹资总额；

　　　　T——所得税税率；

　　　　f_l——银行借款筹资费用率；

　　　　i_t——银行借款年利息率。

[例6-1]华建公司承揽某工程项目需要投资200万元，公司决定向银行贷款，年利率7%，期限5年，每年付息一次，到期一次性还本，筹资费用率为0.5%，企业所得税率为25%。请计算该项目的银行借款成本率。

$$K_l=\frac{I_t(1-T)}{P_l(1-f_l)}=\frac{200\times7\%\times(1-25\%)}{200\times(1-0.5\%)}=5.28\%$$

或是

$$K_l=\frac{i_t(1-T)}{1-f_l}=\frac{7\%\times(1-25\%)}{1-0.5\%}=5.28\%$$

上述银行借款资金成本的计算较为简单，由于没有考虑货币的时间价值，所以计算结果不是十分准确。货币的时间价值是指一定量资金在不同时点上价值量的差额。资金在周转过程中会随着时间的推移而发生增值，使资金在投入、收回的不同时点上价值不同，形成价值差额。考虑货币的时间价值，应该先根据现金流量确定银行借款税后成本，计算公式为

$$P_0(1-f_l)=\sum_{t=1}^{n}\frac{I_t(1-T)}{(1+K_l)}+\frac{P_n}{(1-K_l)^n} \qquad (6-4)$$

式中　P_0——银行借款筹资总额；

　　　K_l——银行借款资金成本率；

　　　I_t——银行借款年利息；

　　　P_n——第 n 年归还的银行借款本金；

　　　T——所得税税率；

　　　f_l——银行借款筹资费用率。

[例6-2] 沿用 [例6-1] 资料，考虑货币的时间价值，该项银行借款的资金成本率为

$$200\times(1-0.5\%)=\sum_{t=1}^{5}\frac{200\times7\%\times(1-25\%)}{1+K_l}+\frac{200}{(1+K_l)^5}$$

运用内插法计算资金成本率的结果为

$$K_l=5.37\%$$

（二）债券资金成本

发行债券的成本主要包括债券利息和债券筹资费用。债券筹资费用主要指债券发行的手续费、担保费、代理费等。发行债券方式与银行借款方式相比，不仅资金成本的内容相同，而且各项成本的特征也相似，不同的是发行债券方式的资金筹集费用是发行费，而银行借款方式的资金筹集费用是手续费。同时债券的发行价格受市场利率的影响，发行时可能采用溢价或折价发行。根据《税法》规定，债券利息和银行借款利息同样可以在税前扣除。根据现金流量确定的税后成本，债券资金成本的计算公式为

$$P_0(1-f_b)=\sum_{t=1}^{n}\frac{I_t(1-T)}{(1+K_b)}+\frac{P_n}{(1-K_b)^n} \qquad (6-5)$$

式中　P_0——债券实际发行筹集资金总额；

　　　K_b——债券资金成本率；

　　　I_t——债券年利息；

　　　P_n——第 n 年归还的债券本金；

　　　T——所得税税率；

　　　f_b——发行债券筹资费用率。

[例6-3] 华建公司为某项目融资发行面值为 1000 万元、票面利率为 9% 的 10 年期债券，债券筹资费率为 2%。由于受市场利率影响，债券发行时按折价 950 万元发行，请计算该债券的资金成本率。

$$950\times(1-2\%)=\sum_{t=1}^{10}\frac{1000\times9\%\times(1-25\%)}{1+K_b}+\frac{1000}{(1+K_b)^{10}}$$

利用内插法计算出该债券的资金成本率为 7.78%。

如果债券期限较长且每年债券利息相同，则可把债券利息视同为永续年金，利用简化公式计算债券资金成本率的近似值，简化的计算公式为

$$K_b = \frac{I(1-T)}{P_0(1-f_b)} \tag{6-6}$$

式中　P_0——债券实际发行筹集资金总额；

　　　K_b——债券资金成本率；

　　　I——债券年利息；

　　　T——所得税税率；

　　　f_b——发行债券筹资费用率。

[**例 6-4**] 沿用 [例 6-3] 资料，利用简化计算公式计算该项债券的资金成本率为

$$K_b = \frac{1000 \times 9\% \times (1-25\%)}{950 \times (1-2\%)} = 7.25\%$$

（三）优先股资金成本

优先股是介于债券和普通股之间的一种有价证券。优先股与债券一样，需要定期支付股利，但与债券不同的是优先股属于权益筹资，没有固定到期日。企业发行优先股筹资，既要支付发行费用，还要支付优先股股利。优先股股利在税后支付，无法起到抵税作用；企业破产清算时，优先股的求偿权在债券持有人之后，风险大于企业债券，因此优先股资金成本要高于债券。

优先股的股利通常是固定的，而且没有到期日，可以视同为永续年金，优先股资金成本的计算公式为

$$K_p = \frac{D_p}{P_p(1-f_p)} \tag{6-7}$$

式中　P_p——优先股筹资总额；

　　　K_p——优先股资金成本率；

　　　D_p——优先股年股利；

　　　f_p——发行优先股筹资费用率。

[**例 6-5**] 华建公司为某工程项目融资发行优先股，每股 10 元，年支付股利 1 元，发行费率 3%。请计算该优先股的资金成本率。

$$K_p = \frac{1}{10 \times (1-3\%)} = 10.3\%$$

（四）普通股资金成本

普通股资金成本是指融资所发行普通股所需要的成本，是普通股股东愿意投资该普通股应该获得的最低收益率。发行普通股通常有两种方式：一是增发新的普通股；二是通过留存收益增加普通股。股东投资普通股的预期收益由两部分构成：一部分是股利；另一部分是资本利得，即股票涨价给股东带来的收益。

与优先股相比，普通股的收益不稳定，风险也比优先股高，因此普通股资金成本的计算较为复杂。通常普通股成本的计算方法有三种：资本资产定价模型、股利增长模型和债券报

酬率风险调整模型，其中资本资产定价模型的使用最为广泛。

1. 资本资产定价模型

按照资本资产定价模型，普通股资金成本的计算公式为

$$K_s = R_f + \beta \times (R_m - R_f) \tag{6-8}$$

式中　R_f——无风险报酬率；

K_s——普通股资金成本率；

β——该股票的贝塔系数；

R_m——市场平均股票报酬率。

无风险利率表示投资者在一定时间内期望从无任何风险的投资中获得的利率。通常以短期国债的利率来近似替代。

β系数是一种风险指数，用来衡量个别股票或股票基金相对于整个股市的价格波动情况。其绝对值越大，说明个别股票收益变化幅度相对于股市的变化幅度越大；绝对值越小，说明其变化幅度相对于股市越小。

[例6-6]市场无风险报酬率为10%，市场平均股票报酬率为15%，某普通股β系数为1.2，请计算该普通股的资金成本率。

$$R_s = 10\% + 1.2 \times (15\% - 10\%) = 16\%$$

2. 股利增长模型

股利增长模型是在假设股票投资的收益率不断提高的前提下，计算普通股的资金成本。假定普通股收益以固定的年增长率每年递增，普通股资金成本的计算公式为

$$K_s = \frac{D_1}{P_0(1-f)} + G \tag{6-9}$$

式中　K_s——普通股资金成本率；

P_0——普通股筹集资金总额；

D_1——预期年股利额；

G——普通股股利年增长率；

f——普通股筹资费用率。

[例6-7]华建公司为某项目融资发行普通股，每股面值10元，溢价11元发行，筹资费率3%，第一年年末预计股利率为10%，预计股利年增长率为2%，请计算该普通股的资金成本率。

$$K_s = \frac{10 \times 10\%}{11 \times (1-3\%)} + 2\% = 11.37\%$$

3. 债券报酬率风险调整模型

根据投资"风险越大，收益越高"的原理，普通股的风险高于债券风险，普通股的收益也应该高于债券收益，因此普通股的投资者会在债券收益的基础上要求再获得一定的风险溢价。按照这一理论，债券报酬率风险调整模型普通股的资金成本计算公式为

$$K_s = K_b + RP_c \tag{6-10}$$

式中　K_s——普通股资金成本率；

K_b——所得税前的债券资金成本；

RP_c——普通股股东比债券持有人承担更大风险所要求的风险溢价。

风险溢价一般是根据历史数据根据经验估计的。

（五）留存收益资金成本

企业通常不会把盈利全部分给股东，因此，企业只要有盈利，一定有留存收益。留存收益是由企业的税后净利润形成的，是企业的可用资金，属于股东所有，其实质是股东为了获取更多的收益而放弃一定的股利而对企业的追加投资。因此留存收益也有成本，留存收益的资金成本的计算可以参照市场利率，也可以参照普通股股东的期望收益，即普通股资金成本，不会发生筹资费用。其计算公式为

$$K_e = \frac{D_1}{P_0} + G \qquad (6\text{-}11)$$

式中　K_e——普通股资金成本率；

　　　　P_0——普通股筹集资金总额；

　　　　D_1——预期年股利额；

　　　　G——普通股股利年增长率。

（六）融资租赁资金成本

融资租赁和其他融资方式一样，同样有资金成本。利用融资租赁筹集资金，不但与发行债券、股票筹集资金一样，发生一定的资金使用费用，即按期支付租金，而且企业租入资产的过程与发行债券、股票的过程完全相同，也要花费一定的费用，即发生资金筹集费用。所不同的是利用融资租赁资金筹集费用的项目和内容都不很具体，费用标准尚不明确。可预见的费用项目有：为寻找租赁公司和租赁资产而花费的信息费、谈判过程中的招待费、租赁合同的公证费等。在数量方面，因其开支的随意性较大，一般只能估计绝对额，而无法确定费用率。考虑到以上情况，其资金成本的计算公式应为

$$K_z = \frac{D}{P - F} \times 100\% \qquad (6\text{-}12)$$

式中　K_z——利用租赁的资金成本率；

　　　　D——每年支付的租金；

　　　　P——资金筹集总额，一般应等于租赁资产的市场价值或评估价值；

　　　　F——资金筹集费用总额。

三、综合资金成本

企业筹措资金往往可以同时采用不同的方式。综合资金成本就是指企业各种不同筹资方式总的平均资金成本，它是以各种资金所占的比重为权数，对各种资金成本进行加权平均计算出来的，又称加权平均资金成本。其计算公式为

$$K_W = \sum_{j=1}^{n} K_j W_j \qquad (6\text{-}13)$$

式中　K_W——综合资金成本（加权平均资金成本）；

　　　　K_j——第 j 种资金的资金成本；

　　　　W_j——第 j 种资金占全部资金的比重。

［例6-8］华建公司为某项目融资共计1000万元，其中银行借款占50万元，长期债券占250万元，普通股占500万元，优先股占150万元，留存收益占50万元；各种来源资金的资

金成本率分别为 7%、8%、11%、9%、10%。请计算该项目综合资金成本率。

$$K_w = \frac{50 \times 7\% + 250 \times 8\% + 500 \times 11\% + 150 \times 9\% + 50 \times 10\%}{1000} = 9.7\%$$

上述综合资金成本率的计算中所用权数是按账面价值确定的。使用账面价值权数容易从资产负债表上取得数据，但当债券和股票的市价与账面值相差过多时，计算得到的综合资金成本会显得不客观。

计算综合资金成本也可选择采用市场价值权数和目标价值权数。市场价值权数是指债券、股票等以当前市场价格来确定的权数，比较能反映当前实际情况，但因市场价格变化不定而难以确定。目标价值权数是指债券、股票等以未来预计的目标市场价值确定的权数，但未来市场价值只能是预估的。账面价值权数、市场价值权数和目标价值权数分别代表了解过去、反映现在、预知未来。在计算综合资金成本时，在无特殊说明的情况下，则要求采用账面价值权数。

四、边际资金成本

边际资金成本是指资金每增加一个单位而增加的成本。当企业需要追加筹措资金时应考虑边际资金成本的高低。企业追加筹资，可以只采用某一种筹资方式，但这对保持或优化资金结构不利。当筹资数额较大，资金结构又有既定目标时，应通过边际资金成本的计算，确定最优的筹资方式的组合。

下面举例说明边际资金成本的计算和应用。

［**例 6-9**］华建公司一项目现有资金 1000 万元，其中长期借款 100 万元，长期债券 200 万元，普通股 700 万元。公司现考虑扩大项目规模，拟筹集新的资金。经分析，认为目前的资金结构是最优的，希望筹集新资金后能保持目前的资金结构。经测算，随筹资额的增加，各种资金成本的变动情况如表 6-1 所示。

表 6-1　　　　　　　　　　　　　**华 建 公 司 筹 资 资 料**

资 金 种 类	目标资金结构	新筹资的数量范围（元）	资 金 成 本
长期借款	10%	0～50 000 大于 50 000	6% 7%
长期债券	20%	0～140 000 大于 140 000	8% 9%
普通股	70%	0～210 000 210 000～630 000 大于 630 000	10% 11% 12%

（一）计算筹资总额的分界点（突破点）

根据目标资金结构和个别资金成本变化的分界点，计算筹资总额的分界点。其计算公式为

$$BP_j = \frac{TF_j}{W_j} \tag{6-14}$$

式中　BP_j——筹资总额的分界点；

　　　TF_j——第 j 种个别资金成本的分界点；

　　　W_j——目标资金结构中第 j 种资金的比重。

华建公司的筹资总额分界点如表 6-2 所示。

表 6-2　　　　　　　　　　　　　　筹资总额分界点计算表

资金种类	资金结构	资金成本	新筹资的数量范围（元）	新筹资总额分界点（元）
长期借款	10%	6% 7%	0～50 000 大于 50 000	0～500 000 大于 500 000
长期债券	20%	8% 9%	0～140 000 大于 140 000	0～700 000 大于 700 000
普通股	70%	10% 11% 12%	0～210 000 210 000～630 000 大于 630 000	0～300 000 300 000～900 000 大于 900 000

在表 6-2 中，新筹资总额分界点是指引起某种资金种类资金成本变化的分界点。如长期借款，筹资总额不超过 50 万元，资金成本为 6%；超过 50 万元，资金成本就要增加到 7%。那么筹资总额约在 50 万元时，就尽量不要超过 50 万元。若要维持原有资金结构，必然要多种资金按比例同时筹集，单考虑某个别资金成本是不成立的，必须考虑综合的边际资金成本。

（二）计算各筹资总额范围的边际资金成本

根据表 6-2 的计算结果，可知有 4 个分界点，应有 5 个筹资范围。分别计算 5 个筹资范围的边际资金成本，结果如表 6-3 所示。

表 6-3　　　　　　　　　　　　　　边际资金成本计算表

序号	筹资总额范围（元）	资金种类	资金结构	资金成本	边际资金成本
1	0～300 000	长期借款 长期债券 普通股	10% 20% 70%	6% 8% 10%	0.6% 1.6% 7%
第一个筹资范围的边际资金成本为 9.2%					
2	300 000～500 000	长期借款 长期债券 普通股	10% 20% 70%	6% 8% 11%	0.6% 1.6% 7.7%
第二个筹资范围的边际资金成本为 9.9%					
3	500 000～700 000	长期借款 长期债券 普通股	10% 20% 70%	7% 8% 11%	0.7% 1.6% 7.7%
第三个筹资范围的边际资金成本为 10%					
4	700 000～900 000	长期借款 长期债券 普通股	10% 20% 70%	7% 9% 11%	0.7% 1.8% 7.7%
第四个筹资范围的边际资金成本为 10.2%					
5	900 000 以上	长期借款 长期债券 普通股	10% 20% 70%	7% 9% 12%	0.7% 1.8% 8.4%

第五个筹资范围的边际资金成本为 10.9%。

华建公司可以按照表 6-3 的结果规划追加筹资，尽量不要由一段范围突破到另一段范围。

第二节　杠　杆　原　理

杠杆原理原是物理学中的概念，财务管理中运用杠杆原理来描述一个量的变动会引起另一个量的更大变动。工程项目融资运用杠杆原理主要介绍：经营杠杆、财务杠杆、综合杠杆。

一、经营杠杆

（一）经营杠杆效应

在单价和成本水平不变的条件下，销售量的增长会引起息税前利润以更大的幅度增长，这就是经营杠杆效应。经营杠杆效应产生的原因是：当销售量增加时，变动成本与销售收入同时同比增加，但固定成本总额不变，单位固定成本以反比例降低，这就使得单位产品成本降低，而单位产品利润增加的现象，由此可得：利润比销售量增加得更快。

例如，考察东明集团连续 3 年的销售量、利润资料，见表 6-4。

表 6-4　　　　　　　　　　**东明集团盈利情况资料**　　　　　　　　　　单位：元

项　　　目	第　一　年	第　二　年	第　三　年
单价	150	150	150
单位变动成本	100	100	100
单位边际贡献	50	50	50
销售量	10 000	20 000	30 000
边际贡献	500 000	1 000 000	1 500 000
固定成本	200 000	200 000	200 000
息税前利润（EBIT）	300 000	800 000	1 300 000

由表 6-4 可得，从第一年到第二年，销售量增加了原来的 100%，息税前利润增加了原来的 166.67%；从第二年到第三年，销售量增加了原来的 50%，息税前利润增加了原来的 62.5%。利用经营杠杆效应，企业在可能的情况下适当增加产销会取得更多的盈利，这就是经营杠杆利益。但同时也必须认识到，当企业销售量下降时，息税前利润会以更大的幅度下降，即经营杠杆效应也会带来经营风险。

（二）经营杠杆系数及其计算

经营杠杆系数，也称经营杠杆率（DOL），是指息税前利润的变动率相对于销售量变动率的倍数。其定义公式为

$$经营杠杆系数（DOL）=\frac{息税前利润变动率}{销售量变动率}=\frac{\dfrac{\Delta EBIT}{EBIT_0}}{\dfrac{\Delta x}{x_0}}$$

按表 6-4 中的资料可以得出第二年经营杠杆系数为 1.6667，第三年经营杠杆系数为 1.25。利用上述 DOL 的定义公式计算经营杠杆系数必须掌握利润变动率与销售量变动率，否则不便

于利用 DOL 进行预测。因此设法推导出一个只需用基期数据计算经营杠杆系数的公式。

以下标"0"表示基期数据，下标"1"表示预测期数据，推导过程为

$$DOL = \frac{\frac{\Delta EBIT}{EBIT_0}}{\frac{\Delta x}{x_0}} = \frac{EBIT_1 - EBIT_0}{EBIT_0} \times \frac{x_0}{x_1 - x_0} = \frac{cm \cdot (x_1 - x_0)}{EBIT_0} \times \frac{x_0}{x_1 - x_0} = \frac{Tcm_0}{EBIT_0}$$

$$= \frac{\text{基期边际贡献}}{\text{基期息税前利润}}$$

用 DOL 计算公式不仅可以算出第二、第三年的经营杠杆系数，而且第四年的经营杠杆系数也可算出，根据表 6-4 中的资料，第四年的经营杠杆系数为

$$DOL = \frac{1\,500\,000}{1\,300\,000} = 1.1538$$

二、财务杠杆

（一）财务杠杆效应

在资金构成不变的情况下，息税前利润的增长会引起普通股每股利润以更大的幅度增长，这就是财务杠杆效应。财务杠杆效应产生的原因是：当息税前利润增长时，债务利息不变，优先股股利不变，这就使得普通股每股利润比息税前利润增加得更快。

假设东明集团年债务利息 100 000 元，所得税率 30%，普通股 100 000 股，连续 3 年普通股每股利润资料，见表 6-5。

表 6-5　　　　　　　　　　　东明集团普通股每股利润资料　　　　　　　　　　单位：元

项　　目	第　一　年	第　二　年	第　三　年
息税前利润（$EBIT$）	300 000	800 000	1 300 000
债务利息	100 000	100 000	100 000
税前利润	200 000	700 000	120 000
所得税	60 000	210 000	360 000
税后利润	140 000	490 000	840 000
普通股每股利润（EPS）	1.4	4.9	8.4

由表 6-5 可得，从第一年到第二年，$EBIT$ 增加了 166.67%，EPS 增加了 250%；从第二年到第三年，$EBIT$ 增加了 62.5%，EPS 增加了 71.43%。利用财务杠杆效应，企业适度负债经营，在盈利条件下可能给普通股股东带来更多的收益，这就是财务杠杆利益。同时也必须认识到，当企业遇上不利而盈利下降时，普通股股东的收益会以更大幅度减少，即财务杠杆效应也会带来财务风险。

（二）财务杠杆系数及其计算

财务杠杆系数也称财务杠杆率（DFL），是指普通股每股利润的变动率相对于息税前利润变动率的倍数。其定义公式为

$$\text{财务杠杆系数}（DFL） = \frac{\text{普通股每股利润变动率}}{\text{息税前利润变动率}} = \frac{\Delta EPS / EPS_0}{\Delta EBIT / EBIT_0}$$

按表 6-5 中的资料，可以算得第二年财务杠杆系数为 1.5，第三年财务杠杆系数为 1.1429。

利用上述 *DFL* 的公式计算财务杠杆系数必须掌握普通股每股利润变动率与息税前利润变动率，否则不便于利用 *DFL* 进行预测。因此设法推导出一个只需用基期数据计算财务杠杆系数的公式。推导如下

$$DFL = \frac{\Delta EPS / EPS_0}{\Delta EBIT / EBIT_0}$$

$$= \frac{\dfrac{(EBIT_1 - I) \times (1-t) - E}{n} - \dfrac{(EBIT_0 - I) \times (1-t) - E}{n}}{\dfrac{(EBIT_0 - I) \times (1-t) - E}{n}} \div \frac{EBIT_1 - EBIT_0}{EBIT_0}$$

$$= \frac{(EBIT_1 - EBIT_0) \times (1-t)}{(EBIT_0 - I) \times (1-t) - E} \times \frac{EBIT_0}{EBIT_1 - EBIT_0}$$

$$= \frac{EBIT_0}{EBIT_0 - I - \dfrac{E}{1-t}}$$

$$= \frac{基期息税前利润}{基期息税前利润 - 债务利息 - \dfrac{优先股股利}{1 - 所得税税率}}$$

式中　*I*——债务利息；

　　　t——所得税税率；

　　　E——优先股股利；

　　　n——普通股股数。

对于无优先股的股份制企业或非股份制企业，上述财务杠杆系数的计算公式可简化为：

$$DFL = \frac{EBIT_0}{EBIT_0 - I} = \frac{基期息税前利润}{基期税前利润}$$

用 *DFL* 计算公式不仅可以算出东明集团第二、第三年的财务杠杆系数，而且第四年的财务杠杆系数也可算出。根据表 6-5 中的资料，第四年的财务杠杆系数为

$$DFL = \frac{1\ 300\ 000}{1\ 300\ 000 - 100\ 000} = 1.0833$$

三、综合杠杆

（一）综合杠杆效应

由于存在固定的生产经营成本，才会产生经营杠杆效应，即销售量的增长会引起息税前利润以更大的幅度增长。由于存在固定的财务成本（债务利息和优先股股利），会产生财务杠杆效应，即息税前利润的增长会引起普通股每股利润以更大的幅度增长。企业会同时存在固定的生产经营成本和固定的财务成本，那么两种杠杆效应共同发生时，会有连锁作用，引起销售量的变动则会使普通股每股利润以更大幅度变动，即综合杠杆效应就是经营杠杆和财务杠杆的综合效应。

（二）综合杠杆系数及其计算

综合杠杆系数也称复合杠杆系数，又称总杠杆系数（*DTL*），是指普通股每股利润的变动率相对于销售量变动率的倍数。其定义公式为

$$\text{综合杠杆系数（}DTL\text{）} = \frac{\text{普通股每股利润变动率}}{\text{销售量变动率}} = \frac{\dfrac{\Delta EPS}{EPS_0}}{\dfrac{\Delta x}{x_0}}$$

根据综合杠杆系数可以推导出它的计算公式为

$$DTL = \frac{\Delta EPS / EPS_0}{\Delta x / x_0} = \frac{\Delta EBIT / EBIT_0}{\Delta x / x_0} \times \frac{\Delta EPS / EPS_0}{\Delta EBIT / EBIT_0}$$

$$= DOL \times DFL = \frac{Tcm_0}{EBIT_0} \times \frac{EBIT_0}{EBIT_0 - I - \dfrac{E}{1-t}}$$

$$= \frac{Tcm_0}{EBIT_0 - I - \dfrac{E}{1-t}}$$

可见，综合杠杆系数可以由经营杠杆系数与财务杠杆系数相乘计算得出，也可以由基期数据直接计算得到。考察东明集团表 6-4、表 6-5 中的资料，计算各年 DTL 为

第二年 $\qquad\qquad\qquad DTL = 1.6667 \times 1.5 = 2.5$

或 $\qquad\qquad\qquad DTL = \dfrac{500\,000}{300\,000 - 100\,000} = 2.5$

第三年 $\qquad\qquad\qquad DTL = 1.25 \times 1.1429 = 1.4286$

或 $\qquad\qquad\qquad DTL = \dfrac{1\,000\,000}{800\,000 - 100\,000} = 1.4286$

第四年 $\qquad\qquad\qquad DTL = 1.1538 \times 1.0833 = 1.25$

或 $\qquad\qquad\qquad DTL = \dfrac{1\,500\,000}{1\,300\,000 - 100\,000} = 1.25$

第三节　项目资金结构及其优化

一、资金结构的概念

资金结构是指项目各种来源的资金的构成及其比例关系。资金结构有广义和狭义之分：广义的资金结构是指项目全部资金的构成及其比例关系，不仅包括权益资金和长期债务资金，还包括短期债务资金；狭义的资金结构是指项目长期资金的构成及其比例关系，只包括权益资金和长期债务资金，不包括短期债务资金。

资金结构是否合理会影响企业资金成本的高低、财务风险的大小以及投资者的收益，它是项目融资决策的核心问题。项目资金来源总体上可分成权益资金和债务资金两类，资金结构问题主要是负债比率问题，适度增加债务可能会降低企业资金成本、获取财务杠杆利益，但同时也会给项目带来财务风险。

二、影响资金结构的因素

影响项目资金结构的因素主要包括以下几个方面：

（1）预期销售水平。根据杠杆原理，销售量的变动会引起 EPS 发生较大的变动，因此，

当预期销售水平增加时，企业可以适当提高负债的比例，以获得较多的杠杆利益；相反，当预期销售水平下降时，则应适当降低负债比例。

（2）资产结构。对于拥有较多固定资产的企业来说，权益资本的比例应当较高；而拥有较多流动资产的企业，负债的比例应当较高。

（3）经营风险。当总风险水平一定时，经营风险较大的项目，承担财务风险的能力就会下降，此时应适当降低负债比例；反之，则可提高负债的比例。

（4）举债能力。企业必须保持一定的权益资本，以保持随时发行债券的能力。

（5）项目的控制权。如果公司的股东和管理人员不愿失去项目的控制权，则可以尽量采用负债筹资方式；相反，如果公司不愿承担较大的财务风险，则可以降低负债比例，采用发行新股等方式筹集资金。

（6）项目管理者的态度。一般来说，激进的项目管理者敢于冒险，可能采用较高负债的资本结构；而稳健和保守型的管理者可能采取适中的和较低负债的资金结构。

（7）贷款人和信用评级机构的态度。当项目需筹集较大规模的资金时，必须考虑贷款人和信用评级机构的态度。一般来说，大部分贷款人不希望负债过多，如果借款企业坚持使用债务，贷款人可能予以拒绝。同样，如果企业负债过多，信用评级机构可能会降低企业的信用等级，增加项目资本成本，影响再筹资能力。

（8）其他因素。在企业为项目确定资金结构时，还应该考虑整个宏观经济的发展前景、市场竞争状况、金融市场利率水平等因素。

三、最优资金结构

资金结构决策实际上就是确定项目的最优资金结构。所谓最优资金结构是指项目综合资金成本最低，同时价值最大化的资金结构。

从综合资金成本而言，由于债务利息较低且在企业所得税前支付，有抵税作用，因而债务资本的资金成本较低；但当债务资金的比例超过一定限度时，项目的财务风险越来越大，权益资金成本将上升，同时，债权人也会要求提高债务利息率，从而使得项目的综合资金成本提高。如图6-1 所示。图中，$WACC$ 为加权平均资金成本；K_b 为税前债务资金成本，$K_b \times$（1－所得税率）；K_s 为权益资金成本；D 为最优资本结构。

在 D 点之前，债务资金的比例越高，项目的综合资金成本越低，属于财务杠杆的正作用区域；在 D 点之后，债务资金的比例越高，项目的综合资金成本越高，属于财务杠杆的负作用区域。

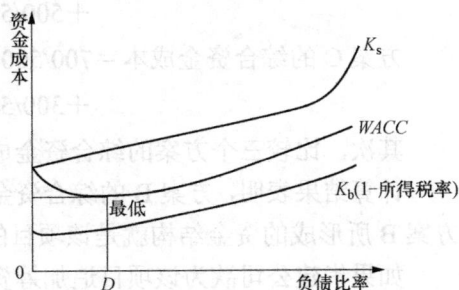

图6-1　资金结构决策

由于债务利息可以抵减企业所得税，项目债务资金越多，抵税作用越明显，普通股每股利润就越大，项目的价值也就越大；但当债务资金的比例超过一定限度时，项目债务资金越多，面临的财务风险也就越大，项目价值逐渐减小。因此，要保证价值最大化就必须使资金结构保持最佳水平。

四、最优资金结构的确定方法

资金结构的优化旨在寻求最优资金结构，使项目综合资金成本最低、项目风险最小。下面介绍两种常用的优化资金结构的方法。

（一）比较资金成本法

当项目企业对不同筹资方案做选择时可以采用比较综合资金成本的方法选定一个资金结构较优的方案。比较资金成本法是通过计算各方案加权平均资金成本，并根据加权平均资金成本的高低来确定最优资金结构的方法。项目融资可以分为创立初始融资和发展过程中追加融资两种情况。与之相适应，项目最优资金结构的确定也可以分为初始融资的资金结构决策和追加融资的资金结构决策。

[**例 6-10**] 华建公司某项目有三个筹资方案可供选择，有关资料见表 6-6。

表 6-6　　　　　　　　　　　　　　　　筹 资 方 案

筹资方式	方 案 A		方 案 B		方 案 C	
	筹资额（万元）	单项资金成本	筹资额（万元）	单项资金成本	筹资额（万元）	单项资金成本
长期借款	500	6%	600	6.5%	700	7%
债券	1000	8%	1400	8%	1800	10%
优先股	500	12%	500	12%	300	12%
普通股	3000	15%	2500	15%	2200	15%
合计	5000		5000		5000	

要求：试根据以上资料确定该企业的最佳资本结构。

解　为获得该企业的最佳资金结构，需进行以下两个步骤的工作：

首先，计算各方案的综合资金成本。

方案 A 的综合资金成本＝500/5000×6%＋1000/5000×8%

$$＋500/5000×12%＋3000/5000×15%＝12.4\%$$

方案 B 的综合资金成本＝600/5000×6.5%＋1400/5000×8%

$$＋500/5000×12%＋2500/5000×15%＝11.72\%$$

方案 C 的综合资金成本＝700/5000×7%＋1800/5000×10%

$$＋300/5000×12%＋2200/5000×15%＝11.90\%$$

其次，比较三个方案的综合资金成本，做出选择。

计算结果表明，方案 B 的综合资金成本最低。这就是说，在其他因素大致相同的条件下，方案 B 所形成的资金结构就是该项目的最佳资金结构。

如果华建公司欲为该项目追加筹资，两个备选方案的有关资料见表 6-7。

表 6-7　　　　　　　　　　　　　　追 加 筹 资 方 案

筹资方式	原资本结构		追加筹资方案 A		追加筹资方案 B	
	筹资额（万元）	单项资金成本	筹资额（万元）	单项资金成本	筹资额（万元）	单项资金成本
长期借款	600	6.5%	200	7%	250	7.5%
债券	1400	8%	200	8%	350	10%
优先股	500	12%	200	12.5%	200	12.5%
普通股	2500	15%	400	15.5%	200	15.5%
合计	5000		1000		1000	

请根据上述资料，选出该项目的最佳追加筹资方案。

追加筹资方案的综合资金成本分别为

$$K_1 = [(600+200)/6000] \times (600 \times 6.5\% + 200 \times 7\%)/800 + (1400+200) \times 8\%/6000$$
$$+ [(500+200)/6000] \times (500 \times 12\% + 200 \times 12.5\%)/700$$
$$+ [(2500+400)/6000] \times (2500 \times 15\% + 400 \times 15.5\%)/2900$$
$$= 11.72\%$$

$$K_2 = [(600+250)/6000] \times (600 \times 6.5\% + 250 \times 7.5\%)/850 + [(1400+350)/6000]$$
$$\times (1400 \times 8\% + 350 \times 10\%)/1750 + [(500+200)/6000] \times (500 \times 12\% + 200$$
$$\times 12.5\%)/700 + [(2500+200)/6000] \times (2500 \times 15\% + 200 \times 15.5\%)/2700$$
$$= 11.60\%$$

比较两个追加筹资方案追加筹资后的综合资金成本，应采用方案 B。

比较资金成本法通俗易懂，计算简单，是确定项目资金结构常用的一种方法，但是因所拟定的方案数量有限，因此有可能会把最优方案遗漏。

（二）每股税后利润无差别点法（EBIT—EPS 分析法）

该方法是利用每股税后收益无差别点来进行资本结构决策的方法。每股税后收益无差别点，又称每股盈余无差别点或每股利润无差别点，它是指普通股每股税后收益不受筹资方式影响的销售水平。根据每股税后收益无差别点，可以分析判断在不同的销售水平下，采用不同的筹资方式来安排和调整资金结构。从普通股股东的收益这一角度考虑资金结构的优化可以采用每股税后利润无差别点法。

在每股利润无差别点上，无论采用负债筹资，还是采用权益筹资，每股利润都是相等的，即

$$EPS_1 = EPS_2$$

$$\frac{(EBIT - I_1)(1-T) - D_1}{N_1} = \frac{(EBIT - I_2)(1-T) - D_2}{N_2}$$

式中　$EBIT$——两种筹资方式无差别时的息前税前盈余；

　　I_1，I_2——两种筹资方式下的债务利息；

　　D_1，D_2——两种筹资方式下的优先股股息；

　　T——表示所得税率；

　　N_1，N_2——两种筹资方式下流通在外的普通股股数。

[例 6-11] 某项目企业原有资本 700 万元，其中债务资本 200 万元（每年负担利息 24 万元），普通股资本 500 万元（发行普通股 10 万股，每股面值 50 元）。由于扩大业务，须追加筹资 300 万元，管理人员拟定的追加筹资方案有两个，一是全部发行普通股：增发 6 万股，每股面值 50 元；二是全部筹借长期债务：债务利息率仍为 12%，利息 36 万元，所得税率为 25%。

要求：请根据以上资料，对该项目企业的追加筹资方案做出选择。

解　增发普通股方案：

全年利息为 24 万元

普通股股数＝10＋6＝16（万股）

筹借长期债务方案：

$$全年利息＝24＋36＝60（万元）$$

$$普通股股数＝10万股$$

$$\frac{(EBIT-24)(1-25\%)}{10+6}=\frac{(EBIT-24-36)(1-25\%)}{10}$$

$$EBIT＝120（万元）$$

$$EPS＝4.5元$$

上述每股利润无差异点分析绘图如图 6-2 所示。

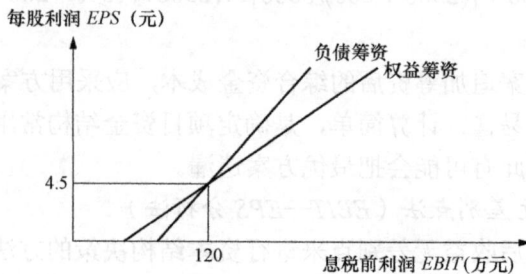

图 6-2　每股利润无差异点分析图

从图 6-2 可以看出，当息税前利润高于 120 万元时，采用长期债务融资比发行普通股融资可以获取更高的利润，对项目企业更为有利；当息税前利润低于 120 万元时，发行普通股融资可获得较高的每股利润。

这种方法较为简单，使项目能够获得对股东最为有利的最优资金结构。既适用于既有项目法人融资决策，也适用于新建项目法人融资决策。但是这种方法只考虑了资金结构对每股利润的影响，并未考虑资金结构变动对项目企业带来的风险变化。

本章小结

1. 资金成本是项目融资的代价，是项目选择资金来源、拟定融资方案的依据。资金成本的计算包括个别资金及综合资金成本的计算。

2. 资金结构是指项目各种资金来源的构成比例，是项目融资决策的核心问题。资金结构的优化方法有比较资金成本法、每股税后利润无差别点法。这些方法适用于不同的情况，可从不同的角度优化资金结构。

思考题

1. 简述资金成本的概念及作用。

2. 简述筹资费用和用资费用的内容。

3. 简述如何理解最优资金结构。

4. 某项目公司发行普通股 500 万股，发行价为 5 元/股，筹资费率为 4%，第一年预期股利为 0.5 元/股，以后每年增长 2%，该公司股票 β 系数为 1.2，无风险利率为 6%，市场所有股票平均收益率为 10%，风险溢价为 4%。

要求：根据上述资料利用股利增长模型、资本资产定价模型、债券报酬率风险调整模型分别计算普通股的资金成本。

5. 某项目公司目前拥有资金 2000 万元，其中，长期借款 800 万元，年利率 10%；普通股 1200 万元，上年支付的每股股利 2 元，预计股利增长率为 5%，发行价格 20 元，目前价格也为 20 元。该项目公司计划追加筹资 100 万元，企业所得税率为 25%，有两种筹资方案：

方案 1：增加长期借款 100 万元，借款利率上升到 12%，假设公司其他条件不变。

方案 2：增发普通股 40000 股，普通股市价增加到每股 25 元。

要求：根据以上资料：

（1）计算该项目公司筹资前加权平均资金成本。

（2）用比较资金成本法确定该项目公司最佳的资金结构。

第七章　工程项目融资的基本模式

第一节　工程项目融资的设计

项目融资模式是项目整体结构组成中的核心部分。项目融资模式的设计，需要与项目投资结构的设计同步考虑，并在项目投资结构确定之后，进一步细化完成融资模式的设计工作。

一、项目融资模式设计的基本原则

设计项目的融资模式是一个较为复杂的系统工程，涉及项目投资者、借款人、贷款人、项目公司等各方的利益。在项目融资中，必须遵循一定的原则并根据项目特点因地制宜地安排融资模式这就是要在设计项目融资模式时所必须遵循的基本原则。

（一）有限追索原则

实现项目融资人对项目投资者（借款人）的有限追索，是设计项目融资模式时必须遵循的一项最基本的原则。追索是指债务人（借款人）未按期偿还债务时，债权人（贷款人）要求债务人（借款人）用除抵押资产之外的其他资产偿还债务的权利。其中，在项目融资中，项目的抵押资产通常包括项目资产、项目现金流量及相关方所承诺的其他义务（如担保）。

一个具体项目其债务资金的追索形式和程度，取决于贷款银行对项目风险的评价以及项目融资结构的设计，具体来说，取决于包括项目所处行业的风险系数、投资规模、投资结构、项目开发阶段、项目经济强度、市场安排以及项目投资者的组成、财务状况、生产技术管理、市场销售能力等多方面的因素。

（二）项目风险合理分担原则

项目融资模式设计的另一项基本原则是保证项目发起人——投资者不承担项目的全部风险责任。实现这一目标的关键是如何在投资者、贷款银行以及其他与项目利益有关的第三方之间有效地承担项目的风险。

项目建设期和试生产期的全部风险很可能由项目的直接投资者（包括项目的工程承包公司）全部承担。但是，当项目建成投产以后，通常贷款人同意只将项目直接投资者所承担的风险责任限制在一个特定的范围内，如项目直接投资者（包括对项目产品有需求的第三方）有可能只需要以购买项目全部或大部分产品的方式承担项目的市场风险，而贷款银行也可能需要承担项目的一部分经营风险。

这是因为尽管项目直接投资者或者项目投资者以外的第三方产品购买者以长期协议的形式承购了全部的项目产品，但对于贷款银行来说仍然存在两种潜在的风险：

（1）有可能出现国际市场产品价格过低从而导致项目现金流量不足的问题。

（2）有可能出现项目产品购买者不愿意或者无力继续执行产品销售协议而导致项目的市场销售问题。

上述潜在问题所带来的风险是由贷款银行必须承担的，除非贷款银行可以从项目发起人处获得其他的信用保证支持。

以上两条原则是项目融资最主要的原则。除此之外，投资者在设计项目融资模式时还会遇到一些其他带有共性的问题需要解决。

二、项目融资模式设计存在的问题

（一）投资者的完全融资期望

项目投资者投入一定的股本资金以支持项目的开发，是对任何一个项目进行投资的基本要求。在项目融资中，股本资金的投入比传统的公司融资更为灵活，这就为通过项目融资模式的设计，争取实现投资者对项目较少的股本投入提供了条件。如何使投资者以最少的资金投入获得对项目最大限度的控制和占有，是设计项目融资模式必须加以考虑的问题。

通常，项目投资者会希望项目所需要的全部资金能够做到百分之百的完全融资。因此在进行项目融资结构设计时，除了考虑在认购项目公司股本或以提供一定的出资金额的方式提供股本金的方式外，还需要以担保存款、信用证担保等出资方式代替实际的股本资金投入，以满足投资者的完全融资期望。值得注意的是，在完全融资或近似完全融资的情况下，设计融资结构时必须充分考虑如何最大限度地控制现金流量，保证现金流量既能满足债务融资部分的清偿要求，又能满足股本融资部分的权益要求。

（二）投资者的表外融资要求

实现非公司负债型融资（即资产负债表外融资）是投资者选用项目融资方式筹集项目资金的主要原因。通过项目投资结构的设计，在一定程度上将所投资项目的资产负债与投资者本身公司的资产负债表独自核算，但是多数情况下这种安排只针对共同安排融资的合资项目中的某一个投资者而言是可行的。如果是投资者单独安排融资，如何才能实现投资者的非公司负债型融资的要求，是在设计项目融资模式时需要考虑的问题。

（三）处理好融资与市场之间的关系

长期的市场安排是保证项目现金流量、实现项目融资有限追索的一个信用保证基础，没有这个基础，项目融资是很难组织起来的。对于大多数投资者来说，尤其是在非公司型投资结构中，以合理的市场价格从投资项目中取得部分产品是其参与该项目投资的一个主要原因。

这样，就可能出现一种矛盾的局面：从贷款银行角度来看，低于公平价格的市场安排则意味着银行将要承担更大的市场风险；但对于项目投资者来说，高于公平价格的市场安排则意味着全部地或部分地失去了项目融资的意义。因此，在设计项目融资模式时，能否确定以及如何确定项目产品的公平市场价格就成为借贷双方谈判的一个焦点问题。

（四）近期融资与远期融资的协调

工程项目融资一般都是7～10年的中长期贷款，期限最长的可以达到20年左右。而在项目投资过程中，由于投资者自身的特点决定其对项目融资的考虑也不尽相同，有的投资者愿意接受长期的融资安排，有的投资者则更多考虑的是近期融资的需要，投资者选用项目融资方式是出于对某个国家或某个投资领域不太熟悉、对项目的风险及未来发展没有充分把握而采取的一种谨慎策略，或者是出于投资者在财务、会计或税务等方面的特殊考虑而采取的一种过渡性措施。

在此背景下，其融资战略只能是一种短期战略，项目运行中如果采用项目融资方式的各种决定因素变化不大，就长期地保持这种项目融资的结构；一旦这些因素向有利于投资者的方向发生较大的变化，就会希望重新安排融资结构，放松或取消银行对投资者的种种限制，降低融资成本，这就是在项目融资中经常会遇到的重新融资问题。基于这一原因，在设计项目融资结构时，投资者需要明确选择项目融资方式的目的，以及对待重新融资问题是如何考虑的，为尽可能地把近期融资与远期融资结合起来，不同的项目融资结构在重新融资时的难易程度是有所区别的，有些结构比较简单，有些结构相对复杂，项目融资模式的设计必须充分考虑这一问题。

（五）税务筹划与融资成本

项目融资的金额较大，周期较长，如何最大限度地降低融资成本是项目投资者最为关心的问题之一。由于许多国家都对一些项目，尤其是大型的基建项目的投资实行税收优惠，而充分合理地利用各种税收优惠，就可以达到降低融资成本的目的。因此，在设计项目融资模式时，应该还会考虑如何进行税务筹划的问题。

一般来说，项目融资所涉及的投资数额大、资本密集程度高、运作的周期也长，因此，在项目融资结构的设计与实施过程中需要考虑的重要问题是如何降低成本。

三、项目融资模式的基本结构特征

（一）贷款形式

项目融资的贷款方往往通过以下两种形式为项目提供资金：

（1）贷款方为借款方提供有限追索权或无追索权的贷款，该贷款的偿还主要依靠项目的现金流量。

（2）通过"远期购买协议"或"产品支付协议"，由贷款方预先支付一定的资金来购买项目的产品或一定的资源储量（最终将转化为销售收入）。

（二）信用保证

无论采用哪种项目融资模式，最重要的环节都是建立结构严谨的担保体系。这种担保体系的构造一般具有以下特征：

（1）贷款银行要求对项目的资产（对于资源性项目，还包括所有的资源储量或者开采权）拥有第一抵押权，对项目现金流量拥有有效的控制权。因此，当商业银行与世界银行等多边金融机构同时对项目提供贷款时，商业银行往往愿意为后者的贷款提供担保，以取得项目资产及现金流量的完全抵押权。

（2）一般要求项目投资者（借款人）将其与项目有关的一切契约性权益转让给贷款银行。所以，项目公司根据"或付或取"合同取得项目收入的权利、工程公司向项目公司提供的各种担保的权益等都必须转让给贷款者。

（3）要求项目投资者成立一个单一业务的实体，即把项目的经营活动尽量与投资者的其他业务分开，除了项目融资安排之外，限制该实体筹措其他债务资金。这在公司型投资结构中容易操作，而在非公司型投资结构中，就需要巧妙地设计项目的投资结构和融资结构。

（4）在项目的开发建设阶段，贷款人要求项目发起人（或项目工程公司等）提供项目的完工担保，即投资者保证提供任何超支金额，以确保项目实现"商业完工"，否则银行就收回全部贷款，或由项目工程公司用固定价格的交钥匙合同加上项目工程公司的担保银行提供的履约保函的形式来保证完工。

（5）在项目经营阶段，除非贷款银行对项目产品的市场状况充满信心，多数情况要求项目提供类似"无论提货与否均需付款"或者"提货与付款"性质的市场销售安排，以保证项目生产稳定的现金流量。在项目融资中，只有很少一部分的产品会在即期市场上销售。

（三）贷款发放

一般而言，贷款协议至少应明确项目中的两个阶段：开发建设阶段和经营阶段。在这两个阶段中，贷款人对项目的追索形式与程度、贷款的发放与回收都有所区别。

（1）在项目开发建设阶段，贷款多是完全追索性的。

对于贷款银行来说，在项目开发建设阶段中风险是最高的。因此，在这个阶段，贷款往往具有完全追索权，并由项目发起人提供具有法律效力的担保。当然，贷款方还有另外一种策略，就是提高利率，并同时购买承建合同的担保及相关的履约担保。

在此阶段，项目的贷款随工程进度逐步发放，但贷款利息的偿还通常可以向后推迟。根据各方事先在合同中规定的标准，经过独立的专家审核，确定项目达到各项完工标准后，贷款方对项目发起人的追索权可能会被撤销或降格，贷款利率也可能会随之下调。检验完工，标志着项目投产经营阶段的开始，这时项目便开始有了现金流入，并开始偿还贷款。

（2）在项目经营阶段，贷款可能被安排成有限追索的或无追索性的。

在项目的投资经营阶段，贷款人会进一步要求以项目产品销售收入和项目其他收入作担保。贷款利息和本金的偿还速度通常与项目的预期产量、销售收入和其他应收款项相关联的，项目净现金流量的一个固定比例会自动用于债务偿还。而且在贷款协议中一般还会规定，在某些特殊情况下，用于偿还贷款的比例可以增加甚至可以达到100%。例如，如果产品的需求或产量明显低于预期，或贷款者有正当的理由认为项目的前景以及项目所在国的政治、经济环境发生恶性逆转等。

在投产经营阶段，偿贷比例通常是根据税后净现金流量计算的，但在有些情况下，项目发起方也会要求按税前净现金流量来计算。如果贷款银行是根据税前净现金流量来提供贷款的话，则贷款银行实际提供的贷款额要高于根据税后利润所应发放的贷款。在这种情况下，贷款者会相应提高对项目借款人或其担保人的追索权。

第二节 工程项目融资的基本模式

在项目融资实践中，融资模式随着项目的具体情况变化而变化，种类繁多，但任何一种具体的项目融资模式，一般都有两种基本的操作形式：直接融资模式和项目公司融资模式。

一、直接融资模式

（一）含义

直接融资模式是指由项目投资者直接安排项目的融资，并承担融资安排中相应的责任和义务的一种方式，它是结构最简单的一种项目融资模式。

在项目投资者本身公司财务结构不复杂时，在投资者直接拥有项目资产并直接控制项目现金流量的投资结构中，采用投资者直接安排项目融资的模式比较适合。

（二）优点

直接融资模式的优点主要体现在以下方面：

（1）选择融资结构及融资方式比较灵活。发起人可以根据不同需要在多种融资模式、多种资金来源方案之间选择。比如，资信度较好的公司融通资金的成本低，可采用多种融资方式，操作灵活；否则融资成本高，融资方式单一。

（2）债务比例安排比较灵活。发起人可以根据项目的经济强度和资金状况较灵活地安排债务比例。

（3）可以灵活运用发起人在商业社会中的信誉。同样是有限追索的项目融资，信誉越好的发起人则得到越优惠的贷款条件。

（4）在一定程度上降低融资成本。采用直接融资模式时投资者可以直接拥有资产并控制项目现金流量，这就是说，投资者直接安排项目融资时，可以比较充分地利用项目的税收减免等条件，降低融资成本。

（三）缺点

（1）如果投资结构中投资者在信誉、财务状况、市场销售和生产管理能力等方面不一致，就会增加以项目资产及现金流量作为融资担保抵押的复杂性。

（2）在安排融资时，需要注意划清投资者在项目中所承担的融资责任和在其他业务中承担相应责任之间的界限，这一点在操作上更为复杂。所以，在大多数项目融资中，由项目投资者成立一个专门公司来进行融资的做法比较受欢迎。

（3）通过投资者直接融资很难将融资安排成为非公司负债型的融资形式，也就是说，很难安排为有限追索的融资。

（四）运作方式

投资者直接融资，在结构安排上主要有两种形式：

1. 集中化形式

即由投资者面对同一贷款银行和市场直接安排融资。在这种方式下由项目投资者直接安排融资，但各个投资者在融资过程中面对的是共同的贷款银行和相同的市场安排，其具体的操作过程如图 7-1 所示。

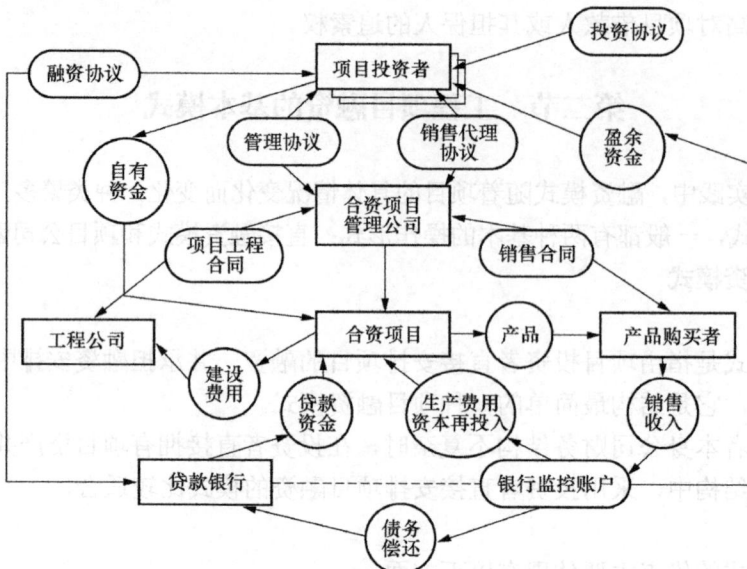

图 7-1　投资者面对同一贷款银行的直接安排融资结构

（1）项目投资者根据合资协议组成公司型投资结构，并按照投资比例合资组建一个项目管理公司，负责项目的建设和生产经营，项目管理公司同时也作为项目投资者的代理人，负责项目的产品销售。项目管理公司的这两部分职能分别通过项目的管理协议和销售代理协议予以规定和实现。

（2）根据合资协议的规定，投资者分别在项目中投入相应比例的自有资金，并统一安排项目融资（但是由每个投资者独立与贷款银行签署协议）用于项目的建设资金和流动资金。

（3）在项目的建设期，项目管理公司代表投资者与工程公司签订工程建设合同，监督项目的建设，支付项目的建设费用；在生产期，项目管理公司负责项目的生产管理，并作为投资者的代理人销售项目产品。

（4）项目的销售收入将首先进入一个贷款银行监控下的账户，用于支付项目的生产费用和资本再投入，偿还贷款银行的到期债务，最后按照融资协议的规定将盈余资金返还给投资者。

2. 分散化形式

投资者独立安排融资和承担市场销售责任。在这种融资模式中，项目投资者组成非公司型投资结构，由投资者而不是项目管理公司组织产品销售和债务偿还，这种形式在安排融资时更具有灵活性，其具体操作过程如图 7-2 所示。

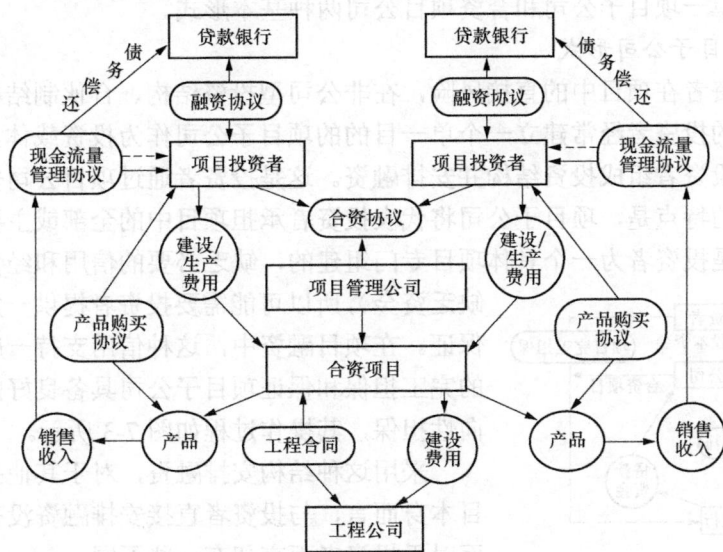

图 7-2　投资者各自独立直接安排融资结构

（1）项目投资者根据合资协议组建合资项目，任命项目管理公司负责项目的建设和生产管理。

（2）投资者按照投资比例，直接支付项目的建设费用和生产费用，根据自身的财务状况自行安排融资。

（3）项目管理公司代表投资者安排项目建设、项目生产、组织原材料供应，并根据投资比例将项目产品分配给项目投资者。

（4）投资者以"无论提货与否均需付款"协议的规定价格购买产品，其销售收入根据与贷款银行之间的现金流量管理协议进入贷款银行监控账户，并按照资金使用序列的原则进行分配。在公司型投资结构中，投资者有时也可以为其股东资金投入部分直接安排融资。但由于贷款银行缺乏对项目现金流量的直接控制，实际上做到有限追索的项目融资是很难的。

（五）适用范围

投资者直接融资的模式适用于在投资者直接拥有项目资产并直接控制项目现金流量的非公司型投资结构。这种融资模式有时也是为一个项目筹集追加资本金时所能够采用的唯一方法，因为大多数的非公司型合资企业不允许以合资企业或管理公司的名义举债。

当投资者本身的公司财务结构良好并且合理时，这种模式也比较适合。对于资信状况良好的投资者来说，采用直接融资方式有助于获得成本相对较低的贷款，因为资信良好的公司名称对贷款银行来说本身就是一种担保。

二、项目公司融资模式

项目公司融资模式是指投资者通过建立一个单一目的的项目公司从商业金融渠道安排融资的一种模式，融资的抵押是项目公司经营权、项目公司财产及项目公司其他可得到的任何合同的权利，其担保是项目投资人的资金缺额担保、企业参与项目的完工担保、客户承诺的"无论提货与否均需付款"担保等。

具体可分为单一项目子公司和合资项目公司两种基本形式。

（一）单一项目子公司形式

为了减少投资者在项目中的直接风险，在非公司型投资结构、合伙制结构以及公司型投资结构中，项目的投资者经常建立一个单一目的的项目子公司作为投资载体，以该项目子公司的名义与其他投资者组成投资结构并安排融资。这是投资者通过项目公司安排融资的一种形式。这种形式的特点是，项目子公司将代表投资者承担项目中的全部或主要的经济责任，但是由于该公司是投资者为一个具体项目专门组建的，缺乏必要的信用和经营历史（有时也缺乏资金），所以可能需要投资者提供一定的信用支持和保证。在项目融资中，这种信用支持一般至少包括项目的完工担保和保证项目子公司具备良好的经营管理的意向性担保，其操作过程如图 7-3 所示。

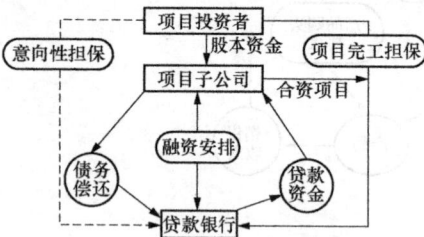

图 7-3　在非公司型合资结构中投资者通过项目子公司安排融资

采用这种结构安排融资，对于其他投资者和合资项目本身而言，与投资者直接安排融资没有多大区别，然而对于投资者而言却有一些不同。

（1）容易划清项目的债务责任。贷款银行的追索权只能涉及项目子公司的资产和现金流量，其母公司除提供必要的担保以外不承担任何直接的责任，融资结构较投资者直接安排融资要相对简单清晰一些。

（2）项目融资有可能被安排成为非公司负债型的融资。

（3）在税务结构安排上灵活性可能会差一些，但也不一定就构成这种融资模式的缺陷，这取决于各国税法对公司之间税务合并的规定。

（二）合资项目公司形式

这是通过项目公司安排融资的另一种形式，也是最主要的形式，就是由投资者共同投资组建一个项目公司，再以该公司的名义拥有、经营项目和安排融资，这种形式在公司型投资结构中较为常用（图 7-4）。采用这种形式，项目融资由项目公司直接安排，主要的信用保证来自项目公司的现金流量、项目资产以及项目投资者所提供的与融资有关的担保和商业协议。

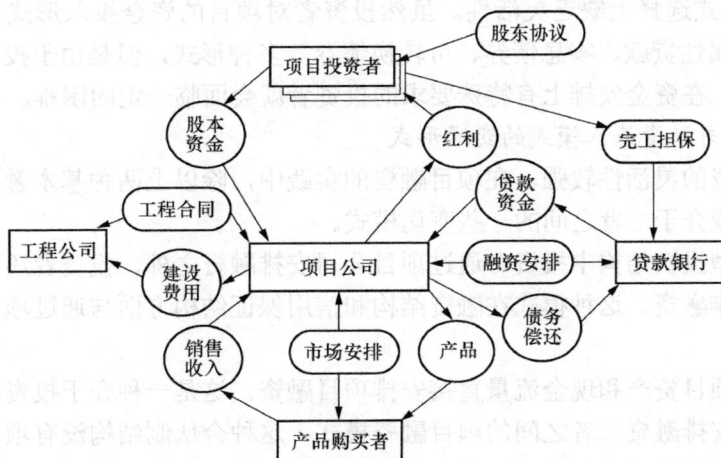

图 7-4　合资项目公司形式

对于具有较好经济强度的项目，这种形式可以安排成为对投资者无追索的形式，其基本思路是：

（1）项目投资者根据股东协议组建项目公司，并注入一定的股本资金。

（2）项目公司作为独立的生产经营者，签署一切与项目建设、生产和市场有关的合同，安排项目融资，建设经营并拥有项目。

（3）项目融资安排在对投资者有限追索的基础上。在项目建设期，投资者为贷款银行提供完工担保。完工担保是通过项目公司安排融资模式中关键环节。

这种形式下组建的项目公司存在潜在的风险，即：除了正在安排融资的项目之外，没有任何其他的资产，也没有任何经营历史，所以投资者必须承担一定程度的项目责任，而完工担保是应用最普遍的信用保证形式之一。在项目生产期，如果项目的生产经营达到预期标准，现金流量可以满足债务负债比率的要求，项目融资可以安排成为无追索贷款。

（三）项目公司融资模式的特点

（1）项目公司统一负责项目的建设、生产、市场，并且可以整体地使用项目资产和现金流量作为融资的抵押和信用保证。从理论和结构形式上较易于为贷款银行接受，且法律结构相对比较简单。

（2）项目投资者不直接安排融资，而是通过间接的信用保证形式支持项目公司的融资，如完工担保、"无论提货与否均需付款"或"提货与付款"协议等，投资者的债务责任在质的概念和量的概念上均比直接融资清楚，较容易实现有限追索的项目融资和非公司负债型融资的目标要求。

（3）在公司型投资结构中，通过项目公司安排融资，可以充分利用大股东在管理、技术、市场和资信等方面的优势为项目获得优惠的贷款条件，而这些优惠条件可能是其中一些条件相对较弱的股东无法得到的；同时，共同融资避免了投资者之间为安排融资的相互竞争。

（4）这种模式的主要问题是缺乏灵活性，很难满足不同投资者对融资的各种要求。这主要表现在两个方面：

1）在税务结构上缺乏灵活性。项目的税务优惠或亏损只能保留在项目公司中应用。

2）在债务形式选择上缺乏灵活性。虽然投资者对项目的资金投入形式可以选择以普通股、优先股、从属性贷款、零息债券、可转换债券等多种形式，但是由于投资者缺乏对项目现金流量的控制，在资金安排上有特殊要求的投资者就会面临一定的困难。

（四）项目公司融资基本模式的变通形式

由于项目融资的灵活性较强，在项目融资的实践中，除以上两种基本融资模式以外，还有与二者类似的或介于二者之间的一些变化模式。

除了在公司型投资结构中投资者通过项目公司安排融资之外，投资者还可以利用信托基金结构为项目安排融资。这种模式在融资结构和信用保证结构方面与通过项目公司安排融资的模式类似。

利用合伙制项目资产和现金流量直接安排项目融资，这是一种介于投资者直接安排融资和通过项目公司安排融资二者之间的项目融资模式。这种合伙制结构没有项目公司那样的独立法人，项目贷款的借款人不是项目公司，而是由独立的合伙人共同出面。项目融资安排的基本思路是：投资者以合伙制项目的资产共同安排项目融资，但债务的追索责任被限制在项目资产和项目的现金流量范围内，投资者只是提供"或取或付"（或"照付不议"）性质的产品承购协议，作为项目融资的附加信用保证。采用这种结构，贷款银行将对项目的现金流量实施较为严格的控制。

第三节　工程项目融资的经典模式

项目融资无论采用哪种融资模式，均以基本模式为主要框架，因地制宜地进行灵活运用的结果。下面介绍国际上常见的具有代表性的项目融资模式，并称之为项目融资的经典模式。

一、设施使用协议模式

（一）概念及适用范围

1. 概念

设施使用协议模式是围绕着一个工业设施或者服务性设施的使用协议作为主体安排的。这种设施使用协议，在工业项目中有时也称为"委托加工协议"，是指在某种工业设施或服务性设施的提供者和这种设施的使用者之间达成的一种具有"无论提货与否均需付款"性质的协议。

在项目融资过程中，这种无条件承诺的合约权益将转让给提供贷款的银行，并与项目投资者的完工担保共同构成了项目信用保证结构的主要组成部分。一般来讲，事先确定的项目设施的使用费在融资期间应足以支付项目的生产经营成本和项目债务的还本付息额。

2. 适用范围

利用以"设施使用协议"为基础的项目公司安排融资，主要应用于带有服务性质的项目，例如石油或天然气管道项目、发电设施、某种专门产品的运输系统以及港口、铁路设施等。

从国际市场上看，20 世纪 80 年代以来，由于国际原材料市场的长期不景气，使原材料的价格与市场一起维持在较低的水平上，导致与原材料有关项目的投资风险偏高，以原材料生产为代表的工业项目也开始尝试引入"设施使用协议"这一融资模式，并取得了良好的效果。

（二）运作方式

通过一个模拟案例来说明如何利用"设施使用协议"来安排项目融资。

这是 20 世纪 80 年代初期澳大利亚一个运煤港口项目的建设实例。A、B、C 等几个公司以非公司型投资结构的形式在澳大利亚昆士兰州的著名产煤区投资兴建了一个大型的煤矿项目。该项目与日本、欧洲等地公司签署长期的煤炭供应协议。但是，由于港口运输能力不够，影响项目的生产和出口，该项目的投资者与主要煤炭客户谈判，希望能够共同参与港口的扩建工作，以扩大港口的出口能力，满足买方的需求。然而，买方是国外的贸易公司，不愿意进行直接的港口项目投资，而 A、B、C 等几家公司或者出于本身财务能力的限制，或者出于发展战略上的考虑，也不愿意单独承担起港口的扩建工作。最后，煤矿项目投资者与主要煤炭客户等各方共同商定，采用"设施使用协议"为基础安排项目融资来筹集资金进行港口扩建，其具体操作步骤如图 7-5 所示。

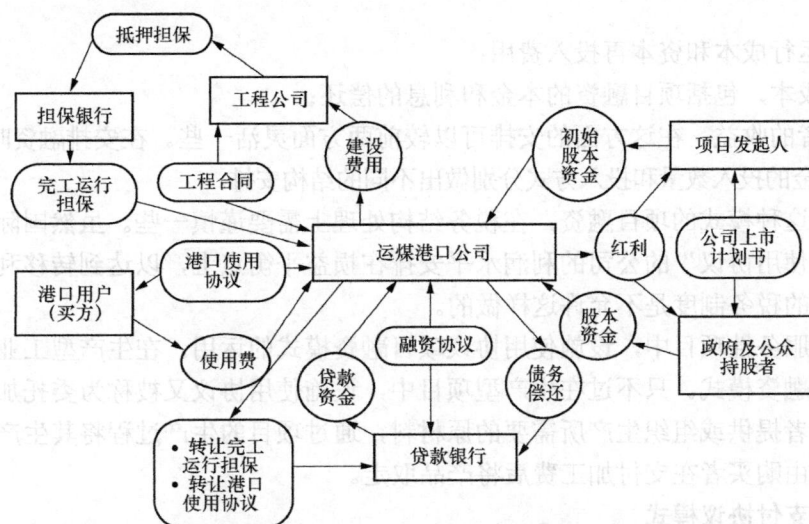

图 7-5　运用"设施使用协议"组织项目融资的运煤港口项目

（1）签订"设施使用协议"。双方提供一个具有"无论提货与否均需付款"性质的港口设施使用协议，在港口扩建成功的前提条件下定期向港口的所有者支付规定数额的港口使用费作为项目融资的信用保证。由于签约方是日本和欧洲主要的实力雄厚的大公司，因而这个港口设施使用协议能够为贷款银行所接受。对于实力较小的公司，则可能还需要银行的担保信用证。

（2）组建项目管理公司。A、B、C 等几家公司以买方的港口设施使用协议以及煤炭的长期销售合约作为基础，投资组建了一个煤炭运输港口公司，由该公司负责拥有、建设、经营整个煤炭港口系统。因为港口的未来吞吐量及其增长是有协议保证的，港口经营收入也相对稳定且有保障，所以煤矿项目的投资者成功促使新组建的煤炭运输港口公司进入股票市场，公开募集当地政府、机构投资者和公众的资金作为项目的主要股本资金。

（3）公开招标选择项目工程公司。港口的建设采用招标的形式进行，中标的公司必须具备一定标准的资信和经验，并且能够由银行提供履约担保。

（4）构建项目融资的信用保证框架。新组建的港口公司从煤矿项目投资者手中转让过来港口的设施使用协议，以该协议和工程公司的承建合同以及由银行提供的履约担保作为融资的主要信用保证框架。

（三）主要特征

（1）投资结构的选择比较灵活。既可以采用公司型投资结构，也可以采用非公司型投资结构、合伙制结构或者信托基金结构。投资结构选择的主要依据是项目的性质、项目投资者和设施使用者的类型及融资、税务等方面的要求。

（2）项目的投资者可以利用与项目利益有关的第三方（即项目设施使用者）的信用来安排融资，分散风险，节约初始资金投入，因而特别适用于资本密集、收益相对较低但相对稳定的基础设施类型项目。

（3）具有"无论提货与否均需付款"性质的设施使用协议是项目融资不可缺少的组成部分。这种项目设施使用协议在使用费的确定上至少需要考虑到项目投资在以下三个方面的回收：

1）生产运行成本和资本再投入费用；

2）融资成本，包括项目融资的本金和利息的偿还；

3）投资者的收益。在这方面的安排可以较前两方面灵活一些。在安排融资时，可以根据投资者股本资金的投入数量和投入方式分别做出不同的结构安排。

（4）采用这种模式的项目融资，在税务结构处理上需要谨慎一些。虽然国际上有些项目将拥有"设施使用协议"的公司的利润水平安排在损益平衡点上，以达到转移利润的目的，但是有些国家的税务制度是不允许这样做的。

以上是在服务性项目中，设施使用协议项目融资模式的运用。在生产型工业项目中，也可以采用这种融资模式。只不过在生产型项目中，设施使用协议又被称为委托加工协议，项目产品的购买者提供或组织生产所需要的原材料，通过项目的生产过程将其生产加工成为最终产品，然后由购买者在支付加工费后将产品取走。

二、产品支付协议模式

（一）概念及适用范围

1. 概念

产品支付协议是建立在贷款人从项目中购买某一特定矿产资源储量的全部或部分未来销售权益的基础上的融资安排。根据产品支付协议，贷款人远期购买项目全部或一定比例的资源储量或未来生产的资源性产品产量，这部分储量或产量的收益将作为项目融资的主要偿债资金来源。

2. 适用范围

产品支付协议模式是项目融资的早期形式之一，起源于 20 世纪 50 年代美国的石油天然气项目开发的融资安排。产品支付协议融资模式适用于资源储量已经探明，并且项目生产的现金流量能够比较准确地计算出来的项目。

产品支付协议模式是在石油、天然气和矿产品项目融资中被证明和接受的无追索权或有限追索权的融资方法，完全以产品和这部分产品销售收益的所有权作为担保品，而不是采用转让或抵押方式进行融资。因此，销售的方式可以是市场出售，也可以是由项目公司签署购买合同，一次性统购统销等方式。无论哪种情况，贷款方都不用接受实际的项目产品。

（二）特征

1. 独特的信用保证结构

这种融资模式是建立在由贷款银行购买某一特定矿产资源储量的全部或部分未来销售收入的权益的基础上的。这部分生产量的收益也就成为项目融资的主要偿债资金来源。因此，产品支付是通过直接拥有项目的产品，而不是通过抵押或权益转让的方式来实现融资的信用保证。对于部分资源属于国家所有的项目，项目投资者获得的只是资源开采权，这时，产品支付的信用保证是通过购买项目未来生产的现金流量，以及资源开采权和项目资产的抵押实现的。

2. 贷款银行的融资容易被安排成为无追索或有限追索的形式

由于所购买的资源储量及其销售收益被用作产品支付融资的主要偿债来源，而产品支付融资的资金数量多少决定于产品支付所购买的那一部分资源储量的预期收益，在一定利率条件下贴现出来的资产现值。所以，贷款的偿还资金有保证，从一开始贷款就可以被安排成无追索或有限追索的形式。因此，如何计算所购买的资源储量的现值就成为安排产品支付融资的关键性问题。同时，也是实际工作中较为复杂的问题。

3. 产品支付的融资期限一般应短于项目预期的经济生产期

即如果一个资源性项目具有 20 年的开采期，产品支付融资的贷款期限应大大短于 20 年。

4. 产品支付中的贷款银行一般只为项目的建设和资本费用提供融资

在产品支付协议模式中，贷款银行不承担项目生产费用的融资，并且要求项目发起人提供最低生产量、最低产品质量标准等方面的担保。

5. 专门成立一个融资中介机构——项目公司

专设的项目公司用以专门负责从项目公司中购买一定比例的项目生产量，其主要是考虑两个原因：①贷款人所在国家银行禁止银行参与非银行性质的商业交易；②在由多家银行提供项目贷款时，希望由一家专设公司负责统一管理，如果由银行直接与项目公司签订产品支付协议，则必须得到有关部门的授权才能从事此项交易行为。

（三）运作过程

（1）由贷款银行或者项目投资者建立一个融资的中介机构，从项目公司购买一定比例的项目资源的生产量（如石油、天然气、矿藏储量）作为融资的基础。新建立的中介公司一般以信托基金结构组成。

（2）贷款银行为融资中介机构安排用以购买这部分项目资源生产量的资金，融资中介机构再根据生产协议将资金注入项目公司作为项目的建设和资本投资资金；作为产品支付协议的一个组成部分——项目公司承诺按照一定的公式（购买价格加利息）安排产品支付；同时，以项目固定资产抵押和完工担保作为项目融资的信用保证。

（3）项目公司从专设公司得到购货款作为项目的建设和资本投资资金，进行项目的开发建设。

（4）在项目进入生产期，根据销售协议，项目公司作为融资中介机构的代理销售其产品，销售收入将直接进入融资中介机构用来偿还债务。在产品支付协议模式中也可以不通过中介机构而直接安排融资，但是这样融资的信用保证结构将会变得较为复杂。另外，使用中介机构还可以帮助贷款银行将由于直接拥有资源或产品而引起的责任和义务（例如环境保护责任）限制在中介机构内。如图 7-6 所示。

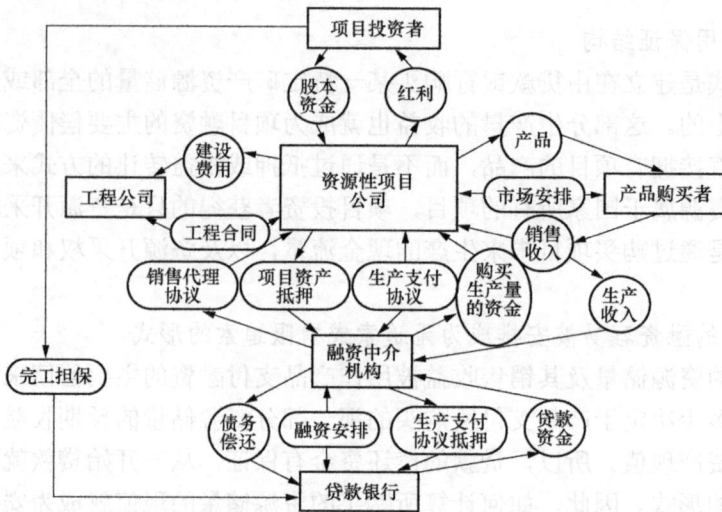

图 7-6 "产品支付协议"为基础的项目融资结构

（四）产品支付协议的另一种方式——生产贷款

产品支付项目融资的另一种可供选择的方式是生产贷款。生产贷款广泛应用于矿产资源项目的资金安排。在形式上，生产贷款与项目融资中使用的其他贷款形式没有很大的区别，有时甚至可以更灵活地安排成为提供给项目投资者的银行信用额度，投资者可以根据项目资金的实际需求在额度范围内安排提款和还款。生产贷款的金额数量是根据项目资源储量的价值计算出来的，通常表现为项目资源储量价值的一个预先确定的百分数，并以项目资源的开采收入作为偿还贷款的首要来源。

作为融资方式，产品支付通过购买一定的项目资源来安排融资，一个突出的特点是较少地受到常规的债务比例或租赁比例的限制，增强了融资的灵活性。产品支付融资的主要限制因素来自于项目的资源储量和经济生产期。另外，项目投资者和经营者的素质、资信、技术水平和生产管理能力也是产品支付协议模式中不可忽视的内容。

三、杠杆租赁融资模式

由于融资项目多属基础设施项目或是资源开发类项目，在这类项目的投资总额中大型设备购置费所占比例较大。项目所需设备除可通过贷款筹集资金购置以外，也可以采取租赁的形式获得。

根据出租人对购置一项设备的出资比例，可将融资租赁划分为直接租赁和杠杆租赁两种类型。在一项租赁交易中，凡设备购置成本 100%由出租人独自承担的即为直接租赁。而在项目融资中，购置设备的出资比例中有一小部分（一般为 20%～40%）由出租人承担，大部分由银行等金融机构补足。

（一）杠杆租赁的含义

杠杆租赁是指在项目投资者的要求和安排下，由杠杆租赁结构中的资产出租人融资购买项目的资产然后租赁给承租人（项目投资者）的一种融资结构。资产出租人和融资贷款银行的收入以及信用保证主要来自于结构中的税务好处、租赁费用、项目的资产以及对项目现金流量的控制。

在项目融资的租赁安排中，提供租赁的出租人可以是以下三方：

（1）专业租赁公司、银行和财务公司，这些机构可以为项目安排融资租赁，包括直接租赁和杠杆租赁；

（2）设备制造商和一部分专业性租赁公司，这些机构主要为项目安排经营租赁；

（3）项目的投资者以及与项目发展有利益关系的第三方，也采取租赁形式将资金投入到项目中，包括经营租赁、直接租赁和杠杆租赁等。

（二）杠杆租赁融资模式的优势

从一些国家的情况来看，租赁在资产抵押中使用得非常普遍，特别是在购买轮船和飞机的融资活动中。在英国和美国，大部分大型工业项目也采用金融租赁，因为金融租赁，尤其是其中杠杆租赁的设备，其技术水平先进、资金占用量大，所以能享受到诸如投资减免、加速折旧、低息贷款等多种优惠待遇，使得出租人和承租人双方都能得到好处，从而获得一般租赁所不能获得的更多的经济效益。对项目投资者和项目公司来说，采用杠杆租赁融资方式解决项目所需资金，具有以下好处：

（1）项目公司仍拥有对项目的控制权。根据租赁协议，作为承租人的项目公司拥有租赁资产的使用、经营、维护和维修权等。在多数情况下，金融租赁项下的资产甚至被看成由项目发起人完全所有、由银行融资的资产。

（2）可实现百分之百的融资要求。在项目融资中，项目发起人须提供一定比例的股本资金，以增强贷款人提供有限追索性贷款的信心。但在杠杆租赁融资模式中，由金融租赁公司的部分股本资金加上银行贷款，就可以全部解决项目所需资金或设备，项目发起人不需要再进行任何股本投资。

（3）较低的融资成本。在多数情况下，项目公司通过杠杆租赁融资的成本低于银行贷款的融资成本，尤其是在项目公司自身不能充分利用税务优惠的情况下。在多数国家金融租赁可享受到政府的融资优惠和信用保险。一般地，如果租赁的设备为新技术、新设备，政府将对租赁公司提供低息贷款。如果租赁公司的业务符合政府产业政策的要求，政府可以提供40%～60%的融资等。同时，当承租人无法交付租金时，由政府开办的保险公司向租赁公司赔偿50%的租金，以分担风险和损失。这样，租赁公司就可以将这些优惠的租金分配一些给项目承租人——项目公司。

（4）可享受税前偿租的好处。在杠杆租赁结构中，项目公司支付的租金可以被当作费用支出，这样，就可以直接计入项目成本，不需要缴纳税收。这对项目公司而言，就起到了减少应纳税额的作用。

（三）杠杆租赁融资模式的复杂性

1. 结构设计的复杂性

融资模式的结构设计主要侧重于资金的安排、流向、有限追索的形式及其程度以及风险分担等问题，而将项目的税务结构和会计处理问题列在项目的投资结构中加以考虑和解决；

杠杆租赁融资模式则不同，在结构设计时不仅需要以项目本身经济强度特别是现金流量状况作为主要的参考依据，而且也需要考虑项目的税务结构。因此，杠杆租赁融资模式也被称为结构性融资模式。

2. 杠杆租赁融资模式的参与者比其他融资模式要多

在杠杆租赁融资模式中，至少要有以下四类成员的参与：

（1）至少由两个股本参加者组成的合伙制结构（在美国也可以采用信托基金结构）作为项目资产的法律持有人和出租人。合伙制结构是专门为某一个杠杆租赁融资结构组织起来的，其参加者一般为专业租赁公司、银行和其他金融机构，也可以是一些工业公司。合伙制结构为杠杆租赁结构提供股本资金（一般为项目建设费用或者项目收购价格的20%～40%），安排债务融资，享受项目结构中的税务好处（主要来自项目折旧和利息的税务扣减），出租项目资产收取租赁费，在支付到期债务、税收和其他管理费用之后取得相应的股本投资收益（在项目融资中这个收益通常表现为一个预先确定的投资收益率）。

（2）债务参加者。其数目多少由项目融资的规模决定。债务参加者为普通的银行和金融机构。债务参加者以对股本参加者无追索权的形式为被融资项目提供绝大部分的资金（一般为60%～80%）。由债务参加者和股本参加者所提供的资金应构成被出租项目的全部或大部分建设费用或者购买价格。通常，债务参加者的债务被全部偿还之前在杠杆租赁结构中享有优先取得租赁费的权利。对于债务参加者来说，为杠杆租赁结构提供贷款和为其他结构的融资提供贷款在本质上是一样的。

（3）项目资产承租人。项目资产承租人是项目的主办人和真正投资者。项目资产承租人通过租赁协议的方式从杠杆租赁结构的股本参加者手中获得项目资产的使用权，支付租赁费作为使用项目资产的报酬。由于在结构中充分考虑到了股本投资者的税务好处，所以与直接拥有项目资产的融资模式比较，项目投资者可以获得较低的融资成本。

具体地说，只要项目在建设期和生产前期可以有相当数额的税务扣减，这些税务扣减就可以被用来作为支付股本参加者的股本资金投资收益的一个重要组成部分。与其他项目融资模式一样，项目资产的承租人也需要为杠杆租赁融资提供项目完工担保、长期的市场销售保证、一定形式和数量的资金投入（作为项目中真正的股本资金）以及其他形式的信用保证。由于其结构的复杂性，并不是任何投资者都可以组织以杠杆租赁为基础的项目融资，其中项目资产承租人本身的资信状况也是一个关键的评判指标。

（4）杠杆租赁经理人。杠杆租赁融资结构通常是通过杠杆租赁经理人组织起来的。经理人相当于一般项目融资结构中的融资顾问角色，主要是由投资银行担任。在安排融资阶段，杠杆租赁经理人根据项目的特点、项目投资者的要求设计项目融资结构，并与各方谈判组织融资结构中的股本参加者和债务参加者，安排项目的信用保证结构。如果融资安排成功，杠杆租赁经理人就代表股本参加者在融资期内管理该融资结构的运作。

3. 实际操作中对杠杆租赁项目融资结构的管理比其他项目融资模式复杂

一般项目的融资结构的运作包括两个阶段，即项目建设阶段和项目经营阶段，但是杠杆租赁项目融资结构的运作需要包括五个阶段：项目投资组建（合同）阶段、租赁阶段、建设阶段、经营阶段以及中止租赁协议阶段，具体的操作过程如图7-7所示。

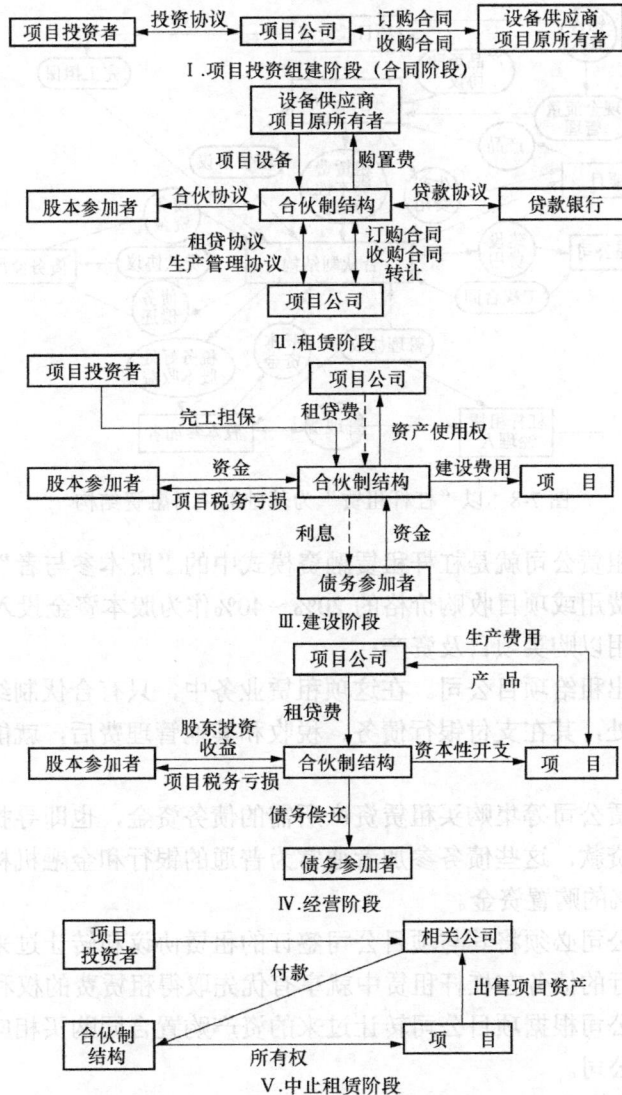

图 7-7　杠杆租赁融资结构的五个阶段

（四）杠杆租赁融资模式的运作过程

其具体的运作过程如图 7-8 所示。

（1）项目投资者设立一个单一目的的项目公司，项目公司签订资产购置和建造合同，购买开发建设所需的厂房和设备，并在合同中说明这些资产的拥有权将转移给租赁公司，然后再从其手中将这些资产转租回来。当然，这些合同必须在租赁公司同意的前提下才可以签署。

（2）由愿意参与到该项目融资中的两个或两个以上的专业租赁公司、银行及其他金融机构等，以合伙制形式组成一个特殊合伙制的租赁公司。对于大型工程项目来说，任何一个租赁机构都很难具有足够大的资产负债表来吸引和获得所有的税收好处。因此，项目资产往往由许多租赁公司分别购置和出租，多数情况下则是由这些租赁公司组成一个新的合伙制结构来共同完成租赁业务。

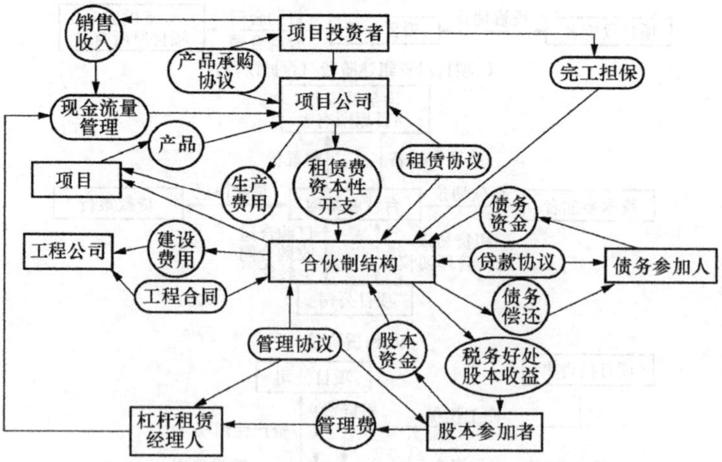

图 7-8 以"杠杆租赁"为基础的项目融资结构

这个合伙制金融租赁公司就是杠杆租赁融资模式中的"股本参与者"，主要职责是：

①提供项目建设费用或项目收购价格的 20%～40% 作为股本资金投入；

②安排债务资金用以购买项目及资产；

③将项目及资产出租给项目公司。在这项租赁业务中，只有合伙制结构能够真正享受到融资租赁中的税务好处，其在支付银行债务、税收和其他管理费后，就能取得相应的股本投资收益。

（3）由合伙制租赁公司筹集购买租赁资产所需的债务资金，也即寻找项目的"债务参加者"为金融公司提供贷款，这些债务参加者通常为普通的银行和金融机构，通常以无追索权的形式提供 60%～80% 的购置资金。

一般来讲，租赁公司必须将其与项目公司签订的租赁协议和转让过来的资产抵押给贷款银行，这样，贷款银行的债务在杠杆租赁中就享有优先取得租赁费的权利。

（4）合伙制租赁公司根据项目公司转让过来的资产购置合同购买相应的厂房和设备，然后把它们出租给项目公司。

（5）在项目开发建设阶段，根据租赁协议，项目公司从合伙制公司取得项目资产的使用权，并代表租赁公司监督项目的开发建设。在这一阶段，项目公司开始向租赁公司支付租金，租金在数额上应该等于租赁公司购置项目资产的贷款部分所需支付的利息。同时，项目公司也需要为杠杆租赁提供项目完工担保、长期的市场销售保证及其他形式的信用担保等。

（6）项目进入生产经营阶段时，项目公司生产出产品，并根据产品承购协议将产品出售给项目投资方或用户。这时，项目公司要向租赁公司补缴在建设期内没有付清的租金。租赁公司以其收到的租金通过信托支付银行贷款的本息。

（7）为了监督项目公司履行租赁合同，通常由租赁公司的经理人或经理公司监督或直接管理项目公司的现金流量，以保证项目现金流量按下列项目的顺序进行分配和使用：生产费用、项目的资本性开支、租赁公司经理人的管理费、相当于贷款银行利息的租金支付、相当于租赁公司股本投入的投资收益的租金支付以及作为项目投资者投资收益的盈余资金。

（五）杠杆租赁融资模式的特征

（1）融资模式比较复杂。由于杠杆租赁融资模式的参与者较多，资产抵押以及其他形式的信用保证在股本参加者与债务参加者之间的分配和优先顺序问题比一般项目融资模式复杂，再加上税务、资产管理与转让等方面的问题，导致组织这种融资模式所花费的时间较长，法律结构及文件的确定也较为复杂，但其特别适用于大型工程项目的融资安排。

（2）债务偿还较为灵活。杠杆租赁充分利用了项目的税务优势，如税前偿租等作为股本参加者的投资收益，在一定程度上降低了投资者的融资成本和投资成本，同时也增加了融资结构中债务偿还的灵活性。据资料统计，杠杆租赁融资中利用税务扣减一般可偿还项目全部融资总额的 30%～50%。

（3）杠杆租赁融资应用范围比较广泛。

本 章 小 结

本章内容主要介绍了项目融资的五种模式，重点掌握合资项目公司的融资模式以及杠杆租赁融资模式各自的融资流程；理解设施使用协议和产品支付协议的特点；了解直接融资模式的类型和特点，重点理解集中化形式和分散化形式的不同点。

思 考 题

1. 简述设计项目融资的基本原则。
2. 简述项目公司融资模式的特点。
3. 简述直接融资模式的基本形式。
4. 简述杠杆租赁融资模式的含义。
5. 理解杠杆租赁融资模式的运作过程。

第八章　工程项目融资的典型模式

第一节　BOT　模　式

一、BOT 项目融资模式的起源

第二次世界大战后，发展中国家的多数基础设施项目是在政府、政府机构和事业单位等直接监督建设，而且其资金由预算经费和主权借款提供。在 20 世纪 80 年代期间，许多国家的政府和国际贷款机构对推动私有企业发展和国有企业的改革、多种形式的承包乃至"私有化"越来越感兴趣，所有这些变化使得投资者设法寻找一种新的方法促进基础设施项目的建设和经营。

为了寻找新方法促进发展中国家的基础设施项目，并为之筹措资金，投资者把目光转向了实际上并非全新的方法——早在 19 世纪中期，英国的经济学家 Edwin Chadwick（1800—1890年）就提出了转让具有垄断性质的基础设施建设的权利的方法。法国在 1853 年最早使用了称之为"特许权"的方式，成功运用于最著名的项目——苏伊士运河。

现代 BOT 的术语由土耳其总理厄扎尔在 1984 年提出，其含义为建造（Build）、运营（Operate）和移交（Transfer）。由于当时石油危机引起许多发达国家与发展中国家的财政紧张和外债危机，严重的国际债务危机几乎瓦解了国际金融体系，BOT 概念的提出迅速得到了许多发达国家和发展中国家的响应，同时也得到了国际承包公司的积极响应，为投资者开拓了广泛的市场。

二、BOT 项目融资模式的内涵

（一）定义

BOT 融资模式也称为特许权融资模式，其定义是指国家或地方政府部门以特许权协议为融资基础，授予签约方的外商投资企业（包括中外合资、中外合作、外商独资等形式）承担公共性基础设施（基础产业）项目的融资、建造、经营和维护。在协议规定的特许期限内，由项目公司作为投资者和经营者安排融资、承担风险、建设项目、经营项目并获得合理的利润；特许期届满，项目公司将设施无偿地移交给签约方的政府部门。其运行程序主要包括：招投标、成立项目公司、项目融资、项目建设、项目运营管理、项目移交等环节。

（二）特征

（1）BOT 融资模式以特许权为前提。投资者只有在取得特许权之后才可以从事项目建设。在政府和私人资本相互需要的基础上，通过政府权力出让，使得私人资本有机会参与对基础设施的投资。政府的这种权利出让只是出让建设的权利，包括为收回投资而给予投资者一段时间内经营管理的权限，到期后投资者将项目所有权归还政府，就是这种权利出让的最好体现。

（2）BOT 融资模式政府不仅是项目管理者，而且也是项目直接参与者。在 BOT 的法律关系中，通常是政府的主管部门和地方政府出面，将基础设施特许权给予项目公司，由项目公司负责经营建设。因此，在 BOT 模式中，政府的特许权至关重要，政府对项目的支持程度将直接影响着项目的成败。

（3）采用 BOT 模式的项目中多数具有国家垄断性质的基础设施，例如高速公路、铁路、桥梁、隧道、港口、机场、电厂等，其投资数额大、技术要求高、建设周期长、建设和经营风险大。

（4）投资主体的多元化和风险的分担与管理。基础设施建设投资额大、投资回报周期长、项目风险大，因此单个或少数投资主体无法完成 BOT 的投资或单独承担建设风险。所以，BOT 设计的主体包括多个项目投资者、项目公司、政府、贷款人、建设者、保险公司、经营公司等，这些主体之间形成了复杂的法律关系，并且按特许权协议投资，分担风险和共同管理。

（5）项目风险的分担方式与其他投资方式不同，即并非由协议双方共担风险，东道国政府在特许期间一般不承担风险，项目的全部或大部分风险由项目公司承担，再由项目公司通过一系列的合同安排将风险分担给其他各参与方。

（6）BOT 项目特许期终结后不需进行清算，而是由政府收回特许权，并全部、无偿地收回整个项目的管理和经营权。

（7）财产权利的特殊性。作为独立法人的项目公司对其项目财产拥有所有权，但始终是一种不完全的财产所有权。项目公司设立之初，其尚未形成的财产已经抵押给贷款银行且这一抵押权须征得财产所有人同意；项目建成后，在整个还贷期间，项目财产始终受抵押权的限制；在回报期内，随着回报额增加和经营期的减少，未来所有人即政府的实际所有权逐步扩大，直至移交其所有权给政府。

（三）BOT 模式的功能

BOT 是一种集融资、建设、经营和转让于一体的多功能投资方式。所以，BOT 融资模式是一个系统方式，它跨越独资、合资与合作之间的界限，可以运用各种各样的投资方式。而其最大的特点是以物引资，这一点特别适合发展中国家。

（1）功能融资。BOT 系列项目的投资主体是私营公司项目主体，是东道国政府的基础性项目。因此出现了带资承包方式，由私营公司及财团进行融资承包建设项目，这种方式不仅可以解决发展中国家资金短缺的问题，更重要的是有助于发展中国家摆脱债务危机的困扰，使项目风险分散或转移。从融资方式看，采用自有资金、银行贷款、出口信贷、银团联合贷款以及与有经济实力的外国公司合作承包等。

（2）建设功能。BOT 融资模式建设功能是采取国际投标方式实现的，是通过多方投资共同完成的。BOT 建设项目是一项系统工程，既有项目主体、咨询设计、工程实施，还有经营等组织系统，因此 BOT 系列融资模式与国际工程承包方式密切相连。

（3）经营功能。BOT 模式的经营功能体现了国际工程承包"前伸后延"的发展趋向。项目合同前涉及投资机会和可行性研究等阶段，后延伸到投产和运营阶段，这种经营功能是通过东道国政府给予投资项目的特许权实现的。而项目的经营管理方式涉及投资合作方式、投资回收方式以及风险承担问题。因此，BOT 融资模式的经营又与国际技术贸易、补偿贸易、租赁贸易等相互结合。

（4）转让功能。投资者在政府允许的期限内，通过运营收回投资、运营与维修费用、服务费、租金及一定利润之后，将项目产权转让给东道国政府。其转让的条件因投资合作方式和转让内容的不同而异；转让涉及技术转让、股权转让、经营权转让和项目转让等多种转让合同。

三、BOT 模式的优缺点

（一）BOT 模式的优点

BOT 融资模式作为一种有效的融资手段，在我国大多数的大型基础设施建设项目中，以其明显的优越性获得青睐。从政府部门角度看，其优势在于以下方面：

（1）资金利用。政府采用 BOT 模式能吸引大量的民营资本和国外资金，以解决建设资金的缺口问题；同时，BOT 模式还有利于政府调整外资的使用结构，吸引外资投入到基础设施的建设上，以便于政府可以集中有限资源投入到那些不被投资者看好但又关系国计民生的重大项目上。

（2）风险转移。基础设施项目的建设运营周期长、规模大，这就加大了风险在整个项目建设运营过程中出现的概率和不确定性；另外，基础设施项目的投资失控现象普遍存在。政府通过 BOT 融资模式的运用，把项目融资的全部责任都转移到承包商，项目借款及其风险由承包商承担，而政府不再需要对项目债务担保，减轻了政府的债务负担；同时，承包商的收益与履约责任的结合，加强了对投资失控现象的控制，避免了政府承受项目的全部风险。

（3）项目运作效率。项目公司为了降低项目建设经营过程中所带来的风险，获得较多的利润回报，必然引进先进的设计和管理方法，把成熟的经营机制引入基础设施建设中，按市场化原则进行经营和管理，从而有助于提高基础设施项目的建设和经营效率，提高项目的建设质量和加快项目的建设进度，保证项目按时按质完成。

（4）技术和管理水平。国外的大型投资和管理公司在项目建设和经营过程中采用国际先进的技术和管理，这不仅能保证项目的建设质量和进度，同时有助于提高东道国的技术和管理水平。同时由于项目公司中大多有东道国的承包公司参与，并为这些承包公司提供更多的发展机会，提高其就业人员的技术素质，还可以吸引本地资本，带动其他行业的发展。

（二）BOT 模式的缺点

（1）采用 BOT 模式后，基础设施项目在特许权规定的期限内将全权交由项目公司去建设和经营。而此时，政府对项目的影响力、控制力通常较弱；对于政府而言，相当于出让了一定时期项目的产权。在这期间，就意味着失去了项目运营中产生的经济效益，同时也无法考虑基础设施的公益性，导致消费者剩余减少。

（2）BOT 模式组织结构没有一个相互协调的机制，由于各参与方都会以各自的利益为重，以实现自身利益最大化为目标，这使得他们之间的利益冲突在所难免。从经济学原理角度看，由于协调机制的缺失，会导致参与各方之间的信息不对称。博弈方在各自利益最大化的驱使下，最终达到"纳什均衡"，其中一方利益达到最大化是以牺牲其他参与方的利益为代价，其社会总收益不是最大，自然也无法实现帕累托最优。

（3）对于 BOT 项目，在项目转让到政府之前，政府对项目的控制难度相对加大，由于将项目建设的风险转移到项目公司，这时项目公司往往要求有较高的投资回报率来补偿其所承受的风险。如果在运营期中增关设卡，提高交易费用，以加速其成本回收及利润获取，而此时政府则无能为力，其结果往往与促进社会经济发展的目的产生矛盾。政府应尽快完善与 BOT 相配套的法律和政策，对项目公司进行必要的约束和引导，使 BOT 项目运作规范化、法律化。

四、BOT 模式的参与者组成

（一）项目发起人

作为项目发起人首先应作为股东，分担一定的项目开发费用。在 BOT 项目方案确定时，就应明确债务和股本的比例，项目发起人应做出一定的股本承诺。同时应在特许权协议中列出专门的备用资金条款，当建设资金不足时，由股东们自行垫付不足资金，以避免项目建设中途停工或工期延误。项目发起人拥有股东大会的投票权，以及特许权协议中列出的资产转让条款所表明的权利，即当政府有意转让资产时，股东拥有除债权人之外的第二优先权，从而保证项目公司不被怀有敌意的人控制，保护项目发起人的利益。

（二）产品购买商或接受服务者

在项目规划阶段，项目发起人或项目公司就应与产品购买商签订长期的产品购买合同。产品购买商必须有长期的盈利经营历史和良好的信誉保证，并且其购买产品的期限至少与BOT项目的贷款期限相同，产品的价格也应保证使项目公司足以回收股本、支付贷款本息和股息且有一定利润。

（三）债权人

债权人应提供项目公司所需的所有贷款，并按照协议规定的时间、方式支付。当政府计划转让资产或进行资产抵押时，债权人拥有获取资产和抵押权的第一优先权；项目公司若想举新债必须征得债权人的同意；债权人应获得合理的利息。

（四）承包商

BOT项目的承包商必须拥有很强的建设队伍和先进的技术，按照协议规定的期限完成建设任务。为了充分保证建设进度，要求承包商必须具有较好的工作业绩，并有强有力的担保人提供担保。项目建设竣工后要进行验收和性能测试，以检测建设是否满足设计指标。一旦承包商因本身原因未按照合同规定期限完成任务，或者完成任务却未能通过竣工验收，项目公司将予以罚款。

（五）保险公司

保险公司的责任是对项目中各个角色不愿承担的风险进行保险，包括建筑商风险、业务中断风险、整体责任风险、政治风险（战争、战乱等）等。由于这些风险不可预见性很强，造成的损失巨大，所以对保险商的财力、信用要求很高，一般的中小保险公司是没有能力承担此类保险的。

（六）设备和材料供应商

供应商负责供应项目公司所需的设备、燃料、原材料等。由于在特许期限内，对于燃料（原料）的需求是长期的和稳定的，供应商必须具有良好的信誉和较强而稳定的盈利能力，能提供至少不短于还贷期的一段时间内的燃料（原料），同时供应价格应在供应协议中明确注明，并由政府和金融机构对供应商进行担保。

（七）运营商

运营商负责项目建成后的运营管理。为保持项目运营管理的连续性，项目公司与运营商应签订长期合同，期限至少应等于还款期。运营商必须是BOT项目的专长者，既有较强的管理技术和管理水平，也有较丰富的管理经验。在运营过程中，项目公司每年都应对项目的运营成本进行预算，列出成本计划，限制运营商的总成本支出。对于成本超支或效益提高，应有相应的罚款和奖励制度。

（八）政府

政府是BOT项目成功与否的关键角色之一，政府对于BOT的态度以及在BOT项目实施过程中给予的支持将直接影响项目的成败。

五、BOT 模式的运作方式和风险分担

一个典型的 BOT 项目的参与方有政府、BOT 项目公司、投资人、银行或财团以及承担设计、建设和经营的有关公司。

政府是 BOT 项目的控制主体。政府决定着是否设立此项目、是否采用 BOT 模式。在谈判确定 BOT 项目协议、合同时政府也占据着有利地位；政府还有权在项目进行过程中对必要的环节进行监督；在项目特许权协议到期时，政府还具有无偿收回该项目的权利。

业主是 BOT 项目的执行主体，处于中心位置。所有关系到 BOT 项目的筹资、分包、建设、验收、经营管理体制以及还债和偿付利息都由业主负责。大型基础设施项目通常专门设立项目公司作为业主，与设计公司、建设公司、制造商以及经营公司建立合作关系。

银行或集团通常是 BOT 项目的主要出资人。对于中小型的 BOT 项目，一般单个银行足以为其提供所需的全部资金，而大型的 BOT 项目往往使单个银行感觉力不从心，从而组成银团共同提供贷款。由于 BOT 项目的负债率一般高达 70%～90%，所以贷款往往是 BOT 项目的最大资金来源。

投资人是 BOT 项目的风险承担主体，主要以投入的资本承担有限责任。尽管原则上讲政府和私人机构分担风险，但实际上各国在操作中差别很大。发达国家市场经济在 BOT 项目中分担的风险很小，而发展中国家在跨国 BOT 项目中往往承担很大比例的风险。

六、BOT 模式的执行程序

（一）立项阶段

在这一阶段，政府根据中长期的社会和经济发展计划列出新建和改建项目清单并公之于众。私人机构可以根据该清单上的项目联系本机构的业务发展方向做出合理计划，然后向政府提出以 BOT 模式建设某项目的建议，并申请投标或表明承担该项目的意向。政府则依靠咨询机构进行各种方案的可行性研究，根据各方案的技术经济指标决定采用何种方式。

（二）招标阶段

如果项目确定采用 BOT 模式建设，则首先由政府或其委托机构发布招标广告，然后对报名的私人机构进行资格预审，从中选择数家私人机构作为投标人并向其发售招标文件。

对于确定以 BOT 模式建设的项目也可以不采用招标方式而直接与有承担项目意向的私人机构协商。但协商方式成功率不高，即便协商成功，往往也会由于缺少竞争而使政府答应条件过多导致项目成本增高。

（三）投标阶段

BOT 项目标书的准备时间较长，往往需要 6 个月以上，在此期间受政府委托的机构要随时回答投标人对项目要求提出的问题，并考虑招标人提出的合理建议。投标人必须在规定的日期前向招标人呈交投标书。招标人开标、评标、排序后，选择前 2～3 家机构进行谈判。

（四）谈判阶段

特许权协议是 BOT 项目的核心，其具有法律效力并在整个特许期内有效，它规定政府和 BOT 项目公司的权利和义务，决定双方的风险和回报。所以，特许权协议的谈判是 BOT 项目的关键一环。政府委托的招标人依次同选定的投标人进行谈判，谈判成功则签订合同，不成功则转向下一个投标人，有时谈判需要循环进行。

（五）履约阶段

这一阶段涵盖整个特许期，可以分为建设阶段、经营阶段和移交阶段。业主是这一阶段

的主角，承担履行合同的大量工作。需要特别指出的是，良好的特许权协议可以激励业主认真负责地监督建设、经营的参与者，努力降低成本、提高效率。如图 8-1 所示。

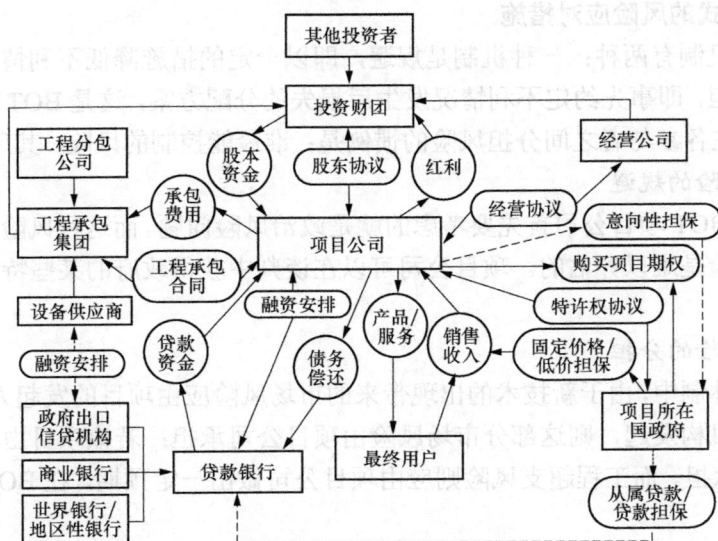

图 8-1　BOT 项目融资结构

七、BOT 模式的风险

BOT 项目投资大、期限长且条件差异较大，常常无先例可循，所以 BOT 模式的风险较大。由此，风险的规避和分担也就成为 BOT 项目的重要内容。

BOT 项目整个过程中可能出现的风险有五种类型：政治风险、市场风险、技术风险、融资风险和不可抵抗的外力风险。

（1）政治风险。政局不稳定、社会不安定都会给 BOT 项目带来不同程度的政治风险，这种风险是跨国投资的 BOT 项目时，项目公司应着重考虑的。投资人承担的政治风险随项目期限的延长而相应递增，而对于本国的投资人而言，则较少考虑该风险因素。

（2）市场风险。在 BOT 项目的特许权期中，供求关系变化和价格变化时有发生。在 BOT 项目回收全部投资以前，市场上有可能出现更廉价的竞争产品或更受大众欢迎的替代产品，导致对该 BOT 项目的产出需求大大降低，此谓市场风险。通常，BOT 项目投资大且期限长，又需要政府的协助和特许，所以具有垄断性，但不能排除由于技术进步等原因带来的市场风险。此外，在原材料市场上可能会由于原材料涨价从而导致工程超支，这是另一种市场风险。

（3）技术风险。在 BOT 项目进行过程中，由于制度上的细节问题安排不当带来的风险，称为技术风险。这种风险的一种表现是工程延期，工程延期将直接缩短工程经营期，减少工程回报，严重的有可能导致项目被放弃。另一种情况是工程缺陷即施工建设过程中的遗留问题。该类风险可以通过制度安排上的技术性处理减少其发生的可能性。

（4）融资风险。融资风险由于汇率、利率和通货膨胀率的预期外的变化带来的风险。若发生比预期高的通货膨胀，则 BOT 项目预定的价格（如果预期价格约定了的话）则会偏低；如果利率升高，由于高的负债率，则 BOT 项目的融资成本大大增加。由于 BOT 常用于跨国投资，汇率的变化或兑现的困难也会给项目带来风险。

（5）不可抵抗的外力风险。BOT 项目和其他项目一样，要面对且承担地震、火灾、江水和暴雨等不可抵抗而又难以预计的外力风险。

八、BOT 模式的风险应对措施

应付风险的机制有两种：一种机制是规避，即以一定的措施降低不利情况发生的概率；另一种机制是分担，即事先约定不利情况发生后损失的分配方案，这是 BOT 项目合同中的重要内容。国际上在各参与者之间分担风险的惯例是：谁最能控制的风险，其风险便由谁承担。

（一）政治风险的规避

跨国投资的 BOT 项目公司首先要考虑的就是政治风险问题。而这种风险仅凭经济学家和经济工作者的经验是难以评估的。项目公司可以在谈判中获得政府的某些特许权以部分抵消政治风险。

（二）市场风险的分担

在市场经济体制中，由于新技术的出现带来的市场风险应由项目的发起人和确定人承担。若该项目由私人机构发起，则这部分市场风险由项目公司承担；若该项目由政府发展计划确定，则政府主要承担。而工程超支风险则应由项目公司做出一定预期，在 BOT 项目合同签订时便有备无患。

（三）技术风险的规避

技术风险是由于项目公司在与承包商进行工程分包时约束不严或监督不力造成的，所以项目公司应完全承担责任。对于工程延期和工程缺陷，应在分包合同中做出规定，与承包商的经济利益挂钩。项目公司还应在工程费用以外留下一部分维修保证金或施工后质量保证金，以便顺利解决工程缺陷问题。对于影响整个工程进度和关系整体质量的控制，项目公司还应进行较频繁的工程监督。

（四）融资风险的规避

工程融资是 BOT 项目中贯穿始终的一个重要内容。这个过程全部由项目公司为主体进行操作，风险也完全由项目公司承担。融资技巧对项目费用大小影响极大。首先，工程过程中分步投入的资金应分步融入，否则会大大增加融资成本。其次，在约定产品价格时应预测利率和通胀的波动对成本的影响。若是从国外引入外资的 BOT 项目，应考虑货币兑换问题和汇率的预期。

（五）不可抵抗外力风险的分担

这种风险具有不可预测性和损失额的不确定性，极有可能是毁灭性损失，而政府和私人机构都无能为力。因此可以依靠保险公司承担部分风险，但这必然会增加工程费用。对于大型 BOT 项目往往还需要多家保险公司进行分保，在项目合同中政府和项目公司还应约定该风险的分担方法。

第二节　BOT 模式的衍生模式

对于 BOT 的内涵前已述及，本节主要介绍 BOT 模式的衍生模式。根据世界银行集团发布《1994 年世界发展报告》中指出，通常所说的 BOT 模式至少有三种具体形式，即 BOT（Build-Operate-Transfer），BOOT（Build-Own-Operate-Transfer）以及 BOO（Build-Own-Operate）。实际上，BOT 模式的衍生模式并不仅仅局限于上述三种具体模式。

一、BT 模式

BT 即"建设—移交"，是政府利用非政府资金进行非经营性基础设施建设项目的一种融资模式。BT 模式是 BOT（"建设—运营—移交"）模式的一种变换形式，指一个项目的运作通过项目公司总承包，融资、建设验收合格后移交给业主，业主向投资方支付项目总投资加上合理回报的过程。目前采用 BT 模式筹集建设资金成为项目融资的一种新模式。

（一）BT 模式产生的背景

（1）随着我国经济建设的高速发展及国家宏观调控政策的实施，基础设施投资的资金压缩受到前所未有的冲击，如何筹集建设资金是制约基础设施建设的关键。

（2）原有的投资融资格局存在重大的缺陷，金融资本、产业资本以及建设企业及其关联市场在很大程度上被人为阻隔，资金缺乏有效的封闭管理，风险和收益分担不对称，金融机构、开发商、建设企业不能形成以项目为核心的有机循环闭合体，优势不能相补，资源没有得到合理运用。

（二）BT 模式发展现状

BT 由 BOT 衍生而来，发展时间短，是新生事物。标准意义的 BOT 项目较多，但类似 BOT 项目的 BT 却并不多见。

自 20 世纪 80 年代我国第一个 BOT 项目（深圳沙角 B 电厂项目）实施建设，经过多年的发展，BOT 融资模式已经为大众所熟悉。而 BT 模式作为 BOT 模式的一种演变，近年来也逐渐作为政府投融资模式，用于政府性公共项目融资。

2004 年国务院颁布了《国务院关于投资体制改革的决定》（国发〔2004〕年 20 号），明确规定"放宽社会资本的投资领域，允许社会资本进入法律法规未禁入的基础设施、公用事业及其他行业和领域""各级政府要创造条件，利用特许权经营、投资补助等多种形式，吸引社会资本参与有合理回报和一定投资回收能力的公益事业和公共基础设施的建设"。此政策背景可谓是 BT 模式获得发展的一个重要因素。

（三）BT 模式依据

（1）《中华人民共和国政府采购法（修订草案征求意见稿）》第一章第二条规定："政府采购是指各级国家机关、事业单位和团体组织，使用财政性资金采购依法制定的集中采购目录以内的或者采购限额标准以上的货物、工程和服务的行为"。

（2）《关于培育发展工程总承包和工程项目管理企业的指导意见》（建市〔2003〕30 号）第四章第七条："鼓励有投融资能力的工程总承包企业，对具备条件的工程项目，根据业主的要求按照建设—转让（BT）、建设—经营—转让（BOT）、建设—拥有—经营（BOO）、建设—拥有—经营—转让（BOOT）等方式组织实施"。

（四）BT 模式的意义

（1）发展 BT 模式使产业资本和金融资本全新对接，形成一种新的融资格局，既为政府提供了一种解决基础设施建设项目资金周转困难的融资新模式，又为投资方提供了新的利润分配体系的追求目标，为剩余价值找到新的投资途径。

（2）BT 模式使银行或其他金融机构获得了稳定的融资贷款利息，分享项目收益。

（3）BT 模式提倡风险在政府与各投资方之间共同承担的原则，同时具备对风险进行分析、识别、评价以及转移的能力，并追求合理利润，优化资源配置。

（4）BT 模式有利于积极推进政府融资体制改革的深化，要求政府完善偿债机制，建立专项偿债发展基金，健全国有资产运作机制，重新整合各类资产，特别是特许经营管理的项目。

（5）BT模式不仅可获取较大的投资效益，还提高了项目管理的效率以及投资者的人文技能、管理水平及参与市场的竞争能力，积累了BT融资模式的经验，为BT融资进入建筑市场创造了条件。

（6）BT模式扩大了资金来源，使项目顺利建设移交给政府，推进了当地经济的可持续发展，提高经济效益和社会效益，为其他行业的融资树立了典范。

（五）BT模式的运作过程

（1）项目的确定阶段。政府对项目立项，完成项目建议书、可行性研究、筹划报批等工作。

（2）项目的前期准备阶段。政府确定融资模式、贷款金额的时间及数量上的要求、偿还资金的计划安排等工作。

（3）项目的合同确定阶段。政府确定投资方，谈判商定双方的权利与义务等工作。

（4）项目的建设阶段。参与各方按BT合同要求，行使权利，履行义务。

（5）项目的移交阶段。竣工验收合格、合同期满，投资者有偿移交给政府，政府按约定价格，按比例分期偿还投资者的融资和建设费用。

（六）BT模式中的主体

（1）项目业主。指项目所在国政府及所属部门指定的机构或公司，也称项目发起人。主要负责对项目的建设特许权的招标。在项目融资建设期间，业主在法律上不拥有项目，而是通过给予项目一定数额的从属性贷款或贷款担保作为项目建设、开发和融资的支持。在项目建设完成和移交后，拥有项目的所有权和经营权。

（2）投资建设方。BT投资建设方通过投标方式从项目所在国政府获得项目建设的特许权。主要负责提供项目建设所需的资金、技术，安排融资和组织项目的建设，并承担相应的项目风险。通过招投标方式产生相应的设计单位、施工单位、监理单位和设备、原材料供应商等。

（3）贷款银行或其他相关单位。项目的融资渠道一般是投资者自有资产、银团贷款、政府政策性贷款等。而贷款的条件一般取决于项目自身的经济效益、管理能力和资金状况，以及政府为项目投资者提供的优惠政策。

（七）BT模式的特点

（1）BT模式仅适用于政府非经营性基础设施项目建设。

（2）政府利用的资金是非政府资金，是通过投资方融资的资金。融资的资金可以是银行的，也可以是其他金融机构或私有的，可以是外资的也可以是国内的。

（3）BT模式仅是一种新的投资融资模式，BT模式的重点是在建设阶段。

（4）投资者在项目建成后不进行经营，获取经营收入。

（5）政府按比例分期向投资方支付合同的约定总价。

（八）BT模式的风险与规避

（1）政府信用风险。在BT模式下，投资者建成项目后，政府必须以财政资金将项目立即回购，因而投资者对政府财政资金的依赖度高。如果政府信用或政策发生重大变化，必然影响投资者的资金安全和投资回报。

（2）成本控制风险。BT模式同样也受到来自原材料价格变化、劳动力成本增加、工期延迟、通货膨胀、汇率波动、利率变化以及环境和技术等方面的影响，从而增加投资风险。BT模式不同于建设工程总承包，建设工程总承包只负责建设工程施工，其成本控制仅是施工过程中的成本，不包括项目前期工作、工程监理等成本，成本的可控制较高。而在 BT 模式下，政府对项目规划不具体，项目投资者承担了项目建设中的所有成本风险，所以投资者争取盈利的关键就是控制建设成本，从而导致项目成本控制的不确定因素增加。

（3）工期控制风险。BT 项目模式下，工程能否在规定的工期内按时或提前完工，不仅关系到投资者是否能收回投资并盈利，也关系到政府的基础设施是否能尽早发挥社会和经济效益。作为政府，期待项目尽早完工且投入使用并发挥效益；作为投资者，则受到种种主客观因素的制约，按时完工总有一定难度。同时由于工程自身不可预计因素的影响、投资者的经营管理水平、技术力量、设施设备保障、施工科学性等制约，项目建设工期控制风险仍然存在。

（4）质量控制风险。项目建设质量是投资成败的关键，关系到 BT 项目建成后能否顺利移交及投资者投资成本效益的收回。BT 模式的建设阶段采用项目总承包的方式，允许项目投资者将一部分项目在得到政府特许经营权后可再分包，受分包商的承接能力、技术力量、管理手段以及对复杂技术问题的处理等方面的影响，也会出现工程质量风险。

随着我国工程建设领域投融资体制的改革，越来越多的工程项目，尤其是基础设施项目，开始采用"建设—转让"即 BT 模式进行建设。实践中，由于目前整个行业对 BT 模式的认识不够，相关立法工作还处于探索阶段，致使诸多问题的解决无据可依，导致 BT 模式被频频滥用。有的以 BT 之名行垫资之实；有的仅有招标单位自身出具的还款承诺而无任何实质性担保；有的在用地、立项、规划等方面明显违反基本建设程序等问题，诸如此类的不规范之处，给运用 BT 项目的建筑企业带来了巨大的风险。

BT 作为一种投资方式，由 BOT 演变而来，同样具有 BOT 项目的根本特征。作为 BT 项目的投资方，建筑企业的权利不仅应通过作为项目建设单位这一法律身份加以固定，还应设定有效的担保以确保其投资款的回收及相应投资回报的如期获取。鉴于此，对于希望通过 BT模式提高竞争力的建筑企业，运用 BT 项目前后，应注意以下几点。

第一，应深入分析相关招标文件以确定 BT 项目的真伪，防范假 BT 模式可能带来的风险。

第二，积极开展对 BT 项目的调查，包括项目合法性以及项目运作前景预测等。

第三，重视对 BT 项目中招标单位回购担保的审查，以确保担保方案的有效性和可行性。

第四，对于实践中有关部门由于对 BT 模式不了解，仍按一般工程承包办理相应手续的做法应主动要求纠正，以避免该类登记方式不当，降低对承包商的保护力度，增加投资风险。

第五，重视 BT 项目的签约管理和履约管理。可聘请专业律师进行全过程把关，积极防范在建设周期内可能出现的法律风险。

对于能够产生稳定现金流的基础设施项目（如收费公路及水、电厂等），其经营比较稳定，因此受到社会投资者的欢迎。但是，对于没有稳定现金流或现金流不足的基础设施项目，如轨道交通、城市绿化等项目，也可以采用政府给予一定补贴的方式进行 BOT 或 BT 模式的融资，鼓励社会资本的参与，以减轻政府的财政压力。例如：上海轨道交通领域就是采用这种模式，由申通集团负责项目规划投资、管理沿线各区出资 35% 成立项目公司，按项目法人制运作项目公司向商业银行寻求长期项目融资（占 65%），期限为 10~21 年。建成后交由地铁建设有限公司、地铁运营公司、现代轨道交通公司承担运营。

二、BOOT 模式

BOOT（Build-Own-Operate-Transfer）即"建设—拥有—经营—转让"，项目公司对所建项目设施拥有所有权并负责经营，经过一定期限后，再将该项目移交给政府的一种融资模式。它是由 BOT 融资模式演变而来的。

BOOT 是一种连投资带承包的方式，是国际承包市场上出现的一块丰厚奶酪：具有多头获利，长线受益，回报高的特征。但同时对于承包商的要求也高：投资人必须管好、用好资金；建设方必须保证项目进度和质量；运营商必须保证盈利。因此，此类项目对我国承包商而言，目前只有少数央企在东南亚、非洲等地区有成功运作案例，国内尚属空白。

BOOT 与 BOT 有如下区别：

（1）所有权的区别：BOT 模式，项目建成后，私人只拥有所建成项目的经营权；而 BOOT 模式，在项目建成后且在规定的期限内，私人既有经营权，也有所有权。

（2）时间上的差别：采取 BOT 模式，从项目建成到移交给政府这段时间一般比采取 BOOT 模式短一些。

每一种 BOT 模式及其变形，都体现了对于基础设施部分政府所愿意提供的私有化程度。BOT 意味着一种很低的私有化程度，因为项目设施的所有权并不转移给私人投资者。BOOT 代表了一种居中的私有化程度，因为设施的所有权在有限的时间内转移给私人投资者。

换句话说，一国政府所采用的建设基础设施的不同模式，反映出其所愿意接受的使某一行业私有化的不同程度。由于基础设施项目通常直接对社会产生影响，并且要使用到公共资源，诸如土地、公路、铁路、管道及广播电视网等，因此，基础设施的私有化是一个特别重要的问题。

对于运输项目（如收费公路、收费桥梁、铁路等）都是采用 BOT 模式，因为政府通常不愿将运输网的私有权转交给私人。在动力生产项目方面，通常会采用 BOT、BOOT 或 BOO 模式。多数国家很重视发电项目，因此，只会与私人签署 BOT 或是 BOOT 特许权协议。而在电力资源充足的国家（如：阿根廷），其政府并不如此重视发电项目，一般会签署 BOO 许可证或特许协议。对于电力的分配和输送，天然气以及石油项目来说，这类行业通常被认为是关系到一个国家的国计民生，因此一般都采用 BOT 或 BOOT 模式。

三、BOO 模式

BOO（Build-Own-Operate）即"建设—拥有—经营"，该模式是一种正在运行中的全新的市场化运行模式，即由企业投资并承担工程的设计、建设、运行、维护、培训等工作，硬件设备及软件系统的产权归属企业，而由政府部门负责宏观协调、创建环境、提出需求，政府部门每年只需向企业支付系统使用费，即可拥有硬件设备和软件系统的使用权。这一模式体现了"总体规划、分步实施、政府监督、企业运作"的建、管、护一体化的要求，其优势在于，政府部门既节省了大量财力、物力和人力，又可在瞬息万变的信息技术发展中始终处于领先地位，企业也可以从项目承建和维护中得到相应的回报。

（一）BOT 与 BOO 模式的相同点

BOT 和 BOO 模式最重要的相同之处在于，它们都是利用私人投资承担公共基础设施项目。在这两种融资模式中，私人投资者根据东道国政府或政府机构授予的特许权协议或许可证，以自己的名义从事授权项目的设计、融资、建设及经营工作。在特许期内，项目公司拥有项目的占有权、收益权以及为特许项目进行投融资、工程设计、施工建设、设备采购、运营管理和合理收费等的权利，并承担对项目设施进行维修和保养的义务。为保证特许权项目的顺利实施，在特许期内，如因我国政府政策调整因素影响，使项目公司受到重大损失的，允许项目公司合理提高经营收费或延长项目公司特许期；对于项目公司偿还贷款本金、利息或红利所需要的外汇，国家保证兑换和外汇出境。但是，项目公司也要承担投融资以及建设、采购设备、维护等方面的风险，政府不提供固定投资回报率的保证，国内金融机构和非金融机构也不为其融资提供担保。

（二）BOT 与 BOO 模式的不同点

BOT 与 BOO 模式最大的不同之处在于：在 BOT 项目中，项目公司在特许期结束后必须将项目设施交还给政府；而在 BOO 项目中，项目公司有权不受任何时间限制地拥有并经营项目设施。从 BOT 的字面含义，可以推断出基础设施国家独有的含义：作为私人投资者在经济利益驱动下，本着高风险、高回报的原则，投资于基础设施的开发建设；为收回投资并获得投资回报，私人投资者被授权在项目建成后的一定期限内对项目享有经营权，并获得经营收入；期限届满后，将项目设施经营权无偿移交给政府。由此可见，项目设施最终经营权仍然掌握在国家手中，而且在 BOT 项目整个运作过程中，私人投资者自始至终都没有项目的所有权。其实，BOT 模式不过是政府允许私人投资者在一定期限内对项目设施拥有经营权，但该基础设施的本质属性没有任何改变。换句话说，运用 BOT 模式，项目发起者可拥有一段确定的时间以获得实际的收入来弥补其投资，之后，项目移交给政府。而 BOO 模式中，项目的所有权不再移交给政府。

四、TOT 模式

TOT（Transfer-Operate-Transfer），即"移交—经营—移交"。TOT 模式是国际上较为流行的一种项目融资模式，通常是指政府部门或国有企业将建设好的项目，允许其在一定期限的产权或经营权有偿转让给投资者，由其进行运营管理；投资者在约定的期限内通过经营收回全部投资并得到合理的回报，双方合约期满之后，投资者再将该项目移交给政府部门或原企业的一种融资模式。

TOT 融资模式是 BOT 融资模式的新发展，也是企业进行收购与兼并所采取的一种特殊形式。从某种程度上讲，TOT 融资模式具备我国企业在并购过程中出现的一些特点，因此可以理解为基础设施企业或资产的收购与兼并。TOT 模式的流程大致是：首先，进行经营权转让，即把存量部分资产的经营权置换给投资者，双方约定一定的转让期限；其次，在此期限内，经营权受让方全权享有经营设施及资源所带来的收益；最后，期满后，再由经营权受让方移交给经营权转让方。TOT 融资模式相对于增量部分资源转让即 BOT 融资模式而言的，都是融资的模式和手段之一。

（一）TOT 模式的运作程序

（1）制定 TOT 方案并报批。转让方须先根据国家有关规定编制 TOT 项目建议书，征求行业主管部门同意后，按现行规定报有关部门批准。国有企业或国有基础设施管理者只有获得国有资产管理部门批准或授权才能实施 TOT 模式。

（2）项目发起人（同时又是投产项目的所有者）设立 SPV 或 SPC（Special Purpose Vehicle, or Special Purpose Corporation），发起人把完工项目的所有权和新建项目的所有权均转让给 SPV，以确保有专门机构全权负责两个项目的管理、转让与建造，并对出现的问题加以协调。SPV 常常是政府设立或政府参与设立的具有特许权的机构。

（3）TOT 项目招标。按照国家规定，需要进行招标的项目须采用招标方式选择 TOT 项目的受让方，其程序与 BOT 模式大致相同，包括招标准备、资格预审、准备招标文件、评标等。

（4）SPV 与投资者洽谈以达成转让投产运行项目在未来一定期限内全部或部分经营权的协议，并取得资金。

（5）转让方利用获得资金建设新项目。

（6）新项目投入使用。

（7）项目期满后，收回转让的项目。转让期满，资产应在无债务、未设定担保、设施状况完好的情况下移交给原转让方。在有些情况下是先收回转让项目然后新项目才投入使用的。

（二）TOT 模式的优势

（1）与 BOT 项目融资模式比较。BOT 项目融资是"建设—经营—移交"模式的简称。TOT 项目融资模式与之相比，省去了建设环节，使项目经营者避免了建设阶段的风险，项目接手后就有收益。同时由于项目收益已步入正常运转阶段，使得项目经营者通过把经营收益权向金融机构提供质押担保方式再融资，也变得容易多了。

（2）与向银行和其他金融机构借款融资方式比较。银行和其他金融机构向项目法人贷款其实质是一种借贷合同关系。虽然也有担保措施，但金融机构不能直接参与项目经营，只有通过间接手段监督资金安全使用。在社会信用体系还没有完全建立的阶段，贷款者要承担比较大的风险。由于贷款者"惜贷"心理作用，项目经营者想要通过金融机构筹集资金，其烦琐手续和复杂的人际关系常常使人止步。TOT 项目融资，出资者直接参与项目经营，由于利益驱动，其经营风险自然会控制在其所能承受的范围内。

（3）与合资、合作融资方式比较。合资、合作涉及两个以上的利益主体，由于双方站在不同利益者的角度，合资、合作形式一般都存在一段"磨合期"，决策程序相对也比较长，最后利润分配也是按协议或按各方实际出资比例分配。实行 TOT 项目融资，其经营主体一般只有一个，合同期内经营风险和经营利益全部由经营者承担，提高了企业内部决策效率，内部指挥协调工作也相对容易开展。

（4）与内部承包或实物租赁融资方式比较。承包或租赁虽然也是把项目经营权在一定时期让渡出去，但与 TOT 项目融资相比，仍有许多不同之处。经营承包一般主体为自然人，项目对外法人地位不变，项目所有权权利完整保留。租赁行为中虽然经营者拥有自己独立的对外民事权利，但资产所有权权利仍由出租者行使，租赁费用一般按合同约定分批支付或一年支付一次。TOT 项目融资是两个法人主体之间的契约行为，经营者在合同期内，仍有独立的民事权利和义务，按合同约定，经营者还可拥有部分财产所有者的权利。经营者取得财产经营权的费用也一次性支付。

（5）与融资租赁模式比较。融资租赁是指出租者根据承租人对供应商和设备的选定，购买其设备交承租人使用，承租人支付租金的行为。融资租赁模式涉及购买和租赁两个不同合同，合同主体涉及出租人、供应商、承租人三方，其运作实质是"以融物形式达到融资的目的"。TOT 项目融资模式中，合同主体只有财产所有人和其他社会经营主体两者，经营者既是出资者，又是项目经营者。所有者暂时让渡所有权和经营权，其目的是通过项目融资，筹集到更多的建设资金投入到城市基础设施建设。

（6）与其他土地开发权作为补偿方式比较。以开发权作为补偿项目其本身一般不具备创收经营权，项目具有纯公益性质。TOT 项目融资，其项目本身必须是经营性资产，有比较固定的收益。与取得其他开发权融资方式比较，避开了建设环节的风险和政策不确定性因素风险，其运作方式对项目所有者和经营者都有益处。

（三）TOT 模式所带来的影响

开展 TOT 项目融资，其主要好处有以下几方面：

（1）盘活城市基础设施存量资产，开辟经营城市新途径。随着城市扩容速度加快，迫切需要大量资金用于基础设施建设，面对巨大的资金需求，地方财政投入可以说是"杯水车薪"。同时通过几十年的城市建设，城市基础设施中部分经营性资产的融资功能没有得到充分利用，甚至出现资产沉淀现象。如何盘活这部分存量资产，以发挥其最大的社会和经济效益，是每个城市经营者必须面对的问题。而 TOT 项目融资模式正是针对这种现象设计的一种经营模式。

（2）增加了社会投资总量，以基础行业发展带动相关产业的发展，促进整个社会经济稳步增长。TOT 项目融资模式的实施，盘活了城市基础设施存量资产，同时也引导了更多的社会资金投向城市基础设施建设，从"投资"角度拉动了整个相关产业迅速发展，促进社会经济平稳增长。

（3）促进社会资源的合理配置，提高了资源使用效率。在计划经济模式下，公共设施领域经营一直是沿用垄断经营模式，其他社会主体很难进入基础产业行业。引入 TOT 项目融资模式后，由于市场竞争机制的作用，给所有基础设施经营单位增加了无形压力，促使其改善管理，提高生产效率。同时，一般采用 TOT 项目融资的经营单位，大多都是一些专业性的公司，在接手项目经营权后，能充分发挥专业分工的优势，利用其成功的管理经验，使项目资源的使用效率和经济效益迅速提高。

（4）促使政府转变观念和转变职能。实行 TOT 项目融资后，首先，政府可以真正体会到"经营城市"不仅仅是一句口号，更重要的是一项严谨、细致、科学的工作。其次，政府对增加城市基础设施投入介绍了一种新的融资方法。政府决策思维模式将不仅紧盯"增量投入"，而且时刻注意到"存量盘活"。最后，基础设施引入社会其他经营主体后，政府可以真正履行"裁判员"角色，把工作重点放在加强对城市建设规划，引导社会资金投入方向，更好地服务企业，监督企业经济行为等方面。

（四）实施 TOT 模式应注意的问题

（1）注意新建项目的效益。由于新建项目规模大、耗费资金多，因此一定要避免以前建设中曾经出现的"贪洋求大"、效益低、半途而废等情况。首先，在目前 TOT 融资模式经验不足的情况下，要做好试点工作，并及时总结经验，从小到大、从单项到综合项目逐步展开。其次，在建设前一定要进行全面、详细的评估、论证，要充分估计到 TOT 模式的负面效应，提出相关预防措施。对于事关国家建设全局的重大项目，要慎之又慎，切忌草率决定。中央有关部门应从国民经济全局的角度出发，严格审核、审批，防止一哄而起，盲目引进外资，防止重复建设。

（2）注意转让基础设施价格问题。①由于受让方接受的是已建基础设施，避免了建设时期和试生产时期的大量风险，而由我方承担这些风险。因此，经营权的转让价应合理提高，作为对承担风险的"对价"。②由于 TOT 项目多为基础设施项目，其价格高低必然会对社会经济造成较大影响。而由于受让方承担风险较低，花费较少，因此，项目产品价格应按国内标准合理制定，要与社会经济承受能力相适应。

（3）加强国有资产评估。受让方买断某项资产的全部或部分经营权时，必须进行资产评估。转让资产如果估价过低，会造成国有资产流失；估价过高，则可能影响受让方的积极性和投资热情。因此，要正确处理好资产转让和资产评估的关系，要求聘请的评估机构应具有相应资质，在评估时最好与转让方和其聘请的融资顾问及时沟通，评估结果应报国有资产管理部门批准。

（4）应明确规定转移经营权的项目的维修改造内容。为防止受让方在移交回转让方时，该项目是一个千疮百孔的"烂摊子"，可以采用一种过渡期的办法来解决。在过渡期内，双方共同管理、共同营运项目，收入按一定比例分享，以利于转让方对项目运行的监督管理。此外，还应鼓励受让方对项目进行技术改造、设备更新和必要的其他扩建改造。

（5）进一步改善 TOT 模式的投资法律环境问题。尽管 TOT 模式涉及环节较少，但作为一种利用外资的新形式，必然要求有完善的法律环境的保证。政府应通过立法规范 TOT 模式相关主体的行为，明确各方权利与义务，保证转让项目的有偿使用和特许经营权的稳定性，保障投资者的合法权益，尽量减少投资的法律风险。因此，有必要依据我国国情和国际惯例，制定出一套适合于 TOT 模式的法律法规，为 TOT 模式在我国的有效利用创造良好的法律环境。

第三节　PFI　模　式

PFI（Private Finance Initiative），是英国政府于 1992 年提出，英文原意为"私人融资活动"，在我国被译为"民间主动融资"，在欧洲发达国家逐步兴起的一种新的基础设施投资、建设和运营管理模式。PFI 是对 BOT 项目融资的优化，指政府部门根据社会对基础设施的需求，提出需要建设的项目，通过招投标，由获得特许权的私营部门进行公共基础设施项目的建设与运营，并在特许期（通常为 30 年左右）结束时将所经营的项目完好地、无债务地归还政府，而私营部门则从政府部门或接受服务方收取费用以回收成本。

一、PFI 的历史

1992 年，英国废除了以前严格限制私人投资公共领域的法规，开始实施私人融资计划（Private Finance Initiative，PFI）。主要包括两个方面：一是既有政府项目的私有化；二是拟建项目的私人竞争招标。

英国的 PFI 项目取得了显著的成效：89% 的项目按时完成，没有任何一个项目使政府的建设成本超支。而在引入 PFI 项目之前，有统计数据表明：70% 的项目不能按时完成，73% 的项目超出预算。同时，在另外一份权威调查报告中表明：每 100 元固定资产中，政府投资比重分别为日本 19.4%、法国 15.3%、美国 10.7%、德国 8.5%、英国 6.2%。比重最低的是英国，与其在政府项目中大力推广 PFI 模式是分不开的。

二、PFI 的特点

（1）项目主体单一。PFI 的项目主体通常为本国民营企业的组合，体现出民营资金的力量。而 BOT 模式的项目主体则为非政府机构，既可以是本国私营企业，也可以是外国公司。所以，PFI 模式的项目主体较 BOT 模式单一。

（2）项目管理方式开放。PFI 模式对项目实施开放式管理，首先，对于项目建设方案，政府部门仅根据社会需求提出若干备选方案，最终方案则在谈判过程中通过与私人企业协商确定；BOT 模式则事先由政府确定方案，再进行招标谈判。其次，对于项目所在地的土地提供方式及以后的运营收益分配或政府补贴额度等，都要综合考虑政府和私人企业的财力、预计的项目效益及合同期限等多种因素，不同于 BOT 模式对这些问题事先都有框架性的文件规定，如土地在 PFI 模式中是由政府无偿提供的，无须谈判，而且在 BOT 模式中，一般都需要政府对最低收益等做出实质性的担保。所以，PFI 模式比 BOT 模式有更大的灵活性。

（3）实行全面的代理制。PFI 模式实行全面的代理制，这也是与 BOT 模式的不同之处。作为项目开发主体，BOT 模式的项目公司通常自身就具有开发能力，仅把调查和设计等前期工作和建设、运营中的部分工作委托给有关的专业机构。而 PFI 公司通常自身并不具有开发能力，在项目开发过程中，广泛地应用各种代理关系，而且这些代理关系通常会在投标书和合同中加以明确，以确保项目开发安全。

（4）合同期满后项目运营权的处理方式灵活。PFI 模式在合同期满后，如果私人企业通过正常经营未达到合同规定的收益，则可以继续拥有或通过续租的方式获得运营权，这是在前期合同谈判中需要明确的。而 BOT 模式则明确规定，在特许权期满后，所建资产将无偿地交给政府拥有和管理。

三、PFI 的类型

根据资金回收方式的不同，PFI 项目通常可以划分为如下三类。

（1）向公共部门提供服务型（Services Sold to the Public Sector）。即私营部门结成企业联合体，进行项目的设计、建设、资金筹措和运营，而政府部门则在私营部门对基础设施的运营期间，根据基础设施的使用情况或影子价格向私营部门支付费用。

（2）收取费用的自立型（Financially free-Standing Projects）。即私营部门进行设施的设计、建设、资金筹措和运营，向设施使用者收取费用，以回收成本，在合同期满后，将设施完好地、无债务地移交给公共部门。这种方式与 BOT 融资的运作模式基本相同。

（3）合营企业型（Joint Ventures）。即对于特殊项目的开发，由政府进行部分投资，而项目的建设仍由私营部门进行，资金回收方式以及其他有关事项由双方在合同中规定。

四、PFI 与传统融资模式的区别

在 PFI 模式下，项目公司负责整个项目全过程的开发，政府不直接对 PFI 项目负责。因此，PFI 模式是以实现基础设施项目全寿命周期目标为核心在全过程中开发。这一变化主要体现在项目公司对项目全寿命成本进行集成化的考虑，从而使政府在整个项目的全寿命周期中的成本低于传统模式下的总成本。

PFI 的运用形式主要有 BOT（Build-Operate-Transfer），BTO（Build-Transfer-Operate），TOT（Transfer-Operate-Transfer），BROT（Build-Rent-Operate-Transfer），BOOT（Build-Own-Operate-Transfer），BOO（Build-Own-Operate），DBFO（Design-Build-Finance-Operate）等。其中，DBFO 模式下项目公司要承担额外的责任，如设施设计及其建设的融资。

五、PFI 项目的基本结构

PFI 项目一般涉及时间长、资金投入巨大，社会效应显著，成功与否关系到整个社会的效率与安定。所以，在前期做好详细的研究与周密的权利义务安排是十分必要的。在国外，PFI 项目的法律费用十分巨大，但是，正是因为在项目前期有专业律师和顾问公司的参与，避免了许多潜在的纠纷和麻烦，保证了项目的顺利开展，实际上是节约了各方面可能发生的

为解决潜在争议的开支。

PFI 项目需要一系列的合同安排，而且各个合同环环相扣，合同之间的相关性使得整个项目合同群成为一个系统工程。

1. 项目协议（特许权协议）

这是最为关键的一份合同文件，通过该协议授予项目公司权力来进行整个项目的操作，包括设计、建设、融资和经营。项目公司会尽量将所有的风险转移给各种分包商，比如说，将设计和建设的风险转移给承包商，将运营维护风险转移给运营商。这种转移的理论基础就是使能最有效率地管理风险的组织来管理风险。

2. 建筑合同

PFI 项目中的建筑合同往往都是"交钥匙"合同，由承包商承担设计、建筑、供应、安装、调试与试运行等全部工作。

3. 运营与维护分包协议

该协议是从服务开始时开始执行的。通常运营商都是具有卓著业绩的运营者，因为运营是产生现金流的来源，良好的运营才能保证对投资者（贷款人）的贷款的偿还。

4. 其他的专业分包合同

例如：培训合同、物流合同等。

5. 附带保证/承包商直接协议

这些文件并非在任何时候都是必需的。但是，在分包商的工作至关重要的时候，就需要这些文件来保证分包商的工作顺利完成。总的说来，这些文件对合同顺利履行提供一定程度的额外保护。有时政府与项目公司都需要类似的保证。

直接协议是 PFI 项目的一个特色。它是指资金提供方（出贷方）与借款方（承/分包商）在 PFI 项目合同下的合同相对方签订直接协议，规定在借款方（承/分包商）违反 PFI 项目合同时，相对方不能直接终止与借款方的 PFI 项目合同，而必须给出贷方一个机会"介入"（"Step-in"），以纠正违约。

六、PFI 项目融资模式在城市基础设施中的应用与创新

PFI 项目在发达国家的应用领域有一定的侧重。以日本和英国为例，首先从数量上看，日本的侧重领域由高到低为社会福利、环境保护和基础设施；英国则为社会福利、基础设施和环境保护。其次从资金投入上看，日本在基础设施、社会福利、环境保护三个领域仅占英国的 7%、52% 和 1%，可见其规模与英国相比要小得多。当前，PFI 项目在英国非常多样，大型项目多数来自国防部，例如，空对空加油罐计划、军事飞行培训计划、机场服务支持等；更多的典型项目是相对小额的设施建设，例如教育或民用建筑物、警察局、医院能源管理或公路照明，较大一些的项目包括公路、监狱和医院用楼等。

PFI 模式代表了国际上基础设施、公用事业项目开发的趋势，尤其多用于社会福利性质的建设项目。采用 PFI 项目融资模式的主要作用：一是政府部门由传统的设施采购向服务采购转变，政府对项目的要求通过对服务要求的定义来实现，对私营部门如何融资、设计、建设、运营不会做太多的干涉，支付的费用也由建造的实际费用变为根据服务情况而定；二是将私营部门的创新机制引入政府采购，即通过私营部门的参与，提高政府的投资效率，提高管理、创新的能力，为政府提供巨大的潜在收益；三是将基础设施的全寿命风险适当地转移到更为适宜的管理机构。

PFI 项目融资模式的主要风险在于其参与方较多，一般有政府、项目发起人、项目公司、投资银行、贷款银行、建设单位、设计单位、运营单位甚至用户等，往往涉及几十个合同或协议，合同关系和法律关系。由于政府所给予的特许经营权的条件是项目合作和实施的重要基础，因此，PFI 项目的成功与否在很大程度上依赖于政府信用以及政府与项目公司的关系。PFI 项目将建设、经营的风险转移至经营机构，对经营机构的要求比较高，需要专业化程度和对市场的分析、把握能力比较强的公司，才能真正做好项目。在政府给予一定的政策优惠和倾斜的同时，也需要对项目公司的运作进行有效的监督，使项目的运作在法制的基础上进行，切实保护项目参与者的利益，但现在对 PFI 项目的法律法规建设还相当滞后，需要逐步地完善。此外，项目经营权的具体条件关系到项目各方的利益与风险，是 PFI 项目谈判成功与否的重要条件。因此，政府需要对 PFI 项目的招商条件进行有效的评估和策划。

PFI 项目融资模式在我国基础建设领域的应用已经有了良好的开端，如何完善 PFI 项目的应用条件和政策法规，促进 PFI 项目融资模式的创新，使其更加规范化、标准化，这是对 PFI 项目融资模式提出的更高要求。

PFI 的根本在于政府从私人处购买服务，目前这种模式多用于社会福利性质的建设项目，不难看出，这种模式多被硬件基础设施已经相对完善的发达国家采用。比较而言，发展中国家由于经济水平的限制，将更多的资源投入到了能直接或间接产生经济效益的项目，而这些基础设施在国民经济生产中的重要性很难使政府放弃其最终所有权。

第四节 ABS 模 式

ABS（Asset-Backed Securitization）模式的全称是"资产支持证券化"融资模式，是指以目标项目所拥有的资产为基础，以该项目资产的未来预期收益为保证，在资本市场上发行高级债券来筹集资金的一种融资模式。

ABS 资产证券化是国际资本市场上流行的一种项目融资方式，已在许多国家的大型项目中采用。1998 年 4 月 13 日，我国第一个以获得国际融资为目的的 ABS 证券化融资方案率先在重庆市推行。这是中国第一个以城市为基础的 ABS 证券化融资方案。

一、ABS 的特点

（1）通过证券市场发行债券筹集资金，是 ABS 不同于其他项目融资方式的一个显著特点，而证券化融资模式也是未来项目融资的发展方向。

（2）ABS 模式通过发行债券募集资金，这种负债不反映在原始权益人自身的资产负债表上，避免了原始权益人资产质量的限制。

（3）ABS 模式消除了项目原始权益人自身的风险和项目资产未来现金收入的风险，使其清偿债券本息的资金仅与项目资产的未来现金收入有关，从而分散了投资风险。

（4）ABS 模式下债券的信用风险得到了 SPC（特别目的公司）的信用担保，还能在国际市场进行转让，变现能力强，投资风险小，因而有较大的吸引力，易于债券的发行和销售，同时利息率较低，使融资成本降到最低水平。

二、ABS 的运作过程

ABS 融资方式的运作过程分为六个主要阶段，如图 8-2 所示。

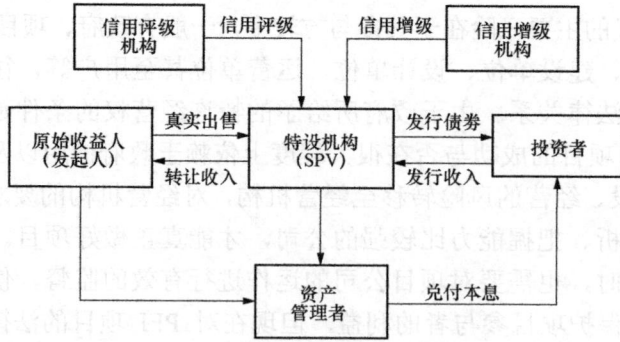

图 8-2　ABS 模式的基本流程图

第一阶段：组建项目融资专门公司 SPC。采用 ABS 融资模式，项目主办人需组建项目融资专门公司，可称为信托投资公司或信用担保公司，它是一个独立的法律实体。这是采用 ABS 融资模式筹资的前提条件。

第二阶段：寻求资信评估机构授予融资专门公司尽可能高的信用等级。由国际上具有权威性的资信评估机构，经过对项目的可行性研究，依据对项目资产未来收益的预测，授予项目融资专门公司 AA 级或 AAA 级信用等级。

第三阶段：项目主办人（筹资者）转让项目未来收益权。通过签订合同，项目主办人在债券发行期内将项目筹资、建设、经营、债务偿还等全权转让给项目融资专门公司。

第四阶段：项目融资专门公司发行债券筹集项目建设资金。由于项目融资专门公司信用等级较高，其债券的信用级别也在 A 级以上，只要债券一发行，就能吸引众多投资者购买，其筹资成本会明显低于其他筹资模式。

第五阶段：项目融资专门公司组织项目建设、项目经营并用项目收益偿还债务本息。

第六阶段：债券到期，项目融资专门公司按合同规定无偿转让项目资产，项目主办人获得项目所有权。

三、ABS 的优点

相比其他证券产品，资产支持证券化具有以下几个优点：

（1）具有吸引力的收益。在评级为 AAA 级的资产中，资产支持证券化比到期日与之相同的美国国债具有更高的收益率，其收益率与到期日和信用评级相同的公司债券或抵押支持型债券的收益率大致相同。

（2）较高的信用评级。从信用角度看，资产支持证券化是最安全的投资工具之一。与其他债务工具类似，它们也是在其按期偿还利息与本金能力的基础之上进行价值评估与评级的。但与大多数公司债券不同之处在于资产支持证券化得到了担保物品的保护，并由其内在结构特征通过外部保护措施使其得到信用增级，进一步保证了债务责任得到实现。大多数资产支持证券化从主要的信用评级机构得到了最高信用评级——AAA 级。

（3）投资多元化与多样化。资产支持型证券市场是一个在结构、收益、到期日以及担保方式上都高度多样化的市场。用以支持证券化的资产涵盖了不同的业务领域，从信用卡应收账款到汽车、船只和休闲设施贷款，以及从设备租赁到房地产和银行贷款。另外，资产支持证券化向投资者提供了条件，使投资者能够将传统上集中于政府债券、货币市场债券或公司债券的固定收益证券进行多样化组合。

（4）可预期的现金流。许多类型资产支持型证券的现金流的稳定性与可预测性都得到了很好的设置。购买资产支持证券化的投资者有极强的信心按期进行期望中的偿付。然而，对出现的类似于担保的资产支持型证券，有可能具有提前偿付的不确定因素，因此投资者必须明白，此时现金流的可预测性就不那么准确了。这种高度不确定性往往由高收益性反映出来。

（5）事件风险小。由于资产支持证券化得到标的资产的保证，从而提供了针对事件风险而引起的评级下降的保护措施，与公司债券相比，这点较为明显。投资者对于没有保证的公司债券的主要顾虑在于，不论评级有多高，一旦发生对发行人产生严重影响的事件，评级机构将调低其评级。类似的事件包括兼并、收购、重组及重新调整资本结构，这通常都是由于公司的管理层为了提高股东的收益而实行的。

四、ABS 模式与 BOT 模式的比较

1. 运作的繁简程度及融资成本的差异

BOT 模式的操作复杂，难度大。采用 BOT 模式必须经过确定项目、项目准备、招标、谈判、签署与 BOT 有关的文件合同、维护、移交等阶段，涉及政府的许可、审批以及外汇担保等诸多环节，牵扯的范围广，不易实施，而且其融资成本也因中间环节多而增加。

ABS 融资模式的运作则相对简单。ABS 模式运作中只涉及原始权益人、特别目的公司即 SPC、投资者、证券承销商等主体，无须政府的许可、授权即外汇担保等环节，是一种主要通过民间的非政府的途径，按照市场经济规则运作的融资模式，实现了操作的简单化，最大限度地减少了酬金、差价等中间费用，降低了融资成本。

2. 投资风险的差异

BOT 项目的投资者主要由两部分组成：一部分是权益投资人，主要包括国际工程投资公司即建筑商、设备供应商、产品购买商以及机构投资者等；另一部分就是项目的债务投资人，主要包括国际上的商业银行、非银行金融机构（如保险公司、养老基金和投资基金等）。从数量上看，BOT 项目的投资者是比较有限的，这种投资是不能随便放弃和转让的，因此，每个投资者承担的风险相对而言是比较大的。

ABS 项目的投资者是国际资本市场上的债券购买者，其数量众多，这就极大地分散了投资的风险，使每个投资者承担的风险相对较小。同时这种债券还可以在二级市场上转让，变现能力强，使投资风险减小。ABS 债券通过信用增级，在资本市场上具有较高的资信等级，使投资者节约了分析研究该证券风险收益的成本，提高了其自身的资产总体质量，降低了自身的经营风险。这对于投资者特别是金融机构投资者具有一定的吸引力。

3. 项目所有权与运营权的差异

BOT 项目的所有权与运营权在特许期限内是属于项目公司的，项目公司再把项目的运营权分包给运营维护承包商，政府在此期间则拥有对项目的监督权。当特许期限届满，所有权将移交给政府指定的机构。

ABS 模式中，项目资产的所有权根据双方签订的买卖合同，由原始权益人即项目公司转至特别目的公司即 SPC，SPC 通过证券承销商销售资产支持证券，取得发行权后，再按资产买卖合同规定的购买价格把部分发行权作为出售资产的交换支付给原始权益人，使原始权益人达到筹资的目的。在债券的发行期内，项目资产的所有权属于 SPC，而项目的运营、决策权属于原始权益人。原始权益人的义务是把项目的现金收入支付给 SPC。待债券到期，由资产产生的收入还本付息以及支付各项服务费之后，资产的所有权又归原始权益人。

4. 项目资金来源方面的差异

BOT 模式既可利用外资，也可利用国内资本金，从我国采用 BOT 模式的实践来看，大多数 BOT 项目是以利用外资为主。随着外资的引入，国外的建筑承包商、运营维护商也随之参与企业的建筑、运营、维护等工作，自然也带来了国外的先进技术和管理经验。

ABS 模式既可在国际债券市场上发行债券，也可以在国内债券市场上发行债券。目前，国际债券市场有高达 8000 亿美元的市场容量。我国在国际债券市场上发行 ABS 债券可以吸引更多的外资来支持国内的基础设施建设。但这只是对外资的利用，不能像 BOT 模式一样带来国外先进技术和管理经验。而如果在国内债券市场上发行，则因 ABS 债券的投资风险较小，将会对我国机构投资者，如退休养老基金、保险基金、互助基金等产生较大的吸引力，同时，也有利于各种基金的高效运作。

5. 适用范围的差异

从理论上讲，凡一个国家或地区的基础设施领域内能通过收费获得收入的设施或服务项目都是 BOT 模式的适用对象。但针对我国特殊的经济及法律环境的要求，不是所有基础设施项目都可以采用 BOT 模式，其使用范围是有限的。BOT 模式是非政府资本介入基础设施领域，其实质是 BOT 项目的特许期内的民营化。因此，对于某些关系国计民生的重要部门，虽然它有稳定的预期现金流入，也是不宜采用 BOT 模式的。

ABS 模式则不同，在债券的发行期内项目的资产所有权虽然归 SPC 所有，但项目资产的运营和决策权依然归原始权益人所有。SPC 拥有项目资产的所有权只是为了实现"资产隔离"，实质上在这里 ABS 项目资产只是以出售为名，而行担保之实，目的就是为了在原始权益人一旦发生破产时，能带来预期收入的资产不被列入清算范围，避免投资者受到原始权益人的信用风险影响，SPC 并不参与企业的经营与决策。因此，在运用 ABS 模式时，不必担心项目是关系国计民生的重要项目而被外商所控制。凡有可预见的稳定的未来现金收入的基础设施资产，经过一定的结构重组都可以证券化。比如，不宜采用 BOT 模式的重要的铁路干线、大规模的电厂等重大的基础设施项目，都可以考虑采用 ABS 模式。由此可见，ABS 模式的使用范围要比 BOT 模式广泛。

综上所述，可以看出 BOT 模式和 ABS 模式在基础设施领域应用中各有所长，应灵活运用，不应片面强调哪一种模式，而应区分阶段具体的情况，选择运用其中一种模式。既要继续大力发展 BOT 模式，也要积极探索运用 ABS 模式，抓住当前国际上 ABS 模式迅速发展的良好势头。

五、ABS 模式的发展前景

（1）我国经济建设巨大的资金需求和大量优质的投资项目为 ABS 融资提供了广阔的应用空间和物质基础。高速度的经济增长，使我国经济具有比较强的投资价值。当前，国外一些较大的金融中介机构更是纷纷看好我国的 ABS 项目融资市场。

（2）我国已经初步具备了 ABS 融资的法律环境。日本、美国及欧洲等国家和地区的巨额单位信托、互惠基金、退休福利、医疗保险等基金日益增长，已经达到了近万亿美元，但这些资金都不能计入我国市场。随着《票据法》《信托法》《保险法》《证券法》等法律的出台，标志着我国开展 ABS 融资模式是必然的发展方向。

（3）ABS 融资模式摆脱了信用评价等级的限制，拓宽了融资渠道。ABS 融资模式是一种通过民间的非政府的途径，按照市场经济的规则运作的融资模式。随着我国金融市场的不断完善，ABS 模式也会得到广泛的认可。至此，ABS 融资模式通过信用担保和信用增级计划，使我国的企业和项目进入国际高档证券投资市场成为可能。

（4）利用 ABS 模式进行融资，有利于我国尽快进入高档的项目融资领域。ABS 融资模式是通过资产支持证券化进行融资，也是项目融资的未来发展方向。开展 ABS 项目融资，将加快我国的项目融资与国外资本市场融合的步伐，促进我国经济更快更广地发展。

处于 21 世纪的中期，国内经济的迅速发展需要大量资金的投入，而传统的招商引资和现有的融资渠道，都不能满足需求，开拓新的融资渠道日益成为我国经济发展的重要问题。在这种情况下，ABS 融资模式将给我国的资本市场注入活力，成为我国项目融资的一种现实选择。

第五节　PPP　模　式

随着项目融资的发展，PPP（Public-Private Partnership，公私合伙或合营）模式开始出现并越来越流行，特别是在欧洲。该词最早由英国政府于 1982 年提出，是指政府与私营商签订长期协议，授权私营商代替政府建设、运营或管理公共基础设施并向公众提供公共服务。

一、PPP 模式的定义

从各国和国际组织对 PPP 的理解来看，PPP 有狭义和广义之分。

（1）狭义的 PPP 可以理解为一系列项目融资模式的总称，包含 BOT、TOT 等多种模式。狭义的 PPP 更加强调合作过程中的风险分担机制和项目的衡工量值（Value for Money 原则，也称"资金价值"，价值判断标准为项目的经济性、效率性和效果性）。

（2）广义的 PPP 泛指公共部门与私人部门为提供公共产品或服务而建立的各种合作关系。德国学者诺贝特·波茨 Norbert Portz 则认为试图去总结 PPP 是什么或者应该是什么几乎没有任何意义，它没有固定的定义，PPP 的确切含义要根据不同的案例来确定。

二、PPP 模式的主要内涵

（1）PPP 是一种新型的项目融资模式。PPP 融资模式是以项目为主体的融资活动，是项目融资的一种实现形式，主要根据项目的预期收益、资产以及政府扶持措施的力度而不是项目投资人或发起人的资信来安排融资。项目经营的直接收益和通过政府扶持所转化的效益是偿还贷款的资金来源，项目公司的资产和政府给予的有限承诺是贷款的安全保障。

（2）PPP 融资模式可以使民营资本更多地参与到项目中，以提高效率，降低风险。这也正是现行项目融资模式所欠缺的。政府的公共部门与民营企业以特许权协议为基础进行全程合作，双方共同对项目运行的整个周期负责。PPP 模式的操作规则使民营企业参与到项目的确认、设计和可行性研究等前期工作中来，这不仅降低了民营企业的投资风险，而且能将民营企业在投资建设中具有效率的管理方法与技术引入项目中来，还能有效地实现对项目建设与运行的控制，从而有利于降低项目建设投资的风险，保障政府的公共部门与民营企业各方的利益。这对缩短项目建设周期，降低项目运作成本甚至资产负债率都有值得借鉴的现实意义。

（3）PPP 模式可以在一定程度上保证民营资本"有利可图"。私营部门的投资目标是寻求既能够还贷又有投资回报的项目，无利可图的基础设施项目是无法吸引民营资本的投入的。

而采取 PPP 模式，政府可以给予私人投资者相应的政策扶持作为补偿，如税收优惠、贷款担保、给予民营企业沿线土地优先开发权等，从而很好地解决了这个问题。通过实施这些政策可提高民营资本投资基础设施项目的积极性。

（4）PPP 模式在减轻政府初期建设投资负担和风险的前提下，提高基础设施项目的质量。在 PPP 模式下，公共部门和民营企业共同参与基础设施项目的建设和运营，由民营企业负责项目融资，有可能增加项目的资本金数量，有助于降低较高的资产负债率，节省政府的财政支出，还可以将项目的一部分风险转移给民营企业，从而减轻政府的风险。同时，双方可以形成互利的长期目标，更好地为社会和公众提供服务。

三、PPP 模式的优点

不是所有城市基础设施项目都是可以利用 PPP 模式的，应该说大多数基础设施是不能商业化的。政府不能认为，通过市场机制运作基础设施项目等于政府全部退出投资领域。在基础设施市场化过程中，政府将不得不继续向基础设施投入一定的资金。对政府来说，在 PPP 模式项目中的投入要小于传统融资方式的投入，两者之间的差值是政府采用 PPP 模式的收益。

（1）消除费用的超支。在初始阶段，私人部门与政府共同参与项目的识别、可行性研究、设计和融资等项目建设过程，保证了项目在技术和经济上的可行性，缩短了前期工作周期，使项目费用降低。PPP 模式中，只有当项目已经完成并得到政府批准使用后，私人部门才能开始获得收益，因此 PPP 模式有利于提高效率和降低工程造价，能够消除项目完工风险和资金风险。研究表明，与传统的融资模式相比，PPP 模式为政府部门平均节约 17% 的费用，并且建设工期都能按时完成。

（2）有利于转换政府职能，减轻财政负担。政府可以从繁重的事务中脱身出来，从过去的基础设施公共服务的提供者变成监管者，从而保证质量，同时在财政预算方面减轻政府压力。

（3）促进投资主体的多元化。利用私人部门来提供资产和服务能为政府部门提供更多的资金和技能，促进了投融资体制改革。同时，私人部门参与项目还能推动在项目设计、施工、设施管理过程等方面的革新，提高工作效率，传授最佳管理理念和经验。

（4）政府部门和私人部门可以取长补短，发挥各自的优势，弥补对方身上的不足。双方可以形成互利的长期目标，可以以最有效的成本为公众提供高质量的服务。

（5）使项目参与各方整合组成战略联盟，对协调各方不同的利益目标起到关键作用。

（6）风险分配合理。与 BOT 等模式不同，PPP 模式在项目初期就可以实现风险分配，同时，由于政府分担一部分风险，使风险分配更合理，减少了承建商与投资商的风险，从而降低了融资难度，提高了项目融资成功的可能性。另外政府在分担风险的同时也拥有一定的控制权。

（7）应用范围广泛。PPP 模式打破了引入私人部门参与公共基础设施项目组织机构的多种限制，可适用于城市供热等各类市政公用事业及道路、铁路、机场、医院、学校等。

四、PPP 模式的结构特征

PPP 模式的组织形式非常复杂，既可能包括营利性企业、私人非营利性组织，同时还可能有公共非营利性组织（如政府）。合作各方之间不可避免地会产生不同层次和类型的利益和责任的分歧。只有政府与私人部门形成相互合作的机制，才能使合作各方的分歧模糊化，在求同存异的前提下，完成项目目标。

PPP 模式的基本结构如图 8-3 所示，政府通过政府采购的形式与特殊目标公司签订特许权协议（特殊目标公司一般是由中标的建筑公司、服务经营公司或对项目进行投资的第三方组成的股份有限公司），由特殊目标公司负责筹资、建设及经营。政府通常与提供贷款的金融机构达成一个直接协议，这个协议不是对项目进行担保，而是向借贷机构承诺将按与特殊目标公司签订的合同支付有关费用。

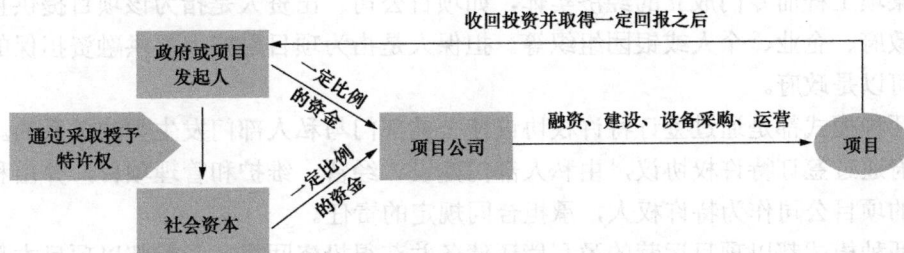

图 8-3　PPP 融资模式的流程图

这个协议使特殊目标公司能比较顺利地获得金融机构的贷款。由于协议内容的不同，PPP 模式的实施形式也有很多。一种极端形式是：私人部门提供几乎所有的资金，承担工程带来的主要风险，如建筑成本风险、延期风险以及由项目收益率的下降和比预期更高的运营成本所带来的风险。另一种极端形式是：私人部门只是设计建设一个被许多参数限定好了的项目，并且只对其中某一固定的收入进行运营。较为普遍的情况是：私人承包商承担设计建设的风险以及延期风险，但是政府承诺的收益足以弥补工程的竞价成本和运营成本。

PPP 模式不同于传统的承包做法。后者是让私人部门来运营一个曾经为公共部门运营的项目。在这种情况下，私人部门没有提供任何资本，也没有任何责任和控制权的转移。PPP 模式也不同于完全的私有化，在私有化的情况下，除去一些必要的规制外，是不需要政府的，或者政府在项目中的重要性是微乎其微的。而在大多数采用 PPP 模式的项目中，政府一般都扮演着重要的角色。

风险分担是 PPP 项目的一个突出特点。经验表明：合适的风险分摊对于一个项目的成功至关重要。PPP 模式关于风险分担的理念是不断变化的。在英国早期的 PFI 模式阶段，强调的是将风险全部转移到私人部门。但是通过一段时间的实践发现：让各方面承担其所能承担的最优风险将会更有利于项目的发展。PPP 模式的风险分担理念解决了传统公共部门建设不能处理好项目风险的问题。

简而言之，PPP 模式的最大特点是：将私人部门引入公共领域，从而提高了公共设施服务的效率和效益，避免了公共基础设施项目建设超额投资、工期拖延、服务质量差等弊端。同时，项目建设与经营的部分风险由特殊目标公司承担，分散了政府的投资风险，采用有组织的 PPP 模式还能够使政府得到更好的财政控制。利用私营部门所拥有的专门技能，通过 PPP 项目，公众可以得到设计得更好的公共基础设施。另外，从宏观的角度看，PPP 模式通过让私人部门在传统的政府领域发挥比原来更为重要的角色作用，推动了经济活动；同时 PPP 模式也使得在一个市场中获得的经验和技巧能够为其他市场所共享，提高了市场的运作效率，为经济的长期发展提供了动力。

五、BOT 模式与 PPP 模式的比较

与 PPP 模式相比，BOT 项目融资模式很早就为国人所熟知了，在我国也有不少成功运用的例子。PPP 模式是在 BOT 理念的基础上进一步优化而衍生出来的。了解这二者之间的异同，有利于深化对 PPP 模式的认识。

（一）BOT 模式与 PPP 模式的共同点

（1）这两种融资模式的当事人都包括融资人、出资人、担保人。融资人是指为开发、建设和经营某项工程而专门成立的经济实体，如项目公司。出资人是指为该项目提供直接或间接融资的政府、企业、个人或银团组织等。担保人是指为项目融资人提供融资担保的组织或个人，也可以是政府。

（2）两种模式都是通过签订特许权协议使公共部门与私人部门发生契约关系的。一般情况下，政府通过签订特许权协议，由私人部门建设、经营、维护和管理项目，并由私人部门负责成立的项目公司作为特许权人，承担合同规定的责任。

（3）两种模式都以项目运营的盈利偿还债务并获得投资回报，一般都以项目本身的资产作担保抵押。

（二）BOT 模式与 PPP 模式的区别

1. 组织机构设置不同

以 BOT 模式参与项目的公共部门和私人部门之间是以等级关系发生相互作用的。

在组织机构中没有一个相互协调的机制，不同角色的参与各方都有各自的利益目标——自身利益最大化，这使得参与方之间很容易产生利益冲突。根据信息经济学原理，由于 BOT 模式缺乏协调机制，参与各方之间存在信息不对称。博弈各方在各自利益最大化的驱使下，最终达到"纳什均衡"，其中一方利益达到最大化是以牺牲其他参与方的利益为代价的，其社会总收益不是最大的。

PPP 模式是一个完整的项目融资概念，但不是对项目融资的彻底更改，而是对项目生命周期过程中的组织机构设置提出了一个新的模型。它是政府、营利性企业和非营利性企业基于某个项目而形成的以"双赢"或"多赢"为理念的相互合作的形式，参与各方可以达到与预期单独行动相比更为有利的结果。

综上所述，PPP 模式是建立在公共部门和私人部门之间相互合作和交流的基础之上的"共赢"模式，避免了 BOT 模式由于缺乏相互沟通、协调而造成的项目前期工作周期过长的问题，也解决了项目全部风险由私人部门承担而造成的融资困难问题，公共部门与私人部门合作各方可以达到互利的长期目标，实现共赢并创造更多的社会效益，更好地为社会和公众服务。

2. 运行程序不同

BOT 模式运行程序包括：招投标、成立项目公司、项目融资、项目建设、项目运营管理、项目移交等环节。而 PPP 模式运行程序包括：选择项目合作公司、确立项目、成立项目公司、招投标和项目融资、项目建设、项目运行管理等环节。

从运行程序的角度来看，两种模式的不同之处主要在项目前期。首先，私人部门在 PPP 模式中从项目论证阶段就开始参与项目，而在 BOT 模式中则是从项目招标阶段才开始参与项目。其次，在 PPP 模式中，政府始终参与其中；而在 BOT 模式中，在特许权协议签订之后，政府对项目的影响力相对较弱。

综上所述，BOT 模式与 PPP 模式融资方式的应用条件、适应环境各不相同，同时政府对

其所产生的影响以及所承担的风险也不同，可利用表 8-1 对这两种融资方式的特点以及适用性进行逐一对比。

表 8-1　　　　　　　　　　　　　　PPP 与 BOT 模式的比较

模式 特点	PPP	BOT
短期内资金获得的难易程度	较易	难
项目的所有权	部分拥有	拥有
项目经营权	部分拥有	失去（转交之前）
融资成本	一般	最高
融资需要的时间	较短	最长
政府风险	一般	最大
政策风险	一般	大

相比较而言，PPP 模式更多地适用于政策性较强的准经营性基础设施项目建设。这些项目有稳定的现金流入，但无法实现自身的收支平衡。政府需要对这类项目给予一定的政策倾斜和必要的资金补偿。同时由于这类项目政策性较强，要求政府对这些项目应有较强的调控能力。

六、PPP 模式的现实应用

如今，PPP 模式在各种工程中已经得到了普遍的应用。1992 年英国最早应用 PPP 模式，英国 75%的政府管理者认为，采用 PPP 模式的工程达到和超过价格与质量关系的要求，可节省 17%的资金；80%的工程项目按规定工期完成，常规招标项目按期完成的只有 30%；20%未按期完成的、拖延时间最长没有超过 4 个月。同时，80%的工程耗资均在预算之内，一般传统招标方式只能达到 25%；20%超过预算的是因为政府提出了调整工程方案。按照英国的经验，适于 PPP 模式的工程包括交通（公路、铁路、机场、港口）、卫生（医院）、公共安全（监狱）、国防、教育（学校）、公共不动产管理。1994 年智利是在平衡基础设施投资和公用事业急需改善的背景下引进 PPP 模式的。最终提高了基础设施现代化程度，并获得充足资金投资到社会发展计划。当时采用 PPP 模式成功完成 36 个项目，投资额 60 亿美元，其中包括 24 个交通领域工程、9 个机场、2 个监狱、1 个水库，年投资规模由采用 PPP 模式实施以前的 3 亿美元增加到 17 亿美元。1997 年葡萄牙也启动了 PPP 模式，主要应用在公路网的建设上。1997—2006 年的 10 年期间，公路里程比原来增加一倍。除公路以外，还包括医院的建设和运营、修建铁路和城市地铁。巴西于 2004 年 12 月通过"公私合营（PPP）模式"法案，该法案对国家管理部门执行 PPP 模式下的工程招投标和签订工程合同做出了具体的规定。

我国在基础设施建设领域引入 PPP 模式后，促进我国基础设施建设项目的民营化，具有极其重要的现实价值。我国政府也开始认识到这些重要价值，并为 PPP 模式在我国的发展提供了一定的国家政策层面的支持和法律法规层面的支持。

本 章 小 结

本章重点介绍了 BOT、PPP、ABS 等主要的融资模式的定义、特点及其基本的操作流程，同时还叙述了 BOT 的衍生模式的基本内容。要求学生立足于我国发展的现状，能从不同的角度考察每一种融资模式的使用范围和领域，并从中理解各自的内涵。

思 考 题

1. 成功进行 BOT 的项目融资应考虑哪些因素？
2. 简述影响 BOT 项目的关键因素。
3. BOT 项目融资与传统贷款的主要区别有哪些？
4. 简述 ABS 融资模式的实施程序和独特之处。
5. 简述 BOO 模式、BT 模式、BOOT 模式与 BOT 模式的区别。
6. 简述 BOT 模式与 PPP 模式的不同点。
7. PPP 融资模式的基本框架包括哪些？

第九章 工程项目融资的风险

第一节 风险概述

一、风险

人们常说："风险无处不在，风险无时不有"；"风险会带来灾难，风险与机会并存"。前者，虽还没有提及风险的概念，但其意味着，人们可能会面临灾祸。这正是对事物不确定性和风险性的一定程度的认识，提醒着人们要有风险意识。后者，则十分明确地指出了风险的客观性和存在的普遍性。同时，也揭示了风险是灾难性的，但事物要生存和发展，就必须面对失败的威胁，不冒任何风险而取得成功是不存在的。

风险的客观性和存在的普遍性以及风险对人们的威胁，引起了许多专家学者对其深入进行研究的兴趣，但要对风险给出确切的定义并不容易。目前比较流行的有两种观点："主观说"和"客观说"。"主观说"的代表人物是美国学者罗伯特·梅尔（Robert L Mehr），在他所著的《保险原理》《Fundament of Insurance》中将风险定义为"风险即损失的不确定性"。"客观说"的代表人物是小阿瑟·威廉姆斯（C. Ar—thur Williams）和理查德·M.汉斯（Richard M. Heins）。在他们的著作《风险管理与保险》《Risk Management and Insurance》中将风险定义为"在给定情况下和特定时间内，那些可能发生的结果间的差异"。

因此，可以认为，风险是在今天与未来某个时刻之间存在的某种差异，这种差异具有可以改变某个既定目标的价值的潜力。风险是测算这一潜在差异变化可能性的指标尺度。这种观点强调，风险是客观存在的事物，不管人们有没有认识到它，它都真实地存在着，而且可以用客观的尺度来衡量，一些数学理论，如概率统计等方法和原理可以广泛地应用到风险管理中去。

（一）风险的定义

风险的基本含义是损失的不确定性。但是，对这一基本概念，在经济学家、统计学家和决策理论家之间尚无一个适用于各个领域的被一致公认的定义。

关于风险目前有以下几种不同的定义：

1. 损失机会和损失可能性

把风险定义为损失机会，这表明风险是一种面临损失的可能性状况，也表明风险是在一定条件下的发生概率度。当损失机会（概率）是零时，就没有风险。对这一定义持反对意见的人认为，如果风险和损失机会是同一件事，风险度和概率度总会有些结果是不确定的。把风险定义为损失可能性是对上述损失机会定义的一个变形，但损失可能性的定义意味着风险是损失事件的概率介于 0 和 1 之间，它更接近于风险是损失不确定性的定义。

2. 损失的不确定性

决策理论家把风险定义为损失的不确定性，这种不确定性又分为客观的不确定性和主观的不确定性。客观的不确定性是实际结果与预期结果的离差，可以使用统计学工具加以度量。主观的不确定性是个人对客观风险的评估，它同个人的知识、经验、精神和心理状态有关，不同的人面临相同的客观风险会有不同的主观不确定性。

3. 实际与预期结果的离差

长期以来，统计学家把风险定义为实际结果与预期结果的离差度。如北方城市，按照过去的经验数据估计，发生特大暴风雨的概率是 1%，即 100 年期间有 1 年会因特大暴风雨而引发水灾。然而，实际结果不太可能正好间隔 100 年就发生水灾，它会偏离预期结果。可以使用统计学中的标准差来衡量这种风险。

此外，保险业内人士常把风险这个术语用来指导所承保的损失原因，如火灾是大多数财产所面临的风险；或者指作为保险标的的人或财产，如把年轻的驾驶人员看作是不好的风险等。

（二）风险产生的原因

风险是活动或事件发生并产生不良后果的可能性，产生风险的原因主要有两方面：

（1）人们认识客观事物能力的局限性。世界上的任何事物均有其属性，人们首先是用各种数据或信息来描述；其次是通过对这些数据或信息的分析处理，去了解和认识事物属性，并预测事物未来的发展和变化。但由于人们认识事物在深度和广度上均有局限性，使得这种描述和分析处理能力均是有限的，而客观事物的发展变化是无限的。

这种现象导致人们对事物认识的信息不完备。如，对工程建设项目的地质情况，通过局部的勘探，就将其获得的资料数据作为设计的依据。由于对工程项目建设的环境缺乏客观认识，对工程项目的实施过程缺乏符合实际的预见。因此，在地质情况较复杂的地方，工程项目建设在地基处理方面就存在较大的风险。这是工程设计中信息不完备的一个典型例子。

（2）信息本身的滞后性。从信息科学理论出发，信息的不完备性是绝对的，而完备性是相对的。这主要因为信息具有滞后性。人们往往用数据和信息去描述客观事物的属性，而这种描述仅当事物发生或形成之后才能进行，况且需要一定时间才能完成这种客观的描述。因此，这种数据或信息的形成总是滞后于事物的形成或发展的，这样就导致了信息出现滞后的现象。

（三）风险的属性

1. 风险的客观性

风险的存在是不以人的意志为转移的，这是因为决定风险的各种因素对于风险主体来说是独立存在的，不论风险主体是否意识到风险的存在，只要风险的诱因存在，一旦条件形成时，风险就会导致损失。

2. 风险的随机性

风险是客观存在的，但并不是任何一个风险因素最终都会演变为风险事件，风险事件的发生具有随机性和偶然性，有时需要一定的时间和诱因。风险事件是否发生、风险的程度有多大、何时发生、发生之后又会造成什么样的后果，这些都是不确定的。因此，风险事件的发生是必然的，但具体风险事件的发生却带有偶然性。

3. 风险的相对性

风险总是相对于人类活动或事件的主体而言的，不同主体对风险的承受能力是不一样的，同样的风险对于不同的主体有不同的影响，风险主体对风险的承受能力受到收益大小、投入多少以及风险主体的地位和拥有资源的影响，因此风险具有相对性。当然，同一个风险主体对风险的承受能力也会因不同的活动、不同的时间而不同。

4. 风险的可变性

无论是风险的性质还是后果都会随着活动或事件的进程而发生变化，这就是风险的可变性。风险的可变性具有三层不同的含义：第一是风险性质的变化，某些风险事件随着时间的进程发生了变化，原来的风险事件或因素已经不再称其为风险；第二是风险量的变化，随着对风险的认识、预测和防范水平的变化，风险事件发生的概率和造成的损失也会发生变化；第三是随着管理水平的提高、技术的进步以及项目风险控制措施的运用，原有风险事件或因素将会发生变化，某些风险事件或因素可能会消除，也可能会导致新的风险事件或因素产生。

5. 风险的可测性

个别的风险事件是很难预测的，但可以应用现代技术手段对其发生的概率进行分析，并可以评估其发生的影响，同时利用这些分析预测的结果为项目的决策服务，从而预防风险事件的发生，减少风险发生造成的损失。正因为如此，风险管理学科才得以发展。

（四）风险的分类

为了有效地进行风险管理，必须对风险进行分类，只有这样才能对不同的风险采取不同的处置措施，实现风险管理目标的要求。从不同角度或根据不同的标准，风险分为不同的类型：

1. 按风险的存在性质划分

（1）客观风险（Impersonality Risk），是指实际结果与预测结果之间的相对差异和变动程度。这种变动程度越大，风险就越大；反之，风险就越小。

（2）主观风险（Personality Risk），是指一种由精神和心理状态所引起的不确定性。它是指人们在主观上往往对某种偶然的不幸事件造成损害的后果有所忧虑。虽然人们可以借助概率论的数学方法将损失的不确定性加以预测，但对于具体的某一风险究竟产生什么后果，仍然不能确定，也就是存在主观风险。

2. 按风险的对象划分

（1）财产风险（Property Risk），是指财产发生损害、灭失和贬值的风险。如房屋、设备、运输工具、家具及某些无形资产因自然灾害或意外事故而遭受损失。

（2）人身风险（Life Risk），是指人的生、老、病、死，即疾病、伤残、死亡等所产生的风险。虽然这是人生中不可避免的必然现象，但由于何时何地发生，并不确定，而一旦发生，则会给家庭和经济实体带来很大的损失。

（3）责任风险（Liability Risk），是指由于法人或自然人的行为违背了法律、合同或道义上的规定，形成侵权行为，造成他人的财产损失或人身伤害，在法律上负有经济赔偿责任的风险。责任风险还可细分为过失责任风险和无过失责任风险。前者指团体或个人因疏忽、过失致使他人财产受到损失或人身受到伤害；后者则指绝对责任风险，如根据法律或合同的规定，雇主对其雇员在从事工作范围内的活动中造成身体伤害所承担的经济责任。

（4）信用风险（Credit Risk），是指权利人与义务人在经济交往中由于一方违约而使对方造成经济损失的风险。

3. 按风险产生的原因划分

（1）自然风险（Natural Risk），是指由于自然力的非规则运动所引起的自然现象或物理现象而导致的风险。如风暴、火灾、洪水等所导致的财产损失或人员伤亡的风险。

（2）社会风险（Society Risk），是指由于反常的个人行为或不可预料的团体行为所造成的风险。如抢劫、罢工、战争、盗窃、玩忽职守等行为。

（3）经济风险（Economic Risk），一般是指在商品的生产和购销过程中，由于经营管理不力、市场预测失误、价格变动或消费需求变化等因素导致经济损失的风险，以及外汇汇率变动及通货膨胀而引起的风险。

（4）技术风险（Technological Risk），是指由于科学技术发展所带来的某些不利因素而导致的风险，如核物质泄漏所致损失的风险。

4. 按风险的性质划分

（1）静态风险（Pure Risk），又称纯粹风险，这种风险只有损失的可能而不会带来机会或收益的可能。也就是说，它所导致的后果只有两种：一种是损失；另一种是无损失，是纯损失风险。静态风险的产生一般与自然力的破坏或人们的行为失误有关，静态风险的变化比较有规则，可利用概率论中的大数法则预测风险频率，它是风险管理的主要对象。

（2）动态风险（Dynamic Risk），又称投机风险，是指可能带来机会或获得收益，但又可能隐含威胁而造成损失。它所导致的结果包括损失、无损失、获利三种，如股票买卖，股票行情的变化既能给股票持有者带来盈利，也可能带来损失。动态风险常与经济、政治、科技及社会的运动密切相关，远比静态风险复杂，多为不规则的、多变的运动，很难用大数法则进行预测。

5. 按对风险事件主体的承受能力划分

（1）可接受的风险（Acceptable Risk），是指经济单位在对自身承受能力、财务状况进行充分分析研究的基础上，确认能够承受最大损失的程度，凡低于这一限度的风险称为可接受的风险。

（2）不可接受的风险（Unacceptable Risk），是指风险已经超过经济单位在研究自身承受能力、财务状况的基础上所确认的能够承受的最大损失限度，这种风险称为不可接受的风险。

二、项目风险的概念

对于建设工程项目而言，由于建筑层数多、体量大，产品具有单件性和复杂性，设计形式具有多样性，且材料、设备、技术更新快，生产流动性强，加上受地理、地质、水文条件甚至社会、经济、自然灾害等因素的影响，从而决定了建筑产品与其他产品相比具有更大的风险性。

工程项目风险（Project Risk），是指工程项目在设计、施工准备、施工和竣工验收等实施过程中各个阶段可能遇到的风险，可将其定义为：在工程项目目标规定的条件下，该目标不能实现的可能性。工程项目风险可描述为实际结果偏离预期项目投资、进度、质量和安全目标从而导致损失的可能性。

三、工程项目风险的特征

任何事物都有其自身的特征和发展规律，充分认识工程项目风险所具有的特征，对于工程项目风险管理人员和涉及工程项目风险事务的相关人员来说，都具有非常重大的意义。工程项目风险一般具有如下几个特征：

（一）工程项目风险的客观性和普遍性

工程项目风险是由客观存在的自然现象和社会现象所引起的，而自然现象和社会现象都有其自身的发展规律，人们只能发现、认识和利用这种规律，而不能改变它，而且在项目的全寿命周期内，风险是无处不在、无时不有的。因此，工程项目风险是独立于人的主观臆想、不以人的意志为转移的客观存在。

对于风险管理人员能做的是在一定范围内改变风险形成和发展的条件，降低风险事件发生的概率，减少损失程度，而不能使风险完全消失。随着人们认识世界水平的提高和对风险事件的长期观察，人们对风险规律性的认识不断提高，这为科学管理工程项目风险创造了条件。

（二）工程项目风险的不确定性

对于一个特定的项目来说，风险活动或事件的发生及其后果都具有不确定性，这是由风险事件的随机性决定的。风险是各种不确定因素综合的产物。不确定性是风险最本质的特征，主要表现在：风险事件是否发生、何时发生、发生之后会造成什么样的后果等均是不确定的。

任何一个工程项目都包含了大量相互关联的事件和活动，每一项活动都与建设造价、工期、质量、安全和环境等问题有关，在此具有相当的不确定性。最大的不确定性往往存在于项目的早期阶段，而随着项目的实施，不确定性会逐渐减少，因此，早期阶段做出的决策对后期阶段和项目目标的实现影响最大。

（三）工程项目风险的可变性

在一定条件下任何事物总是发展变化的，风险活动或事件也不例外，当引起风险的因素发生变化时，必然会导致风险的变化。在项目实施的整个过程中，各种风险在质和量上会发生变化，随着项目的进行，有些风险得到控制，有些风险会发生并得到处理，同时在项目的每一阶段都可能产生新的风险，如工程项目的质量、安全等因素在不同的项目环境下，要求的严格程度是会发生重大变化的。

（四）工程项目风险具有一定的规律性和可预测性

不确定性是风险的本质属性，但这种不确定性并不是指对客观事物变化的全然不知，并非表明人们对它束手无策。工程项目的环境变化以及项目的实施均存在一定的规律性，所以风险的发生和影响也有一定的规律性，它是可以预测的。

人们可以根据以往发生过的类似事件的统计资料和经验，经过分析研究，对工程项目风险发生的可能性和损失的严重程度做出一定程度上的统计分析和主观判断、估计，从而对可能发生的风险进行预测与衡量。风险分析的过程实际上就是风险预测和衡量的过程。

（五）工程项目风险的潜在性

工程项目风险是客观存在的，但它的不确定性决定了它的出现只是一种可能，这种可能要变为现实还有一段时期，也取决于其他相关条件，这一特性就是风险的潜在性。正是工程项目风险的潜在性使人们可以利用科学的方法，正确鉴别风险，改变风险发生的环境条件，从而达到减小风险、控制风险的目的。

（六）工程项目风险的阶段性

工程项目风险的发展可分为三个阶段：

1. 潜在风险阶段

潜在风险阶段是指风险正在酝酿之中，但尚未发生的阶段。该阶段是没有损失的，但是潜在风险可以逐步发展变化，最终进入风险发生阶段。

2. 风险发生阶段

风险发生阶段是指风险已变成现实，事件正在发展的阶段。此时风险正在发生，但其后果还没有形成。若不正确应对，风险就会造成后果。这一阶段持续时间较短。

3. 造成后果阶段

造成后果阶段是指风险已经造成了人身、财产或其他损失的阶段。通常这一后果的产生是无法挽回的，只能设法减小损失或伤害的程度。

（七）工程项目风险的行为相关性

工程项目风险的行为相关性是指决策者面临的风险与其决策行为是紧密关联的。不同的决策者对同一风险事件会有不同的决策行为，具体反映在其采取的不同策略和不同的管理方法上，因此也会面临不同的风险结果。风险的行为相关性表明：任何一种风险实质上都是由决策行为与风险状态结合而成的，是风险状态与决策行为的统一，风险状态是客观的，但其结果会因不同的决策行为而不同。

（八）工程项目风险的结果双重性

工程项目风险的结果双重性是指由风险所引发的结果可能是损失也可能是收益。传统上都把工程项目风险作为损失来看待，因此工程项目风险的双重性也指风险与收益机会共存，风险越大，收益越大；反之，风险越小，收益也越小，这体现了风险结果双重性的风险报酬原则。风险利益使风险具有诱惑效应，使人们甘冒风险去获取利益；同时虽然风险与收益共存，一旦风险代价太大或决策者厌恶风险时，就会对风险采取回避行为，这就是风险的约束效应。这两种效应分别是风险效应的两个方面，它们同时存在，同时发生作用，且互相抵消、互相矛盾。人们决策时是选择还是回避风险，就是这两种效应相互作用的结果。工程项目风险结果的双重性使人们认识到，对待风险不应只是消极对待其损失一面，还应将风险当作一种机会，通过风险管理尽量获得风险收益。

（九）工程项目风险的全面性

1. 项目风险的多样性

一个工程项目中存在许多种类的风险，如政治风险、经济风险、法律风险、自然风险、合同风险、合作者风险等。这些风险之间有着复杂的内在联系。

2. 工程项目风险存在于整个项目生命期

在工程项目策划方案中可能存在构思的缺陷、重要边界条件的遗漏、目标优化的错误；可行性研究中可能有方案的失误、调查不完全、市场分析错误；技术设计中存在专业不协调、地质不确定、图纸和规范错误；施工中存在着物价上涨、实施方案不完备、资金缺乏、气候条件变化；项目建成运行中又会存在着市场发生变化、产品不受欢迎、达不到设计能力、操作失误等风险。

3. 工程项目风险影响的全局性

反常的气候条件会造成工程项目的停滞，影响整个后期计划的工作。它不仅造成工期的延长，而且使得费用的增加，从而影响工程质量。即使是局部的风险，其影响也会随着时间的推移在项目中逐渐扩大。

四、工程项目建设各参与方的风险

参与工程项目建设的各方包括：工程项目的业主/项目法人、工程承包人和工程咨询人/设计人/监理人，构成了工程项目风险的承担者。

（一）工程项目业主/项目法人的风险

业主/项目法人除了会遇到工程项目外部的政治、经济和自然风险外，通常还会遇到项目决策和项目组织实施方面的风险。

1. 项目决策风险

业主/项目法人在工程项目实施过程中，需要进行各类项目决策，包括：工程项目方案的选择；工程设计人、监理人和施工承包人的选择；工程材料和设备供货商的选择；工程实施中各种问题处理方案的选择等。这些项目决策问题均不同程度的存在风险。

2. 项目组织实施风险

这类风险可能起因于以下几个方面：政府或主管部门对工程项目干预太多；建设体制、机制或建设法规不合理；合同条件的缺陷；承包人缺乏合作诚意，工程材料、设备供应商履约不力或违约；监理工程师能力不强或工作失职等。

（二）承包人的风险

承包人是业主/项目法人的合作者，但在各自的经济利益上又是对立者，即双方既有共同利益，又有各自的风险。承包人的行为对业主构成风险，业主的行为也会对承包人的利益造成威胁。承包人的风险大致可分为下列几方面：

1. 决策错误的风险

承包人在项目实施过程中需要进行一系列的决策，这些决策无不潜伏着各具特征的风险。如下列内容：

（1）信息取舍失误或信息失真的风险。因信息的失真，造成决策失误的可能性很大。

（2）中介与代理的风险。中介人通常不让交易双方直接见面。在国际工程承包过程中，缺乏经验的承包人受中介人之骗的案例时有发生。选择不当的代理人或代理协议不当，给承包人造成较大损失的例子也不罕见。

（3）投标的风险。投标是取得工程承包权的重要途径，但当承包人不能中标时，其投标过程发生的费用是无法得到补偿的。

（4）报价失误的风险。报价过高，面临着不能中标的风险；报价过低，则又面临着利润低甚至亏本的风险。

2. 缔约和履约的风险

合同订立和履行过程中潜伏的风险，主要表现在以下几方面：

（1）合同条件不平等或存在着对承包人不利的缺陷。如不平等条款，合同中定义不准确，条款遗漏或合同条款对工程条件的描述与实际情况差距很大。

（2）工程管理技术不熟练。如承包人没有掌握施工网络计划新技术，对工程进度心中无数，不能保证整个工程的进度。

（3）合同管理不善。合同管理是承包人赢得利润的关键手段，承包人要利用合同条款保护自己，扩大收益，否则必然存在较大的风险。

（4）资源组织和管理不当。这里的资源包括资金、劳动力、建筑材料和施工机械等。对承包人而言，合理组织资源供应是保证施工顺利进行的条件，如果资源组织和管理不当，就存在着遭受重大损失的可能。

（5）成本和财务管理失控。工程承包人施工成本失控的原因是多方面的：包括报价过低或费用估算失误；工程规模过大和内容过于复杂，技术难度大；项目所在国基础设施落后，劳务素质差和劳务费过高；材料短缺或供货延误等。财务管理风险，一旦失控，常会给公司造成巨大经济损失。

3. 责任风险

工程承发包是一种法律行为，合同一旦成立，当事人负有不可推卸的法律责任。责任风险的起因可能有下列几种：

（1）违约，即不执行承包合同或不完全履行合同。

（2）故意或无意侵权。如发生工程质量的事故，可能是由粗心大意引起，也可能是由偷工减料引发。

（3）欺骗和其他错误。

（三）工程咨询人/设计人/监理人的风险

与业主、承包人一样，咨询人/设计人/监理人在工程项目实施和管理中也同样面临着各种风险。

1. 来自业主/项目法人的风险

咨询人/设计人/监理人受业主委托，为项目法人提供工程技术服务，按技术服务合同承担相应的责任与风险。来自业主方面的风险主要有下列原因：

（1）业主对项目希望少花钱多办事，不遵循客观规律，对工程提出过分的要求，如把工程质量标准要求过高，对施工速度要求太快等。

（2）可行性研究缺乏严肃性。业主投资项目的主意已定，委托咨询公司进行项目可行性研究论证时，往往附加种种倾向性的要求。

（3）投资筹措困难或赤字预算项目，咨询人/设计人/监理人也难做无米之炊。

（4）盲目干预项目。例如：业主虽和监理工程师签有监理合同，明确监理工程师在承包合同管理中的责任、权利和义务，但在实施过程中，业主却随意做出决定，对监理工程师干预过多，甚至剥夺监理工程师正常履行职责的权利。

2. 来自承包人的风险

主要表现在以下几方面：

（1）承包人不诚信。如承包人的报价很低，一旦中标后，却频繁在施工过程中出现工程变更、施工索赔的情况，若监理工程师不同意，则以会停工相威胁。

（2）承包人缺乏职业道德。如在质量管理方面，承包人还没有自检，就要求监理工程师同意进行检查或验收，当其履行合同不力或质量不符合标准时，则要求监理工程师网开一面，手下留情。甚至有的承包人没有履约的诚意或弄虚作假，对工程质量极不负责，这些都有可能使监理工程师承受风险。

3. 职业责任风险

咨询人/设计人/监理人的职业责任风险，一般由下列因素构成：

（1）设计不充分或不完善。这显然是设计工程师失职。

（2）设计错误和疏忽。这将潜伏着重大工程质量风险。

（3）投资估算和设计概算不准。这会引起业主的投资失控，咨询人/设计人对此当然负有不可推卸的责任。

（4）自身的能力和水平不适应。咨询人/设计人/监理人的能力和水平不高，难以完成其相应的任务，与此相伴的风险当然是不可避免的。

第二节　工程项目风险因素

风险因素就是指可能发生风险的各类问题和原因，风险因素的分析是进行风险管理的第一步。由于工程项目的风险因素极为广泛，可以从不同角度对风险因素进行分类：

（1）从工程实施不同阶段来看，可分为投标阶段的风险、合同谈判阶段的风险、合同实施阶段的风险三大类，这是为了从工程全过程角度来分析和管理风险；

（2）从技术角度可分为技术风险与非技术风险等；

（3）按风险的来源性质划分，可将工程风险分为政治风险、经济风险、技术风险、公共关系风险和管理方面的风险五大类。

一、政治风险

政治风险是指工程项目所处的政治背景可能带来的风险。在政治不稳定的国家和地区，政治风险可能使建设项目无法按预期计划进行，使业主和承包商遭受严重损失。政治风险大致有以下几个方面。

1. 战争和内乱

工程项目所在国发生战争或内乱，造成国内动乱、政权更迭，国内政治经济形势恶化，建设项目可能被终止或毁约；建设现场直接或间接遭到战争的破坏；由于战争或内乱使工程现场不得不中止施工，工期拖延，成本增大；在战争或内乱期间，承包商为保护其生命财产，撤退回国或转移他处，从而被迫支付许多额外开支等。这些情况常使业主和承包商都遭到极大损失，承包商有时只得到极少的赔偿，有时甚至得不到赔偿。

2. 国有化、没收与征用

项目法人国家根据本国政治和经济需要，制定国有化政策，强行将承包工程收归国有，且不代替原工程业主履行义务，导致承包商无处申诉。有时也可能给被没收资产的外国公司以少量补偿，但根本难以弥补其巨大损失。

除直接宣布国有化外，有时项目法人国家可能采取变相手法，如对外国公司强收差别税、办理物资清关时无理刁难、禁止汇出利润等。

3. 拒付债务

某些国家在财力不足的情况下，可能对政府项目简单地废弃合同、拒付债务。对于这类政府项目，承包商很难采取有效措施来挽回损失，有些政府可以使用主权豁免理论，使自己免受任何诉讼。

有些工程所在国发生政变，新政府宣布不承认前政府的一切债务。有些没有付款保证的政府项目，特别是与承包商国家没有外交关系的国家，投资工程项目的风险也比较大。

4. 制裁与禁运

某些国际组织、西方国家对工程所在国家实行制裁与禁运可能对工程造成很大的影响。

5. 对外关系

例如：项目法人国家与邻国关系好坏，其边境安全稳定与否，是否潜藏战争风险；与业主国家的关系好坏，与业主国家是否建立外交关系，与工程所在地政府是否有某些涉及工程承包的协议；业主国家对项目资金来源，如国际金融组织或外国金融机构等的各项有关规定是否熟悉了解，业主国家的信誉如何等都将影响工程项目的进行。

6. 业主国家的社会管理、社会风气等方面

例如：项目法人国家政府办事效率高低，政府官员廉洁与否，当地劳务素质如何，当地劳务的工会组织对外国公司的态度，是否常用罢工手段向雇主提出各种要求等，都将直接或间接地影响工程能否正常进行。

二、经济风险

经济风险主要是指建筑承包市场所处的经济形势和项目采购国的经济实力及解决经济问

题的能力。经济风险主要有以下几个方面：

1. 通货膨胀

通货膨胀是一个全球性的问题，在某些发展中国家更为严重。通货膨胀可能使工程所在国工资和物价大幅度上涨，往往超过承包商预见。如果合同中没有调值条款或调值条款写得不具体，必然会给承包商带来较大风险。作为承包商，能预见到短期内一般规律的通货膨胀，但是很难预料到特殊情况下的无规律的通货膨胀。虽然 FIDIC（国际咨询工程师联合会）条款及多数国家的合同法都规定有对通货膨胀的补偿措施，但毕竟还有不少国家不予补偿，尤其是对于工期短于 1 年的工程承包合同。

为避免通货膨胀带来的损失，不仅要考虑工程所在地的物价水平，而且要全面考虑国际市场上材料、设备、价格上涨情况及当地货币的贬值幅度，掌握国际市场物价浮动趋势。

2. 外汇风险

外汇风险涉及一个较大的范围，工程承包中常遇到的外汇问题有：工程所在国外汇管制严格，限制承包商外汇汇出；外汇浮动，当地货币贬值，由于在订立合同时没有写入固定的汇率而不能换到相应的硬通货；有的项目法人采取外币延期付款的方式，且利率很低，但向银行贷款则利率较高，因而倒贴利率差；有时订立合同时所定的外汇比例太低，不够使用；订立合同时所选的外汇贬值等。

3. 保护主义

随着经济区域化的逐渐形成，保护主义在各国、各地区逐步盛行。影响工程承包的保护主义（包括一些法律和规定）有以下几个方面：

（1）规定合资公司中对外资股份的限制，以保证大部分利益归本国。

（2）对本国和外国公司招标条件不一视同仁。有些国家规定外国公司投标价格必须比当地公司低若干百分点才能被授标，或者必须与当地公司联合才能参加投标。对外国公司的劳务、材料和设备的进入也附加种种限制。

（3）有些国家对本国公司和外国公司实行差别税率，以保护本国利益。

（4）对外国公司强制保险。为了中标，有时承包商不得不遵守其规定，这样就有了潜在着经济风险。

4. 税收歧视

国际承包商到工程所在国承包工程，必然被列为该国的义务纳税人，因此必须遵守所在国的税收法令与法规。同时还要熟悉和遵守本国对海外收入实行的税收政策和条例。对于承包商来讲，面对的是工程所在国对外国承包商所实行的种种歧视政策，常常被索要税法规定以外的费用或种种摊派费用，或者受到该国公务人员在执法过程中排外情绪的影响，这些都构成承包商潜在的风险因素。

以上四类风险并不针对某一具体项目，而是对所有项目都产生影响，一般难以把握，需要对国际建筑市场做全面系统的分析研究。这些风险与建设项目各方工作有直接关系，这些风险因素对承包商而言，是风险与机遇并存。

5. 物价上涨与价格调整风险

例如：固定总价合同，虽然投标时考虑了各种物价上涨因素，但对这些因素可能估计不足；有时合同中没有价格调整公式，或仅有外币价格调整公式而无当地币值调整公式；有时虽有价格调整公式，但是包含的因素不全，或有关价格指数不能如实反映价格变动情况，有的调价方法有限制性规定。

6. 项目法人支付能力差、拖延付款

项目法人资金不足，支付能力差，以各种手段拖欠支付，如拖延支付而合同中未订有拖延支付如何处理的规定；虽然有项目法人拖延支付时应支付利息的规定，但利率很低；项目法人找借口拖延签发变更命令而使新增项目得不到支付；项目法人在工程末期拖延支付最终结算工程款和发还保留金等；有些业主国家利用政策保护项目法人的拖欠行为。例如，某公司在 A 国承包工程，该国不遵守国际上通用的 FIDIC 条款，而是实行自己的一套合同法规。该合同法规规定，如项目法人批准结算账单三个月后仍未付款，则承包人有权获得延付利息，利息计算以超过三个月后的天数和 A 国银行公布的贴现率为准。而在 A 国，当地币种存贷款无利息，外币贴现率又较低，可收取的利息很少，故拖欠工程款对项目法人极为有利。

7. 海关清关手续繁杂

有时承包商在合同执行过程中，大量物资需要从国外进口，一方面，有的承包商不了解当地法规、政策；另一方面，有些国家清关手续繁杂，海关办事效率低，工作人员作风不廉洁，以致物资供应不及时，造成工程拖期。

8. 分包风险

总承包商在选择分包商时，可能会遇到分包商违约，不能按时完成分包工程而使整个工程进展受到影响的风险，或者对分包商协调、组织工作做得不好而影响全局。特别是我国承包商常把工程某部分分包给国内有关施工单位，而签订的合同协议职责不清，风险界定不明确，易发生相互推诿。

如果一个工程的分包商比较多，则容易引起许多干扰和连锁反应。如分包商工序搭接与配合不合理，个别分包商违约或破产，因此从局部工程影响到整个工程。相反，如果作为分包商常遇到总承包商盲目压价、转嫁合同风险或提出各类不合理的苛刻条件要求分包商接受，就会处于被动地位。

9. 出具保函风险

承包商的担保银行一旦向项目法人开出保函，就意味着将一笔相等于担保金额的巨款押在项目法人手中，项目法人随时有可能没收这笔巨款。

保函风险除了表现在项目法人拥有随意索偿权之外，还表现在保函的生效及撤回日期，以及预付款保函中忽略要求担保金额随预付款的分批归还而相应减少等措辞方面。

不少合同都规定，项目法人在承包商的担保银行开出预付款偿还保函和履约保函后若干天内给承包商支付预付款或开始履行契约义务。这种合同条款错开了保函生效日期与业主开始履约日期，即项目法人尚未开始履约，而保函业已生效。这无疑使承包商在合同尚未生效或项目法人尚未履约时即已开始承担风险，很可能出现承包商尚一无所得，而保函却已被项目法人没收的局面。

预付款归还保函本是为承包商领取预付款而开具的一种书面担保，其金额应始终与承包商手持的预付款数相等。当工程进展到一定阶段，项目法人开始逐步扣回预付款后，预付款保函数额本应随承包商归还预付款数而相应减少。但许多承包商却常常忽视了这一要求，结果是预付款已基本归还完毕，而保函仍然全额押在业主手中，既存在被没收的风险，还要承担多余的保函手续费。

10. 带资承包的风险

有些合同中，项目法人明确要求承包商带资承包，即采用先垫款、再支付的方法。但工程开工后，由于项目法人无力支付，使承包商无法及时收回资金。

还有一些变相的带资承包。如项目法人以资金紧张为由，不给承包商提供工程预付款，让承包商自己出资解决施工前期遇到的各种资金问题；又如项目法人在合同实行期间长期拖欠工程款或仅付少量利息，使承包商垫付的大量资金无法及时收回等。在这种情况下，承包商务必要求投资商为其垫付的资金开出银行担保，以确认投资商的项目资金有保证。

三、技术风险

1. 地基地质条件

对于一个工程，特别是大型工程和地下工程，地基地质条件非常重要。通常项目法人提供一定数量的地质和地基条件资料，但不负责解释和分析，因而这方面的风险较大，如在施工过程中发现现场地质条件与施工图设计出入较大，施工中遇到大量岩崩塌方等引起超挖超值工作量和工期延误等。

2. 水文气候条件

水文气候条件导致的风险包括两方面：一是指对工程所在地的自然气候条件估计不足所产生的问题，如多雨、严寒、酷暑等对施工的影响；二是当地出现的异常气候，如特大暴雨、洪水、泥石流、塌方等。虽然按照一般的合同条件，后者由于异常气候造成的工期拖延可以得到补偿，但财产损失很难全部得到补偿。

3. 材料、设备供应

如果材料的质量不合格或没有质量检验证明，监理工程师拒绝验收，会引起返工或由于更换材料而拖延工期。如果材料供应不及时，引起停工、窝工等现象，这些因素有时可能引起连锁反应。

设备供应同样有质量不合格或供应不及时的问题，也可能有设备不配套的问题，或是未能按照安装顺序按期供货或机械设备运行状况不良等问题。

4. 技术规范

技术规范要求不合理或过于苛刻，工程量表中该项目说明不明确而投标时未发现，也能引起工程项目的风险。如某公司在中东某国承包工程时，技术规范要求混凝土入仓温度为 23℃，在投标时未发现此问题。实际上该国每年 5～10 月天气异常炎热，一般室外温度可达 45℃以上，承包商采取了多种措施，（如大量采购人造冰、以冰水拌和，晚间预冷骨料等）增加了不少成本，也只能达到 28℃，后经监理工程师沟通协商，把入仓温度改为不超过 30℃。

5. 提供设计图不及时

一般合同文件对此类问题已有明示，如由于监理工程师工作原因，设计图提供不及时，导致施工进度延误，导致窝工，应在合同文件中订立相应的补偿规定。否则，承包商应承担由此产生的风险。

6. 工程变更

工程变更包括设计方案变更和施工方案变更两方面。变更常影响承包商原有的施工计划和安排，形成一系列新的问题。如果处理得好，在执行变更命令过程中，针对可能引起费用增加和工期延误的事件可以提出索赔。

7. 运输问题

对于陆上运输，要选择可靠的运输公司，双方签订运输合同，防止因材料或设备未按时运抵工地而影响施工进度。对于海上运输，由于港口压船、卸货、海关验关等很容易引起时间耽误而影响施工。

四、公共关系方面的风险

1. 与项目法人的关系

如项目法人以各种理由为借口，或其工作效率低下，延误办理支付、签发各种证书等。

2. 与监理工程师的关系

由于监理工程师工作效率低，拖延签发支付；或是监理工程师过于苛刻，以各种理由减扣应支付的工程款，特别是对"包干"项目，在项目未完成前拒绝支付或支付的比例很少等；如果承包商与职业道德不好的监理工程师合作，必然会加大工程风险，因为技术标准的解释权属于监理工程师。

3. 联营体内部各方关系

联营体内的各家公司是临时性合作关系，很容易产生公司之间或人员之间的矛盾，从而影响配合和影响施工。如果订立联营体协议时职责、权利、义务等不明确，也会影响合作。联营体负责公司的工作作风和水平也会影响项目的具体工作。

4. 与工程所在国地方部门的关系

这里主要指工程所在地区的有关职能部门的公共关系，如劳动局、税务局、统计局等，如何处理与其相关职能部门的公共关系，对于工程项目如期完工，有着至关重要的作用。

五、管理方面的风险

1. 投标报价失策

投标报价失策是指标价太低或接受的合同条件过于苛刻，这无疑会造成工程承包条件先天不足，承包商即使有丰富的经营管理经验，也很难改变被动局面。

2. 合同条款风险

由于工程施工合同通常是由业主或业主委托的咨询公司编制的，发包人与承包商在合同中的风险分担往往不公平，工程承包合同中一般都包含着一些明显的或隐含的对承包商不利的条款，必然会造成承包商的损失。现列举如下：

（1）标书或合同条款不合理，把属于发包人的责任转嫁给承包商。

（2）合同工期紧，留有余地较少，并且附有较高额的误期违约罚款。

（3）项目建设周期较长，但合同中没有调值条款。

（4）技术规范要求不合理。

3. 缺乏管理经验

具备丰富的管理经验和较高的管理水平能使承包商变被动为主动，多挽回一些损失。例如，通过工程索赔将风险转化为利润，通过价格调值扩大收益。通过加强管理（尤其是工期控制和成本控制）以节省开支。反之，管理水平低的承包商会因管理不善而亏损。

4. 其他管理方面的风险

（1）施工现场领导班子不胜任，项目经理不称职，不能及时解决所遇到的各类问题，不善于同业主和监理工程师沟通。

（2）雇佣工人效率。所雇佣的当地工人，如果技术水平低、劳动效率低，无疑会增加工程风险。因此在新的工程环境中，应先调查了解当地工人的技术水平、工效等情况以及当地的劳动法等情况。

（3）开工时的准备工作。由于订购的施工机械或材料未能及时运到工地，施工现场的通水、通电、交通等"七通一平"准备工作未做好所引起的问题。

（4）施工机械维修条件的好坏所引起的风险。

除了以上述及的各种风险，工程项目还存在不可抗力造成的风险。虽然承包合同中规定了不可抗力事件的解决办法，这些办法也的确能为承包商减轻损失，但不同合同中对不可抗力事件的定义差别很大。特别是在一些法制不健全的国家，关于不可抗力事件以何为凭很难定论。有些国家关于不可抗力的定义仅限于自然灾害，一旦发生不可抗拒的政治事件就很难处理。如果承包商在缔约时没有明确不可抗力事件的确切定义，事件发生后又找不到强有力的依据，则只有自己承担后果。

上述种种风险因素很难全面概括工程建设中可能遇到的全部风险。因此要求建设项目管理者一定要有风险意识，能及时发现风险苗头，防患于未然。

第三节　工程项目融资风险识别

20 世纪 70 年代以后，国际金融市场推出一种新型的借款方式——项目融资（Project Financing），它是为某一特定的工程项目而发放的贷款，是国际中长期贷款的一种形式，也是大型工程项目筹措资金的一种新形式。著名的英国北海油田、美国阿拉斯加天然气输送管道、中国香港九龙海底隧道等大型项目都是利用这种形式在国际范围内筹措资金的。

传统贷款方式的主要特点是贷款人主要根据工程主办单位（Sponsor）的信誉和资产状况，并根据有关单位（中央银行）的担保而发放贷款。

与传统贷款方式不同，项目融资的贷款人不是凭主办单位的资产和信誉作为发放贷款的考虑原则，而是根据为建设某一工程项目而组成的承办单位的资产状况及该项目完工后所创造出来的经济收益作为发放贷款的考虑原则，因为项目所创造的经济收益是偿还贷款的基础。因此，传统的贷款方式是向主办单位发放贷款，而项目融资则是向承办单位发放贷款，同时它要求与工程项目有利益关系的相关单位对贷款可能发生的风险进行担保，以保证该工程按计划完工、营运以及有足够的资产偿还贷款。项目融资的这些特点决定了工程项目成功融资的关键影响因素是对项目融资风险的充分研究与合理分担。

一、工程项目融资的风险分类

一般说来，项目的融资风险与工程项目的风险并无实质区别，涉及项目开发、技术、经济、生产、市场等诸多方面，但侧重点有所不同。项目融资更关注项目的完工风险、生产风险及市场风险。

（一）根据项目实施的时间顺序划分

根据项目实施的时间顺序，其风险可以划分为三个阶段：项目建设开发阶段风险、项目试生产阶段风险和项目生产经营阶段风险，在每个阶段里项目的风险都有不同的特点。

1. 项目建设开发阶段风险

项目正式开工前有一个较长的预开发阶段，包括项目的规划、可行性研究、工程设计等方面。这一时期的风险是由投资者承担的，不包括在项目融资风险之中，真正的项目建设开发阶段风险是从项目正式动工建设开始计算的。由于这一阶段需要大量资金购买工程用地、设备，且贷款利息也开始计入成本，因此项目风险接近最大，如果任何不可控或不可预见因素造成项目成本超支或不能按时完工，项目就面临着巨大的压力和风险。从风险承担的角度看，贷款银行承担的风险最大。从贷款银行的角度，在这一阶段必须考虑以下因素的影响：

（1）由于工程、设计或技术方面的缺陷，或不可预见的因素，造成生产能力不足或产量和效率低于计划指标。

（2）能源、机器设备、原材料及承包商劳务支出超支等，造成项目建设成本超支，不能按照预定时间完工，甚至项目无法完成。

（3）由于各种因素造成的竣工延期而导致的附加利息支出。

（4）土地、建筑材料、燃料、原材料、运输、劳动和管理人员以及可靠的承包商的可获得性。

（5）其他不可抗力因素引发的风险。

由此可见，工程项目融资需要投资者提供强有力的信用支持来保证项目的顺利完成。利用不同形式的工程建设合同，有可能将部分项目建设期风险转移给工程承包公司。这类合同的一个极端是固定价格、固定工期的"交钥匙"合同；另一个极端是"实报实销"合同，在两者之间又有多种中间类型的合同形式。其中，在"交钥匙"合同形式中，项目建设的控制权和建设期风险全部由工程承包公司承担。

2. 项目试生产阶段风险

工程项目融资这一阶段依然存在风险，即使项目建成投产了，但如果项目不能按照原定的成本计划生产出合格的产品，就意味着对项目的现金流量的分析和预测是不正确的，项目很有可能生产不出足够的现金流量支付生产费用和偿还债务。

贷款银行一般不把项目的建设结束作为项目完工的标志。这里需要引入一个"商业完工"的概念，即在指定的时间内，按一定技术指标生产出了合格产量、质量和消耗定额之产品。在融资文件中具体规定出项目产品的产量和质量及原材料、能源消耗定额以及其他一些技术经济指标作为完工指标，并且将项目达到这些指标的下限也作为一项指标，只有项目在规定的时间范围内满足这些指标时，才被贷款银行接受为正式完工。

3. 项目生产经营阶段风险

项目达到"商业完工"标准后即进入项目的生产经营阶段。从这一阶段起，项目进入正常运转期，正常情况下应该产生出足够的现金流量支付生产经营费用以及偿还债务，并为投资者提供理想的收益。随着项目进入正常运转阶段，银行的风险开始逐渐降低，融资结构基本上依赖于项目自身的现金流量和资产，成为一种无追索的形式。这一阶段的项目风险主要表现在生产、市场、金融以及其他一些不可预见的因素方面。

（二）根据风险的可控性进行划分

按风险的可控性，项目融资风险可以分为可控风险和不可控风险。可控风险指与项目的建设和运营管理直接有关的风险。这类风险是项目公司在项目建设或生产运营过程中无法避免的，同时也是项目公司知道如何管理和控制的风险，包括完工风险、生产风险、市场风险和环保风险。不可控风险指项目的生产运营由于受到超出项目公司或政府可以控制范围的经济环境的影响而受损失的风险。此类风险一般无法准确预测，只能采取一定的措施来降低或转移，包括金融风险、政治风险和不可抗力风险。

1．可控风险

（1）完工风险。工程项目融资风险最大的阶段是项目的建设阶段。组织项目融资要使项目能够在规定的时间内和预算内建成投产，达到完工标准。但由于项目在建设期和试生产期存在各种不确定因素，因而贷款银行所承受的风险最大，项目能否按期建成投产并按照其设计指标进行生产经营，是项目融资的核心。如果项目无法完工、延期完工或完工后无法达到预期的运行标准，则会导致完工风险。

完工风险的形成主要有项目的设计未达到要求；承包商的建设能力不足和资金匮乏；承包商所作承诺的法律效力及其履行承诺的能力不足；政府干预等原因。

完工风险给项目融资参与者带来的后果是相当严重的，如项目不能按照预定计划建设投产运营，不能产生足够的现金流量来支付生产费用和偿还债务，贷款利息增加则会使整个项目的成本增加，甚至项目可能被迫停工、放弃。

项目建设期出现完工风险的概率是比较高的。根据已有统计资料显示，无论是在发展中国家还是发达国家，均有大量的项目不能按照规定的时间或者预算建成投产，导致项目融资成本增加乃至失败。根据实践经验，在美国、加拿大和澳大利亚等发达工业国家从事工程项目投资和安排融资，应该把项目的完工风险作为一个重要的因素加以考虑，而在这些国家导致完工风险的一个重要原因是工业关系和劳资纠纷。

项目的"商业完工"标准是贷款银行检验项目是否达到完工条件的依据。"商业完工"标准包括一系列专家确定的技术经济指标。根据贷款银行对具体项目的完工风险的评价，项目融资中实际采用的"商业完工"标准有较大的差异。总的原则是，对于完工风险越大的项目，贷款银行会要求项目投资者承担更大的"商业完工"责任。典型的"商业完工"标准包括：完工和运行标准，技术完工标准，现金流量完工标准等，还有一些其他形式的完工标准。例如有些项目，由于时间关系在项目融资还没有完全安排好就需要进行提款。在这种情况下，贷款银行为了减少项目风险，往往会要求确定一些特殊的完工标准。

为了限制及转移项目的完工风险，贷款银行通常要求投资者或工程公司等其他项目参与者提供相应的"完工担保"作为保证。

（2）生产风险。生产风险是在项目的试生产阶段和生产阶段存在的技术、资源储量、能源和原料供应、生产经营和劳动力状况等风险因素的总称。生产风险一般由项目公司和贷款银行共同承担，项目的现金流量是作为偿还银行贷款的主要来源。生产风险主要表现为：技术风险、能源和原材料风险和经营管理风险。

（3）市场风险。项目投产后的效益主要取决于其产品在市场中的销售情况，除非项目公司在项目建成之前就能以一个合适的价格将产品全部销售出去（如BOT项目的售水协议、售电协议），否则它必须直接面对市场风险。

市场风险主要有价格风险、竞争风险和需求风险三种形式。这三种风险很难截然分开，它们之间相互关联、相互影响。市场风险不仅同产品销售有关，而且与项目原材料及燃料的供应有关。如果项目投产后原材料及燃料价格的上升超过了项目产品价格的上升，那么项目的效益势必下降。

（4）环保风险。近年来，工业对自然环境及人们生活和工作环境的破坏已经越来越引起社会公众的关注，许多国家的政府制定了严格的环境保护法律来限制工业污染对环境的破坏，并强制肇事者对所造成的污染进行清理，缴纳巨额罚款。对项目公司来说，要满足环保法的各项要求，就意味着成本支出的增加，尤其是对那些利用自然资源或生产过程中污染较为严重的项目来说更是如此。但从长远来看，项目必须对增加的成本自行消化，这就意味着要提高生产效益，努力开发符合环保标准的新技术和新产品。

2. 不可控风险（环境风险）

（1）金融风险。金融风险主要表现在利率变化风险、汇率的变化风险、货币风险以及通货膨胀风险等几个方面。

1）利率变化风险。这种风险是指由于利率波动直接或间接地造成项目收益受到损失的风险。如果项目公司采用浮动利率融资，一旦利率上升就会造成生产成本的增加。如果采用固定利率融资，市场利率的下降就会造成机会成本的提高。

当对一个项目进行现金流量敏感性分析时，很容易发现项目的损益平衡点对利率的变化十分敏感，特别是在项目的经营初期债务负担比较重的阶段。在这一阶段，利率增加很小，就要求项目的收入有较大的增长才能弥补利率变化造成的损失。

2）汇率变化的风险。这种风险是指在不同货币的相互兑换或折算中，因汇率在一定时间内发生始料未及的变动，导致有关国家金融主体实际收益与预期收益或实际成本与预期成本发生背离，从而承受经济损失的可能性。

汇率的波动会影响项目的生产成本，尤其对出口企业或在国外进口原材料的企业是重要的风险因素。真正困扰企业的原因是未来汇率的变化趋势。由于汇率不确定，进出口的价格也随之变得不确定，这直接影响到利润的不确定，企业将难以判断是否需要进行投资。

3）货币风险。货币风险主要包括两部分：项目所在国货币的自由汇兑和利润的自由汇出，这也属于外汇风险问题。

汇兑限制风险也称转移风险，是东道国由于国际收支困难而实行外汇管制，禁止或限制外商、外国投资者将本金、利润和其他合法收入转移到东道国境外；外汇的汇出风险只有在项目进入运营期才会发生，它表现为兑换为外汇的项目收入不能汇出境外以支付股本金回报、债务及其他外汇支出。

项目公司是由投资者共同组成的，工程项目融资涉及了各个方面的股东，境外股东就希望将项目产生的利润以他们本国的货币形式汇出，而贷款银行也希望用和贷款相同的货币来偿还贷款。

4）通货膨胀的风险。通货膨胀是一个全球性的问题。相比而言，发达国家和地区比发展中国家和地区的通胀率要低得多。通货膨胀可能使项目所在国的工资和物价大幅度上涨，导致整个项目运营成本增加。因此对于债权人和投资者而言，不管在哪个国家开发工程项目都希望避免通货膨胀的风险。

通货膨胀风险一般由项目公司的贷款人来承担。如果在合同中没有调价条款或调价条款没有具体的条款，那么，对于项目公司来说通货膨胀将是一个很大的风险因素。要避免通货膨胀带来的损失，不仅要考虑项目所在国的物价水平，而且要全面考虑国际上材料、设备的价格上涨情况和当地货币的贬值幅度，及时掌握国际市场物价浮动趋势。

（2）政治风险。投资者与所投项目不在同一个国家，或贷款银行与贷款项目不在同一个国家，都有可能面临着由于项目所在国家的政治条件发生变化而导致项目失败、项目信用结构改变、项目债务偿还能力改变等风险，这类风险统称为项目的政治风险。

政治风险表现为两个方面：国家风险和国家政治、经济、法律稳定因素风险。项目的政治风险可以涉及项目的各个方面和各个阶段，从项目的选址、建设、生产运营一直到市场营销的全过程都可能受政治风险的影响。

（3）不可抗力风险。不可抗力风险是指项目的参与方不能预见且无法克服及避免的事件给项目所造成的损坏或毁灭的风险，如自然风险、瘟疫、战争、工厂和设备遭受意外损坏等风险。一旦出现不可抗力，整个项目可能延期或项目建成后不能正常运行，甚至整个项目完全失败。一般情况下，项目建设方无法控制这些不可抗力风险，只能靠投保将此类风险转移给保险公司。许多国家的出口信贷机构提供此类保险来担保部分或全部不可抗力风险，保险费计入项目成本中。在保险市场不能投保的，则采用双方共同承担不可抗力风险的原则。

二、工程项目融资风险识别的技术

（一）风险识别的步骤

（1）收集资料。资料和数据能否到手、是否完整，都会影响工程项目融资风险损失的大小。

（2）估计项目风险形式。风险形式估计是要明确项目融资的目标、战略、战术，以及实现项目融资目标的手段和资源，以确定项目融资及其环境的变化。

（3）识别潜在的风险。原则上，风险识别可以从原因查结果，也可以从结果反过来找原因。从原因查结果，就是先找出本项目会有哪些事件发生，发生后会引起什么样的结果。例如，在项目建设过程中，关税税率会不会变化，关税税率提高或降低两种情况各会引起怎样的后果。从结果找原因。例如：建筑材料涨价将引起项目超支，哪些因素会引起建筑材料涨价；项目进度拖延会造成诸多不利后果，而造成进度拖延的常见因素有哪些，如项目执行组织最高管理层犹豫不决；政府有关部门审批程序烦琐复杂；设计单位没有经验；工作太多；施工阶段进入雨季等。

（二）风险识别方法

（1）核对表。风险识别实际上是关于将来风险事件的设想，是一种预测。如果把人们经历过的风险事件及其来源罗列出来，制作一张核对表，帮助项目管理人员开阔思路，容易想到项目会有哪些潜在的风险。核对表可以包含多种内容：以前项目成功或失败的原因、项目其他方面规划的结果（范围、成本、质量、进度、采购与合同、人力资源与沟通等计划成果）、项目产品或服务的说明书、项目班子成员的技能、项目可用的资源等。还可以到保险公司索取资料，认真研究其中的保险条例，这些条例能够提示人们还有哪些风险尚未考虑到。

（2）项目工作分解结构。风险识别要减少项目结构的不确定性，就要弄清项目的组成、各个组成部分的性质和它们之间的关系、项目与环境之间的关系等。项目工作分解结构是完成这项任务的有力工具。项目管理的其他方面，如范围、进度和成本管理，也要使用项目工作分解结构。因此，在风险识别中，利用已有的工具并不会给项目增加额外的工作量。

（3）常识、经验和判断。以前完成的工程项目所积累的资料、数据和教训，以及项目工作人员个人的常识、经验和判断在风险识别时非常有用。尤其对于采用新技术、无先例可循的工程项目，更是如此。另外，把项目有关各方针对风险识别进行面对面的讨论，也有可能触及一般规划活动中未曾发现或发现不了的风险。

（4）实验或试验结果。利用实验或试验结果识别风险。例如，在地震区建设高耸的电视塔，需预先制作一个模型，放到振动台上进行抗震试验。实验或试验还包括数字模型、计算机模拟或市场调查等方法。

（5）敏感性分析。敏感性分析就是分析并测定各个因素的变化对指标的影响程度，判断指标（相对于某一项目）对外部条件发生不利变化时的承受能力。一般情况下，在项目融资中需要测定敏感性的变量要素主要有价格、利率、汇率、投资、生产量、工程延期、税收政策、项目寿命期等。通过敏感性分析，项目管理人员就能识别出风险隐藏变量或假设。

敏感性分析的基本步骤如下：①确定分析指标。在工程项目融资风险分析中，通常采用NPV指标。②选择需要分析测度的变量要素。③计算各变量要素的变动对指标的影响程度。④确定敏感性因素，对项目的风险情况做出判断。

（6）决策树分析。决策树分析法又称为事故树分析法（FTA），是1961—1962年期间，美国贝尔（BELL）电话实验室的沃森（Watson）和默恩斯（Mearns）等人在分析和预测民兵式导弹发射控制系统安全性时首先提出并采用的故障分析方法。目前，国际上已公认决策树分析法是可靠性分析和故障诊断的一种简单有效的方法。在可靠性工程中，常常利用决策树进行系统的风险分析，此法不仅能识别出导致事故发生的风险因素，还能计算出风险事故发生的概率。

决策树是由结点和连接点的线组成。结点表示事件，而连线则表示事件之间的关系。决策树分析是从结果出发，通过演绎推理查找原因的一种过程。在风险识别中，决策树分析不但能够查明项目的风险因素，求出风险事故发生的概率，还能提出各种控制风险因素的方案。既可做定性分析，也可做定量分析，一般用于技术性强且较为复杂的项目。

（7）专家打分法。打分法是一种最常用的、最简单的、易于应用的分析方法。它的应用由两步组成：首先，识别出某一种特定工程项目可能遇到的所有风险，列出风险调查表（Checklist）；其次，利用专家经验，对可能的风险因素的重要性进行评价，综合得到整个项目风险。具体步骤如下：

1）确定每个风险因素的权重，以表征其对项目风险的影响程度。

2）确定每个风险因素的等级值，按可能性很大、比较大、中等、不大、较小这五个等级，分别以1.0、0.8、0.6、0.4和0.2打分。

3）将每个风险因素的权重与等级值相乘，求出该项风险因素的得分，再求出此工程项目风险因素的总分。显然，总分越高说明风险越大。

该方法适用于工程项目融资决策的前期。由于前期阶段往往缺乏项目具体的数据资料，主要依据专家经验和决策者的意向，得出的结论也不要求是资金方面的具体值，而是一种大致的程度值，一般只作为进一步分析的基础。

（8）MC方法。蒙特卡罗（MC）方法，又称随机抽样统计试验方法。这种方法计算风险的实质是在计算机上做抽样试验，然后用具体的风险模型进行计算，最后用统计分析方法得到所求的风险值。它是估计经济风险和工程风险常用的一种方法。使用MC方法分析工程风险的基本过程如下：

1）编制风险清单。通过结构化方式，把已识别出来的影响项目目标的重要风险因素构造成一份标准化的风险清单。在这份清单中能充分反映风险分类的结构和层次性。

2）采用专家打分法确定风险因素的概率分布和特征值。

3）根据具体问题，建立风险的数学表达公式。

4）产生伪随机数，并对每一风险因素进行抽样。

5）计算风险的数学表达公式。

6）重复第四步、第五步 N 次。

7）对 N 个计算值进行统计分析，进而求出具体的风险值。

应用 MC 方法可以直接处理每一个风险因素的不确定性，但其要求每一个风险因素是独立的。这种方法的计算工作量很大，可以编制计算机软件来对模拟过程进行处理，可大大节约计算时间。该方法的难点在于对风险因素相关性的识别与评价。但总体而言，该方法无论在理论上还是在操作上都较前几种方法有所进步，目前已广泛应用于工程项目管理领域。

在工程建设中，一般活动（或工序）、子项目的施工先后的逻辑关系是确定的，但完成每一活动或子项目所需要的时间（或称工序持续时间）是不确定的。因此，在工期规定的条件下，工程进度就存在风险。

第四节　工程项目融资风险管理

一、工程项目融资风险评估

在项目初步形成以及研究工作结束的时候，应对项目进行评估。风险评估是工程项目中最重要的阶段，因为它是项目准备工作的终点。风险评估包括项目的四大方面，即技术、经济、管理体制和财务。

（一）技术评估

技术评估包括：项目的实际规模、布局和各种设施位置的确定；将要使用的工艺，包括设备的类型、工序及其对当地条件的适应性；将采用提供服务的方式；执行计划的可行性；达到预期产量的可能性。

技术评估的一个关键方面在于：审核成本预算以及该预算所依据的工程技术和其他数据，以便确定在可以接受的误差范围内预算是否准确，以及为应付项目执行阶段发生意外事件和预期价格上涨所预留的风险金是否充足。

另外，对于拟采用的工程技术服务、设计服务或其他专业服务的程序也将进行检查。同时，技术评估还涉及对项目设施的运行费和服务性费用以及必要的原材料和其他投入的可靠性进行评估。

（二）经济评估

通过对各种项目设计方案进行成本效益分析，从中选出对项目发展目标贡献最大的设计方案。通常，此类分析在项目准备的各个阶段已分步进行，评估阶段是做出最终审查与评定的阶段。

在进行经济评估时，要对项目进行部门情况研究，检查各部门的投资计划，公营与私营部门机构的优缺点，以及主要的政府政策。例如：在交通运输部门，每项评估均将运输系统视为一个整体，估算其对国家经济发展的贡献；对公路项目进行评估时，要考查它与其他竞争方式（如铁路）之间的关系。要审查该部门的整个运输政策，并建议进行某些变动，如改变任何使交通运量分配不均的规定。

只要现行的技术水平允许，还必须对项目的造价及其给国家带来的利益进行详细分析，分析的结果通常用经济收益率来表示。此类分析往往要求解决疑难问题，如怎样确定项目的实际结果，以及如何根据国家的发展目标评价它们的价值。

由于各种因素，如贸易限制、税收或补贴等扭曲了价格，而使市场价格无法真实反映费用本身的经济价值时，通常使用"影子价格"。在某些主要因素变化的条件下，常常需要对项目的收益进行敏感性分析。特别是针对较为重大的不确定项目，还应进行风险分析。项目费用和效益中的某些因素，如污染控制、健康与教育水平的提高等是无法量化的；在其他项目如电力或电信项目中，可能需要使用某些无法完全衡量出服务产生的经济效益的指标，如上缴利税。在某些情况下，可以评价具有相同效益的替代方案，进而选择成本最低方案。

（三）管理体制评估

管理体制（又称体制建设）已成为项目融资的重要目的，也可以说，资金资源的转移和实体设施的建设，从长远观点看，不如建立一个健全和富有生命力的"体制"更为重要。该体制还应包括：借款实体本身、组织机构、经营管理、人员配备、业务流程以及制约该体制运行环境的整套政府政策。

实践表明：对项目体制方面重视不够将导致项目执行和实际运行期间问题频繁出现。对管理体制的评估涉及一系列问题。例如，借款实体是否组织严密；其管理工作是否到位；当地的才智和创造性是否得到有效发挥；为实现项目目标，是否需对实体外的政策和机构进行调整等。

比较一个项目的所有方面，体制建设可能是最难解决的，原因之一在于：体制建设成功与否主要决定于有关人员对项目所在地的文化环境的了解。定期检查体制安排，大胆接受新思想，积极采用可能跨越几个项目的长期措施，这些举措对管理体制的建设是非常重要的。

（四）财务评估

财务评估的目的，其一是保证有足够的资金用于支付项目实施所需的费用；其二是确保制订一份融资计划，以便能为按计划实施项目而提供资金。如果提供资金的政府当地财政收入存在困难，可考虑做某些特殊安排，如为建立一项周转基金而预支拨款或将某些税收额指定专用。

财务评估还涉及金融偿付能力，如项目能否依靠其现金流量履行其承担的一切财务责任，包括利息（债息），是否有能力依靠自有资源从资产中赚取相当的收益，积累足够的资金以满足未来的资本需要。通过资产负债表、收益表以及对现金流量的预测，仔细地审查项目的财务状况。

财务审查强调调整项目产品价格水平和价格结构的必要性，这种调整应该是经常性的。价率调整对项目评估以及随后的项目执行，都是至关重要的。

财务评估涉及从项目收益人收回投资以及经营成本的问题，项目的实际回收要考虑到收益人的收入情况和实际问题。为了保证有效地利用有限资金，对最终收益人收取的利息一般应反映出经济中的机会成本。但利率是经常被贴补的，而通货膨胀率甚至可能超过利率。在通胀率较高的国家，有时采用指数利率系统。与成本回收一样，制定恰当的利率标准可能会成为一个有争议的问题。由于认识需要一定的时间才能在财政政策方面产生或具有深远影响的变化，所以应着眼于长期的经营目标。

总之，从上述几方面对项目进行深入可靠的评估，可以将所有的经验教训都融入未来项目的设计和准备之中，既确保项目的良性循环，同时，也是确保将项目融资风险降到最小或可以接受水平的基础工作。

二、工程项目融资风险防范

经过不断的实践探索和检验，国际上已经逐渐形成了有效的降低和减少项目融资风险的做法，尤其是参与项目贷款的主要银行，更是建立了一系列的方法和技巧以降低项目风险。结合我国项目融资的特点，可以考虑采取以下措施对融资风险进行控制：

（一）政治风险的防范

由于东道国政府最有能力承担政治风险，因此最后由东道国政府来承担政治风险是最佳的选择。例如：在菲律宾的某项目中，国家电力公司同意按"项目全面收购"办法来承担这种责任。"项目全面收购"是指如果东道国的政治风险事故连续维持一定的时期，则国家电力公司有责任用现金收购该项目，其价格以能偿还债务并向项目发起人提供某些回报为准。而在印度的某电力开发项目中，在发生政治性事故后，国家电力局或国家电力公司有责任继续支付电费，最长可达 270 天。因此，所有债务在政治性事故发生时都有所保障。

在我国，政府机构是要参与批准和管理基础设施项目的，因而政治风险不容忽视。然而，政治风险非个人和公司所能控制，只能依靠国际社会和国家的力量来防范。

1. 特许权

项目公司应尽量尝试向我国政府机构寻求书面保证，这里面包括政府对一些特许项目权利或许可证的有效性及可转移性的保证、对外汇管制的承诺、对特殊税收结构的批准等一系列措施。例如，广西来宾电厂项目在政治风险控制方面就得到了政府强有力的支持，国家发展和改革委员会、国家外汇管理局、国家经济贸易委员会分别为项目出具了支持函，广西壮族自治区政府成立了专门小组来负责来宾电厂项目。当法律变更使得项目公司损失超出一定数额时，广西壮族自治区政府将通过修改特许期协议条款与项目公司共同承担损失，从而很好地预防了政治风险。

2. 投保

除特许权协议外，还可以通过为政治风险投保来减少这种风险可能带来的损失，包括纯商业性质的保险和政府机构的保险，但是，提供政治风险的保险公司数量很少，因为市场狭小而且保险费十分昂贵，同时对项目所在国的要求特别苛刻，因此以保险的方式来规避政治风险是很困难的。在我国，为政治风险投保的一个实例是山东日照电厂，德国的 Hermes 和荷兰的 Cesce 两家信誉机构为该项目的政治风险进行了担保，从而使该项目进展比较顺利。

3. 多边合作

在许多大型工程项目融资中，政府、出口信贷机构和多边金融机构不仅能为项目提供资金，同时还能为其他项目参与方提供一些政治上的保护，这种科学合理的产权布局能够使政治风险降低很多。也可以寻求政府机构的担保以保证不实行强制收购，或在收购不可避免时，政府机构会以市场价格给予补偿。一般来讲，很难预测到各种法规制度的变化，因此可以设法把此种风险转移给当地合作伙伴或政府。

（二）完工风险的防范

超支风险、延误风险以及质量风险均是影响我国工程项目竣工的主要风险因素，通称为完工风险。对项目公司而言，控制它们的最简单的方法就是要求施工方使用成熟的技术，并要求其在双方同意的工程进度内完成；或者要求其在自己能够控制的范围内对发生的延误承担责任。对项目的贷款银行或财团而言，如果仅仅由施工方承担完工风险，显然是难有保障的，因为项目能否按期投产并按设计指标进行生产和经营将直接影响到项目的现金流量，进而影响到项目的还贷能力，而这恰恰是融资的关键。因此，为了限制和转移项目的完工风险，贷款银行可以要求项目公司提供相应的措施来降低和规避这一风险。

1．利用合同形式来最大限度地规避完工风险

项目公司利用不同形式的项目建设合同把完工风险转移给承包商。常见的合同有：固定总价合同、成本加酬金合同、可调价格合同。

（1）固定总价合同指双方在专用条款内约定合同价款包含的风险范围和风险费用的计算方法，即以一次包死的总价格委托给承包商，价格不因环境变化和工程量增减而变化，承包商承担全部的完工风险。在这种合同形式下，项目公司承担的风险是很小的，而承包商所承担的风险最大，但各承包商往往也在项目中投资，承担其中的风险，以此来获得该项目的承建合同。

（2）采用成本加酬金合同时，项目公司承担了大部分风险，承包商承担的风险是很小的。项目公司在这种合同中应加强对实施过程的控制，包括决定实施方案，明确成本开支范围，规定项目公司对成本开支的决策、监督和审查的权利，否则容易造成不应有的损失。

（3）采用可调价格合同，项目公司和承包商就可对完工风险进行合理的分担。

一般项目公司为了有效规避完工风险，通常采用"固定总价合同"把这一风险转移给承包商。

2．利用担保来规避项目完工风险

在项目建设阶段，完工风险的主要受害者是贷款银行，为了限制及转移项目的完工风险，贷款银行通常要求项目投资者或项目承包商等其他项目参与方，提供相应的"完工担保"作为保证。

在项目融资的建设阶段，大都由项目出资人（通常是项目主办方）提供完工担保。完工担保许诺在规定时间内完成项目，若在预定工期内出现超资，则担保方承担全部超资费用。一般来说，"完工"不仅指工程建设完毕，还包括以一定费用达到一定生产水平。而完工担保人保护自己的方法是选择财力可靠的承包商，使承包协议条款和完工担保条件一致。如果承包商能力和信用好，贷款人可以不要担保。因此选择合适的承包商建设项目，对工程项目融资是十分重要的。

由于完工担保的直接经济责任在项目达到商业完工标准后即告终止，贷款人的追索权只能限于项目资产本身，即以项目的资产及其经营所得，再加上"无论提货与否均需付款"等类型的有限信用保证的支持来满足债务偿还的要求。因而，项目的贷款银行或财团为了避免承受因不能完工或完工未能达到标准所造成的风险，贷款银行对商业完工的标准及检验要求十分严格。无论哪项指标不符合融资文件中规定的要求，都会被认为没有达到担保的条件，项目完工担保的责任也就不能解除。项目完工担保的提供者有项目公司以及承建项目的 EPC 或交钥匙承包商、有关担保公司、保险公司等。

（1）由项目公司作为完工担保人。

对贷款银行或财团来说，由项目公司直接为完工担保是最理想的担保方式。因为项目公司不仅是项目的主要受益者，而且由于股本资金的投入使其与项目的建设和运行有着最直接的利益关系，所以如果项目公司为借款人提供完工担保，则会使贷款银行对项目充满信心，并且更会使其尽力支持以使项目按计划完成、按时投产收益，实现贷款的归还。

在实际的运作中，项目的贷款银行与项目公司成员往往分散在不同的国家，在这种情况下，一旦项目担保人不履行其完工担保义务时，则会使贷款银行采取法律行动时产生诸多不便。因此，贷款银行可以要求项目公司在指定的银行账目上存入一笔预定的担保存款，或者

从指定的金融机构开出以贷款银行为受益人的备用信用证，以此作为贷款银行支付第一期贷款的先决条件。一旦出现需动用项目担保资金的情况，贷款银行将直接从担保存款或备用信用证中提取资金，以保证项目公司履行义务。

（2）由 EPC 或交钥匙承包商与金融机构或保险公司联合作为担保人，项目公司既承担了完工担保责任，同时也承受了巨大的压力。

在这种情况下，它可以通过在工程合同中引入若干完工担保条件将大部分完工风险转移给承建商，使自己承担的风险减少到最低限度，同时由于项目是由具有较高资信和经验丰富的承建商来承担，也可增加贷款银行对项目的信心。为确保承包商履行其义务，项目公司应要求以承建商背后的金融机构作为担保人出具一些担保，如投标担保（Tender Bond）、履约担保（Performance Bond）、预付款保函（Advance Payment Guarantee）、保留金担保（Retention Bond）、维修担保（Maintenance Bond）等，这些完工担保常常是以银行开出的无条件备用信用证或银行保函形式出现的。不过，这种承建商提供的按合同执行项目的担保虽然可以将部分风险转移给承包商，但并不能取代项目公司的完工担保。通常情况下，承包商只是在违约时，才能按其担保去要求赔偿整个工程费用的一部分，通常为合同额的 10%～30%。

3. 利用金融衍生工具

利用远期合约来规避完工风险。以上两种措施都是把完工风险转移给承包商，而承包商也意识到完工风险会给自己带来潜在的损失，为此会采取加快进度、进行全面质量控制、加强科学管理等措施来保证项目按期保质完工。在具体承建过程中，由于项目规模大、建设周期长、"三材"（钢筋、水泥、木材）用量大，因此，材料市场价格的波动对项目的总造价影响是很大的，很可能会造成总成本的增加，超出预算。工程项目中材料价格占总造价的 60%～75%，如果材料价格上涨 10%，那么其总造价就上涨 6%～7.5%，在利润微薄的建筑行业，这样的风险对承包商来说是无法承受的，而且会由此导致完工风险，从而影响项目融资的正常运营。因此，可以采用远期合约的手段来有效规避风险。

（三）市场风险的防范

降低和防范市场风险的方法需要从价格和销售量两个方面入手。项目融资要求项目必须具有长期的产品销售协议作为融资的支持，这种协议的合同买方可以是项目投资者本身，也可以是对项目产品有兴趣的具有一定资信的第三方。通过这种协议安排，合同买方对项目融资承担了间接的财务保证义务。"无论提货与否均需付款"和"提货与付款"合同，是这种协议的典型形式。

降低和规避市场风险可以从以下几个方面着手：

（1）要求项目有长期产品销售协议；

（2）长期销售协议的期限要求与融资期限一致；

（3）定价充分反映通胀、利率、汇率等变化。

项目公司在与政府制定协议时，要有防止竞争风险的条款，例如：政府已经和项目公司达成建设一条公路的协议，则政府就不能在此条公路的近距离内修筑另一条公路。

（四）金融风险防范

对于金融风险的防范和控制主要是运用一些金融工具。传统的金融风险管理基本上局限于对风险的预测，即通过对在不同假设条件下的项目现金流量的预测分析来确定项目的资金结构，利用提高股本资金在项目资金结构中的比例等方法来增加项目抗风险的能力，以求降低贷款银行在项目出现最坏情况时的风险。随着国际金融市场的发育，特别是近年掉期市场和期权市场的发展，促使项目金融风险的管理真正实现从"预测"向"管理"的转变。

（1）利率掉期。利率掉期指在两个没有直接关系的借款人（或投资者）之间的一种合约性安排，在这个合约中，一方同意直接地或者通过一个或若干个中介机构间接地向另一方支付该方所承担的借款（或投资）的利息成本，一般不伴随本金的交换。利率掉期一般是通过投资银行作为中介来进行操作，且经常在浮动利率和固定利率之间进行。一般的利率掉期是在同一种货币之间进行，不涉及汇率风险因素，利率掉期可以规避利率风险。

（2）远期外汇合约。在我国的项目工程中，项目的收入是人民币，承包商要将其兑换成美元汇到总部，因而可以事先同当地银行签订出卖远期外汇合同，在规定的交割日将人民币收入卖给银行，按合约规定的远期汇率买入美元。需要注意的是，签订远期外汇合同时要考虑汇率的变动情况和人民币收入时间与交割时间的匹配。如果根据经验判断美元会升值可根据人民币收入的时间确定交割时间及远期汇率，以便到时买入美元，避免本币贬值损失。这种方法的缺点是交割时间固定，到了规定的交割日期合约双方必须履约，时间匹配困难。

（3）期权。由于期权允许其持有人在管理不可预见风险的同时不增加任何新的风险，使得期权在项目融资风险管理中有着更大的灵活性，避免了信用额度范围的约束（投资银行根据客户的信用程度给予客户的交易额度），只要项目支付了期权费，就可以购买所需要的期权合约，也就获得了相应的风险管理能力，而不需要占用任何项目的信用额度或者要求项目投资者提供任何形式的信用保证。

（4）择期。择期是远期外汇的购买者（或卖出者）在合约的有效期限内任何一天，有权要求银行实行交割的一种外汇业务。我国对择期的交易期限规定为择期交易的起始日和终止日，在这期间，承包商可将人民币收入立即换成美元或其他可自由兑换货币汇回国内，从而避免了汇率波动的风险。根据国际惯例，银行对择期交易不收取手续费，所以择期交易在实际应用中是非常方便的。

（5）固定汇率。在国际融资中选择何种货币，直接关系到融资主体是否将承担外汇风险，以及将承担多大的外汇风险，因此，融资货币的选择是融资主体要考虑的一个重要问题。承包商可以与我国政府或结算银行签订远期兑换合同，事先把汇率锁定在一个双方都可以接受的价位上，以此来消除汇率频繁波动对项目成本造成的影响。

（6）融资货币。我国的项目在融资时最好采取融资多元化策略，也就是持有多种货币组合的债务，最好是让人民币汇率锁定在"一揽子"硬通货上。一种货币的升值导致的债务增加可以靠另一种货币的贬值导致的负债减少来抵消。只要合理选择货币组合，就可以降低单一货币汇率波动造成的损失。

（7）汇率变动保险。许多国家有专门的外贸外汇保险机构，为本国或他国企业提供外汇保险服务，可利用这种保险业务来分散风险。

由于项目的具体情况各有不同，以上所介绍的这些管理风险的措施只是一些原则性的内容，至于具体的应用则要视实际情况而定，可以借鉴国外经验，通过相关合同中的设计和约定灵活有效地降低风险。

（五）生产风险防范

生产风险主要是通过一系列的融资文件和信用担保协议来防范。针对生产风险种类不同，可以设计不同的合同文件。一般通过以下一些方式来实现：项目公司应与信用好且可靠的合作者，就供应、燃料和运输问题签订有约束力的、长期的、固定价格的合同；项目公司拥有自己的供给来源和基本设施（如建设项目专用运输网络或发电厂）；在项目文件中订立严格的条款与涉及承包商和供应商的有关延期惩罚、固定成本以及项目效益和效率的标准。另外，提高项目经营者的经营管理水平也是降低生产风险的有效途径。

项目融资风险处理方案的实施和后评价是风险管理的最后一个环节。风险处理方案的实施不仅是风险处理效果的直接反映，而且通过对项目的后评价，可以达到总结经验、吸取教训、改进工作的目的，因而它是项目融资风险管理的一个重要内容。

本章小结

本章对风险进行了简单的概述，定性分析了对工程项目融资有影响的风险因素，以及如何对其融资风险识别的方法；最后应用管理的基本理论和方法分析了工程项目融资风险管理的方法，其中结合我国项目融资的特点，理解融资风险进行控制的有效措施。

思 考 题

1. 按照项目的实施进度，工程项目融资风险如何进行分类？
2. 简述"完工风险"是项目融资的核心风险。
3. 工程项目融资风险识别的工具和技术有哪些？
4. 如何控制和规避完工风险？
5. 简述防范金融风险的工具。

第十章　工程项目融资的信用担保

第一节　担　保　概　述

一、担保的基本概念

1. 担保

担保是指确保债务或其他经济合同义务的履行或债务的清偿为目的的保证行为。它是债务人履行债务的特殊保障，是确保债权实现的一种法律手段。

2. 工程项目融资担保

工程项目融资担保，指工程项目的借款方或第三方以自己的资产或信用向贷款方或租赁机构做出的偿还保证，是为确保贷款协议下借款人义务的履行或债务的清偿做出的保证，是分配和转移工程项目融资风险和确保债权实现的一种法律手段。构建一个严谨的工程项目融资担保体系，强化工程项目的信用保证，也是工程项目融资理论的关键之一。

根据债务保证来源的不同，担保具体可分为两大种类，即物权担保和信用担保。在工程项目融资中，物权担保是以项目特定物产的价值或者某种权利的价值作为担保，如债务人不履行其义务，债权人可以行使其对担保物的权利来满足自己的债权。信用担保通常是担保人以法律协议的方式向债权人履行合同义务的承诺。

二、担保在工程项目中的主要作用

工程项目融资的根本特征体现在项目风险的分担方面，而担保正是实现这种风险分担的一个关键所在。由于许多工程项目的风险是项目本身无法控制的，出于对超出项目自身承受能力的风险因素的考虑，贷款银行必须要求工程项目的投资者或与工程项目利益有关的第三方提供附加的债权担保。所以，担保是工程项目融资中的一个关键环节，是保障工程项目融资成功的首要条件。具体来说，担保在工程项目融资中的作用可分为以下两方面：

1. 可降低工程项目投资者的风险

（1）项目担保可使项目投资者避免承担全部或直接的项目债务责任。也就是说，项目投资者的责任被限制在有限的项目发展阶段之内或者有限的金额之内。因此，项目投资者才有可能安排有限追索的融资结构。

（2）项目担保可使项目投资者将一定的项目风险转移给第三方（如与项目发展有利益关系，但由于某种原因不愿意或不能直接参与项目投资或者项目经营的机构、单位或个人），使之为项目担保，从而将项目的风险加以分散和转移。

2. 可降低贷款人的风险

（1）在工程项目融资中，项目担保有利于贷款人转移风险。因为贷款的风险使得贷款人在进行贷款活动时采取各种措施来防范风险，以避免和减少损失。项目担保可使贷款人将可能发生的风险转移给担保人，一旦贷款发生风险，贷款人可从项目担保中得到补偿。

（2）项目担保有利于加强对借款人的监督。担保人一经为借款人的借款行为进行担保，就为此承担了责任，这样可防止借款人将贷款用于非规定项目，监督借款人履行其义务。因此，项目担保有利于贷款人防范贷款风险。

三、担保的法律形式

工程项目融资信用结构的核心是融资的债权担保，按其所属的法律范畴可分为物的担保和人的担保两种基本形式。

（一）物的担保

物的担保又称物担保，是指借款人或担保人以自己的有形财产或权益财产为债务的履行设定的担保物权，如抵押权、质押权、留置权等。担保物权是指担保物权人在债务人不履行到期债务或者发生当事人约定的实现担保物权的情形，依法享有担保财产优先受偿的权利。在项目融资中，贷款银行以物的担保形式，把项目的资产作为一个单独完整的整体与借款人的其他财产分割开来，在必要时可以行使对项目资产的管理权。物的担保又可分为以下两种形式：

1. 抵押

抵押是债务人或者第三人以其所有的或者依法经营管理的资产作为履行贷款合同的担保，当其不能或者不履行合同义务时，贷款人有权依照有关法律规定或抵押合同的约定，以该资产折价、变卖或拍卖，以其价款优先受偿。

2. 担保

这种形式不需要资产和权益占有的转移或者所有权的转移，而是债权人与债务人之间的协议，因此，债权人有权使用该项担保条件下资产收入来清偿债务人对其的责任。债权人有权对这项收入有优先的请求权，其请求顺序优先于无担保权益的债权人以及具有次担保权益的债权人。担保又可分为浮动担保和固定担保两种形式：

（1）浮动担保是指债务人以现在和将来的资产（包括无形资产和动产）为债权人设定担保物权。浮动担保一般并不与提供担保人的某项特定资产相关联，一旦违约事件发生促使担保受益人行使担保权利时，担保财产才为担保受益人所控制。

（2）固定担保是指提供担保人在没有解除担保或担保受益人不同意的条件下不能出售或以其他形式处置该项资产。如果置于固定担保下的资产是银行存款或不动产，提供担保人原则上无权使用这项资产；如果置于固定担保下的资产是生产性资产，则提供担保人只可根据担保协议的规定对该项资产进行正常的生产性使用。

（二）人的担保

项目担保中人的担保是在担保受益人（即债权人）和被担保人（即主债务人）约定的条件下，当被担保人不履行其对债权人所承担的义务时，担保人必须承担起被担保人的合约义务，即担保人以自己的资信向债权人保证履行义务或承担责任，这种担保义务是依附于债务人和债权人的合约之上的。此种条件下的项目担保义务是第二位的法律承诺。同时，项目担保也可以是第一位的法律承诺，即担保承诺在担保受益人的要求之下，立即支付给担保受益人规定数量的资金，不管债务人是否真正违约。这种担保义务是相对独立于债权人和债务人之间的合约，工程项目的完工担保多属于此种类型。

一般情况下，项目担保中人的担保是在贷款银行认为项目物的担保不够充分的条件下要求借款人（即项目投资者）提供的。它为项目的正常运行提供了附加保障，同时也降低了贷款银行在项目融资中的风险。

四、担保的法律特征

明确担保的法律性质是规范贷款当事人和担保人权利及义务的基础。传统意义的担保具有以下法律特征：

（一）担保合同具有补充性和从属性

1. 补充性

所谓补充性是指在保证合同的法律关系上，保证人是第二债务人，只有当主债务人不履行其债务时，保证人才有责任承担付款责任；只有在对借款人的财产强制执行后仍不足以抵债时，才能要求担保人承担清偿的责任。

2. 从属性

所谓从属性是指担保合同是贷款合同的从合同，承担着和贷款合同标准和范围一样的责任，保证人的保证责任随借款人的主债务的消灭而消灭。

（二）担保合同项下保证人所承担的责任是第二性的付款责任

这和赔偿担保书中的担保人所承担的第一性付款责任不一样。

（三）对价是此类担保的基础

现代意义的担保认为，担保是不依附于基础合同而成立的独立合同。

第二节 项 目 担 保 人

一、项目投资者

项目融资中最主要和常见的一种形式是项目的直接投资者和主办人作为担保人。通常情况下，项目投资者以建立一个专门的项目公司的方式来经营项目和安排融资。但是由于项目公司可能在资金、经营经验、信息水平等多方面存在不足以支持融资的问题，所以大多数的贷款银行会要求借款人提供来自项目公司以外的担保作为附加的债权保证，以降低贷款风险。

项目融资谈判能否成功，关键是项目投资者和贷款人之间实现各方都能接受的风险分担。运用项目投资者提供的直接的、非直接的担保，加上其他方面的担保，可以成为贷款人能够接受的信用保证结构。

二、商业担保人

商业担保人以营利为目的提供担保，承担项目风险并收取服务费用。商业担保人以分散经营来降低经营风险，这些担保人通常包括银行、保险公司及其他从事商业担保的金融机构等。

（一）商业担保的基本方式

商业担保有两种基本方式：

1. 义务担保

这种方式下的担保人一般为商业银行、投资公司和一些专业化的金融机构，担保形式多为银行担保和银行信用证。

2. 意外担保

主要是防止意外事件发生而进行的担保。在这类担保中，项目保险是融资文件中不可缺少的内容，担保人大多数是保险公司。保险公司提供的项目保险内容广泛，除项目资产保险外，还有项目的政治风险保险等。

（二）担保是项目投资者在项目融资中所必须承担的义务

1. 担保资金不足或资产不足的项目公司对其贷款承担的义务

例如，在房地产项目融资时，如果贷款银行认为该项目的房地产价值及贷款期内的现金流量不足以支持一个有限追索的融资结构，借款人可以以远低于房地产市场价格的契约价格从专业的金融机构手中购入一个卖出期权作为项目融资的附加担保，在贷款期间，一旦借款人违约，贷款银行可执行该期权，将房地产以契约价格出售给期权合约的另一方，维护其权利。

2. 担保项目公司对其他投资者所承担的义务

由于项目投资者往往是两个以上的公司，在这种非公司型投资结构中，各公司以一定比例投资并成立项目子公司，负责项目资金的管理，有的甚至为项目投资安排了有限追索的项目融资。对此，虽然贷款银行可以接受，但其他项目投资者却不能接受，因为有限追索的融资结构限制了对母公司的追索能力，这对于其他项目投资者来说，无疑是个潜在的风险。

在非公司型投资项目融资结构中，资本不足的公司通常会被要求由国际性银行提供一般信用证额度为3～9个月的项目生产费用的备用信用证作为项目担保。

3. 提供担保人和担保受益人之间的中介

假设一个公司到另外一个国家或地区投资，不为当地的银行和公司熟悉，则该公司的直接担保就很难被接受，因此需要选择一家或多家既为当地的银行、公司接受，又为项目投资者所认可的国际商业性银行提供担保，承担项目投资者在项目中所需承担的责任。

三、与项目有关的利益关系第三方

能够提供第三方项目担保的商业机构通常有工程公司、项目设备或主要原材料供应商、项目产品（设施）的用户。第三方担保人是指在项目的直接投资者之外与项目开发有直接或间接利益关系的机构为项目提供担保。这些机构包括以下几种：

1. 与项目有直接利益关系的商业机构

这些商业机构通过为项目融资提供担保而获得自身的商业利益。这些利益有：

（1）获得项目所需设备的供应、安装权；

（2）获得项目的建设权；

（3）获得其自身长期稳定的原材料、能源供应；

（4）获得其自身产品长期稳定的市场；

（5）保证其对项目设施的长期使用权。

2. 政府机构

在项目融资中，政府机构作为担保人是很常见的，尤其是一些大型工程项目的建设，如高速公路、大型港口、矿产资源开发、石化项目等，这些大型工程的建设都有利于项目所在国的经济发展、政治稳定，促进当地人口就业，改善经济环境，因此政府机构很愿意为项目融资提供担保。政府机构介入作为项目担保人，可减少项目的政治风险和经济政策风险、增强投资者的信心，这种担保作用是其他方式所不可替代的。为了促进项目的开发，政府机构只能通过提供贷款担保或签订项目产品长期购买协议的形式来为项目提供担保。

3. 国际金融机构

例如地区开发银行、世界银行等国际性金融机构，虽与项目开发没有直接的利益关系，但为了促进发展中国家的经济建设，对于一些重要项目，如基础设施项目等，世界银行等国际性金融机构利用其特殊的地位和信用，愿意为融资项目提供贷款担保。

第三节　项目担保范围和类型

一、项目担保的范围

项目担保的范围取决于其所面对的风险，一个项目通常可能面对的风险主要有市场风险、政治风险、金融风险、项目环境风险、信用风险、生产风险（技术与管理风险、资源风险）等。在项目融资中，项目的担保不可能解决全部的风险问题，只是有重点地解决融资双方尤其是贷款人最为关心的问题，主要有政治风险、商业风险、商业政治风险等。

（一）政治风险

在政治环境不稳定的国家和地区，项目投资具有很高的政治风险，如果没有政治风险担保，很难组织有限追索性质的项目融资结构。所以，政治风险是项目融资中引人关注的问题。一般地，项目所在国政府或中央银行应是最理想的政治风险担保人。因为这些机构直接决定着项目的投资环境，或与项目发展有直接的利益关系，所以其对项目的担保可减轻外国贷款银行及其他投资者对项目政治风险的担忧。

（二）商业风险

商业风险是项目融资的主要风险，也是项目担保的重要内容。一般的项目贷款人都会要求项目投资者或与项目有直接利益关系的第三方提供不同程度的担保，主要有以下几种形式：

1. 竣工担保

一个项目是否能在一定的预算与时间内建成并投入使用，达到竣工标准，是组织项目融资的基础。在工程项目的运作中，许多不成功的案例主要是由于存在项目不能建成竣工和形成生产能力、收回投资而产生的风险，尤其是大型基础设施。

传统上项目竣工的风险被要求由项目投资者全面承担，即项目投资者提供担保，承诺在工程延期、建设成本超出预算等问题出现时为项目提供资金，但近年来有一个新的发展趋势，由于市场竞争和项目投资者的压力，贷款银行往往被要求承担一部分竣工风险。特别是在一些技术较成熟、投资环境较好的项目中，贷款银行转向从工程公司、技术设备供应公司等其他方面寻求完工担保，包括采用由工程公司或技术设备公司提供履约担保、固定价格的交钥匙合同等形式，减少对项目投资者在竣工风险担保方面的要求。

所以，在设计和完成项目融资结构的过程中，如何分担项目的竣工风险是贷款银行和项目投资者谈判的关键。一般地，贷款银行除了要求项目投资者或者工程公司提供竣工担保外，有时也会要求在产品市场安排上增加相应的项目延期条款，以调整合同收入，承担因工程不能按期竣工而导致的融资成本超支。

2. 生产成本控制

一个项目能否在激烈的行业竞争中占有优势，除了其自然条件和技术条件较好之外，很好地控制生产成本也是重要的因素，生产成本控制方面的担保是必不可少的，它还可以减少贷款银行对其他担保形式的要求。

对于生产成本的控制，一种方法是通过由项目公司和提供项目生产所需的主要原材料、能源、电力的供应商签订长期供应协议，规定其供应产品的数量、价格和期限来实现；另一种方法是将生产成本的控制与项目所在地的物价指数相联系。总之，通过上述两种方法都可使项目的贷款银行和投资者对项目成本有一个基本了解，从而达到降低风险的目的。

3. 产品市场安排

项目产品的销售状况决定了项目的发展前景，市场风险当然也是项目担保所必须面对的重要问题。对于不同的项目，贷款银行处理风险因素的侧重点也有所不同。例如，对于初级能源和资源性产品项目，其价格受世界市场需求变化的影响很大，如果没有一方敢于承担一定的产品市场和价格风险，项目的融资安排就很困难；对于加工性产品项目，如机械制造业，产品的市场销售较为复杂，贷款银行对生产成本的控制和现金流量的控制尤为重视，因而会要求项目的担保人承担更多的成本风险。

（三）商业政治风险

商业担保公司参与政治风险保险近年来有增长的趋势，但就其本质来讲，商业政治风险保险不是项目担保，只是在某种程度上起担保的作用。促使项目投资者寻求商业政治风险保险的原因如下：

（1）项目投资者不满意政府政治风险担保的条款，而商业保险市场可提供更灵活和更具竞争性的条件。

（2）项目的风险价值过高，超过政府机构政治风险担保的限额。

（3）项目不具备政府出口信贷或政治保险机构提供政治风险担保的条件。

商业政治风险保险针对特定的政治危机，其保险范围包括资产风险保险和合约风险保险。资产风险主要是因为暴乱、内战、恐怖活动、国有化以及限制资金转移国外等政治原因造成的资产损失。合约风险主要是由于政治原因引起的禁运、毁约、拒绝履行合同或合同担保等事件造成的被保险人损失。

项目除了存在上述的风险外，还可能会遇到地震、水灾、火灾等风险，这类风险被称为不可预见风险或称为或有风险，避免这类风险主要采取商业保险的方法。

二、项目担保的类型

前已叙述，根据债务保障来源的不同，项目融资担保可分为物权担保和信用担保两大类。

物权担保根据标的物的性质划分可分为动产担保和不动产担保，按照担保方式划分可分为固定担保和浮动担保，其具体形式在本章第四节详细阐述。

信用担保根据项目担保在项目融资中承担的经济责任，分为直接担保、间接担保、或有担保、意向性担保；根据担保合同的性质不同，又可划分为从属性担保和独立担保。

应当指出的是，这些类型的担保所承担的经济责任是有限的，而不是无限的，以下就信用担保的几种担保类型分别进行详细阐述。

（一）直接担保

直接担保是项目融资中有限责任的直接担保，其担保责任根据担保的有效时间或金额加以限制。

1. 在时间上进行限制的直接担保

典型的在时间上加以限制的有限责任直接担保是项目建设期和试生产运营期的竣工担保，项目投资者和工程承包公司是主要的担保人。多数情况下项目的竣工担保是在有限时间内的无限经济责任担保，有时竣工担保也可安排为有限金额的担保。项目投资者组织这类担保可通过在有限的时间内的无限责任避免或减少长期的直接项目担保。

2. 在金额上进行限制的直接担保

在金额上进行限制的直接担保是在完成融资结构时就已事先规定了最大的担保金额，不论项目经营中出现任何意外情况，担保的最大经济责任只能在这个限定金额之内。这种担保在项目融资中通常采取的形式是资金缺额担保和第一损失担保。有限金额的直接担保可以用于防止生产超支或项目现金流量不足，因为贷款银行通常采用在建设成本和生产成本可控的条件下进行有限追索的项目融资，为了防止因资金短缺导致的项目失败，就需要项目投资者来承担生产成本和建设成本超支带来的风险，即提供相应的担保。

（二）间接担保

间接担保是担保人不以直接的财务担保形式向项目提供担保的一种财务支持。它通常采用商业合同或政府特许协议的形式，最常见的是以"无论提货与否均需付款"或"提货与付款"的销售或购买协议为基础建立起来的一系列合同形式。

提供间接担保的项目投资者或其他项目参与者，投资项目以及使用项目所提供的设施或产品不是盲目的，获得一定的产品供应是其投资的逻辑前提。间接担保所建立的一系列合同确保了项目市场的稳定和收入的稳定，同时也保证了贷款银行的基本利益，因为这类合同的定价基础是以项目产品的公平市场价格和品质标准为依据的，其订立原则是在合同期内满足摊销债务的要求，是较为公平的商业交易。基于这一点，在国际通行的会计准则中，间接担保不作为担保人的一种直接债务责任体现在公司的资产负债表中。

（三）意向性担保

这种担保仅是担保人有可能对项目提供一定支持的意愿，严格来说，意向性担保并不是一种真正意义上的担保，因为这种担保不具备法律上的约束力，也不需要体现在担保人公司的财务报告中，因此在项目融资中经常应用。正因为如此，国际上对于意向性担保所承担法律责任的要求也越来越严格了。

意向性担保最常用的形式是安慰信（或称支持信）。在项目融资中，安慰信通常由项目的母公司或项目的所在国政府写给贷款银团，表示该公司或该国对该项目公司及项目融资的支持，并以此代替对该项目融资的财务担保。

（四）或有担保

或有担保是指对由于项目面对的不可抗拒力或不可预测因素造成项目损失的风险所提供的担保。

由于主观和客观的原因，或有风险的种类较多，它们有些具有共性，有的又是某个项目所特有的，这使得或有担保的难度较大且形式易于不规范化。因此，为使项目融资能够顺利进行，项目投资者应重视安排和组织有关项目的或有风险担保。

按照其风险的性质不同分类如下：

1. 不可抗力造成的风险

不可抗力造成的风险主要有火山爆发、台风、火灾、工程施工中的塌方、煤矿中的瓦斯爆炸等，这类风险的发生将给工程项目造成巨大损失。提供这类或有风险的或有担保人通常是商业保险公司。

2. 政治风险

政治风险同样具有不可预见性，如战争、军事政变等。因此，减少这类风险的担保也可列入或有担保。

3. 项目环境风险

这主要是针对与项目融资结构特性有关的、一旦发生变化将严重影响项目经济强度的风险，例如，因政府的税收政策改变造成项目税收的收益改变，从而使贷款银行获得的利益减少。

（五）信用担保

按照其担保合同的性质不同，信用担保又可分为从属性担保和独立担保。

1. 从属性担保

从属性担保是指担保人承担第二位的债务清偿责任，即只有在被担保人（主债务人）不履行其对债权人（担保受益人）所承担义务的情况下，担保人才承担其被担保人的合同义务。显然，这种担保合同从属于确立债务人与债权人之间债务关系的主合同。

2. 独立担保

独立担保是指担保人承担第一位的债务清偿责任，即不管债务人是否真正违约，只要担保受益人提出要求，担保人将立即无条件地支付给受益人规定数量的资金。显然，独立担保合同的效力不受主债务合同的影响。现实中独立担保的具体表现形式为：备用信用证、银行保函以及其他形式的见索即付担保书。

第四节　项目担保的形式

一、物权担保

物权担保是指借款人或担保人以自己的有形或权益资产为履行债务偿还义务而向贷款银行提供的担保。其典型形式有抵押权、质押权、留置权三种，这三种形式的物权担保按担保标的物的性质划分，可分为动产担保和不动产担保；按担保方式划分，可分为固定担保和浮动担保。在工程项目融资中，物权担保是以项目特定物产的价值或者某种权利的价值作为担保，如债务人不履行其义务，债权人可以行使其对担保物的权利来满足自己的权益。

（一）不动产担保和动产担保

1. 不动产担保

不动产通常是指土地以及依附于土地的建筑物和构筑物等难以移动的财产。项目融资中，项目公司一般以项目资产作为不动产担保，而且这种不动产担保仅限于项目公司的不动产范围，而不涉及或很少涉及项目投资者的不动产，这就是项目融资的有限追索性的体现。项目公司一旦违约，贷款银行有权接管项目，或重新经营，或拍卖项目资产，弥补其贷款损失，可这种弥补对于巨额的贷款来说，是微不足道的，尤其是在项目失败的情况下，不动产担保对于贷款银行来说意义不大。

2. 动产担保

动产担保是指借款人（项目融资中一般指项目公司）以自己或第三方的动产作为履约的保证。可用于提供担保的动产在各国法律中有不同的规定，但归纳起来，不外乎分为有形动产和无形动产两大类。有形动产包括船舶、飞机、设备、存货等；无形动产包括专利权、票据、应收账款、证券、保险单、银行账户和特许权等。由于处理动产担保在技术上比不动产担保方便，所以在项目融资中使用较为普遍。

（二）固定担保和浮动担保

1. 固定担保

主要指与担保人的某一特定资产相关联的一种担保，当债务人违约或破产以至于不能偿还债务时，就可以用该特定资产来清偿债务。前面所说的动产担保和不动产担保皆属于固定担保。在固定担保下，担保人在没有解除担保责任或者得到担保受益人的同意之前，不能出售或者以其他形式处置该项资产。当借款方违约或者项目失败时，贷款方一般只能以这些担保物受偿。

2. 浮动担保

浮动担保主要是指债务人（借款人）以自己的全部资产作为担保物而设立的担保，以保证债务的清偿。浮动担保之所以应用广泛，是因为它能够让债务人充分、自由地处理已作为担保物的财产，同时又能维护债权人的权益。

二、信用担保

信用担保是担保人以自己的资信向债权人保证对债务人履行偿债义务、承担责任的承诺。

（一）完工担保

完工担保主要是针对项目完工风险所设立的，担保人在一定时间内（通常为项目建设期和试生产/试运行期）承担项目成本超支、工期延误的责任，甚至是项目失败的责任，即在这段时间内，担保人对贷款银行承担全面追索的经济责任，直至项目达到"商业完工"标准。从本质上来说，完工担保人承担的是成本超支的财务责任，是一种直接担保。完工担保是一种有限责任的担保形式，主要针对的项目完工风险包括：①由于工程或技术上的原因造成的项目延期完工或成本超支；②由于外部纠纷或其他外部因素造成的项目延期完工或成本超支；③由于上述任何原因造成的项目停建以至最终放弃项目。项目完工担保主要由项目投资者和工程承包公司或有关保险公司提供。

1. 由项目投资者提供的完工担保

作为项目最终受益人的项目投资者比较关心项目是否按预定计划完成，否则一旦项目失败，其预先投入的股本资金将是"竹篮打水一场空"。因此，由项目投资者提供完工担保，是贷款银行最容易接受的一种方式。

在项目融资结构中，完工担保可以是一个独立协议，也可以是贷款协议的一个组成部分。完工担保通常包含以下三方面的基本内容：

（1）完工担保的责任。具体来说，就是项目投资者向贷款银行做出保证，除计划内的资金安排外，必须提供建设期成本超支的资金或为达到"商业完工"标准而超过原定计划资金安排之外的任何所需资金。如果项目投资者不履行其提供资金的担保义务而导致项目不能完工，则需偿还贷款银行的贷款。

由于这种严格的规定，使得在项目完工担保协议中对于"商业完工"的概念有着十分明确的定义，主要包括：①对项目具体生产技术指标的规定（包括对单位生产量的能源、原材料甚至劳动力消耗指标的规定）；②对项目生产或服务质量的规定；③对项目产品的单位产出量（或服务量）的规定；④在一定时间内项目稳定生产或运行的指标规定。

（2）完工担保的义务。一旦项目出现工期延误和成本超支现象，项目投资者应采取相应的行动履行其担保义务，一般可供选择的方式有两种：一种是项目公司追加股本资金的投入；另一种是项目投资者自己或通过其他金融机构向项目公司提供无担保贷款（准股本资金或次级债务）。需要注意的是，只有在高级债务得到偿还后，无担保贷款方才有权要求清偿。

（3）保证项目投资者履行担保义务的措施。为了监督项目投资者履行其担保义务，国际上比较通行的做法是：要求项目投资者在指定银行的账户上存入一笔预定金额的担保存款，或从指定金融机构中开出一张以贷款银行为受益人的相当于上述金额的备用信用证，或者由项目投资者开出一张以贷款银行为受益人的本票，以此作为贷款银行支付第一期贷款的先决条件。一旦出现需要运用项目完工担保资金的情况时，贷款银行将直接从上述担保存款或备用信用证或本票中提取资金。如果项目投资者在建设期承担的是完全追索责任，则还会被要求随时将其担保金额补足到原定的金额。

2. 由工程承包公司或保险公司提供的完工担保

由工程承包公司或保险公司提供完工担保，实质上是项目投资者将部分或全部完工风险转移给了工程承包公司，减轻了项目投资者在完工担保方面所承担的压力。这种完工风险转移的方式有两种：一种是与工程承包公司签订固定价格的承包合同；另一种是要求工程承包公司提供工程担保。常见的工程担保有履约担保、预付款担保、保留金担保和缺陷责任担保。

（1）履约担保。履约担保是与工程承包合同连在一起的一种信用担保方式，即工程承包公司向项目公司保证履行工程承包合同承建项目。一般地，项目公司再将其转让给贷款人，也就是说，贷款人是履约担保的最终受益人。履约担保的作用是保证中标的工程承包公司按合同条件建成项目。一旦工程承包公司不能履行其合同义务时，担保人要向担保受益人提供一定的资金补偿。世界银行贷款项目中规定，履约担保金额为合同价的 5%。

（2）预付款担保。预付款的作用是帮助工程承包公司安排流动资金用于在项目开工前购买设备、材料以及调遣施工队伍进场等，使项目可以按时开工。由于项目公司支付预付款时，工程尚未开工，为保证预付款的合理使用，因此要求工程承包公司提供预付款担保。将来随着预付款的逐步扣回，预付款担保金额会随之减少，一般而言，预付款担保最高金额为合同价的 10%。

（3）保留金担保。在工程实践中，项目业主通常会在每次进度款支付时扣留 5%，直至扣留金额达到合同价的 5%，这就是所谓的保留金。项目业主扣留保留金的初衷是保证工程承包公司履行其修补缺陷的义务。但是工程承包公司希望尽快回收资金，因此愿意提供保留金担保替代实际保留金，以解决资金周转问题。一般规定，保留金担保金额为合同价的 5%。

（4）缺陷责任担保。工程承包合同一般规定项目完工并移交后，在一定时间内（通常为1 年），工程承包商要承担工程维修的义务。缺陷责任担保是为保证承包商进行工程维修的目的而设立的。但在实践中，履约担保和保留金担保将自动转成缺陷责任担保。

（二）资金缺额担保

对贷款银行来说，项目完工担保主要是减少项目建设和试生产、试运行阶段的风险，那么在项目运行阶段，如果出现项目公司收入不足，无法支付生产成本和偿付到期债务的情况，贷款银行如何化解此类风险呢？

在项目融资中，化解此类风险的方法是采用项目资金缺额担保，也称为现金流量缺额担保。资金缺额担保是一种在担保金额上有所限制的直接担保，担保金额在项目融资中没有统一的标准，一般取为该项目年正常运行费用总额的 25%～75%，主要取决于贷款银行对项目风险的认识和判断。对于项目年正常运行费用应至少考虑以下内容：日常生产经营性开支；必要的大修、更新改造等资本性开支；若有项目贷款，还有到期债务利息和本金的偿还等。实践中，资金缺额担保常采用的形式有以下三种：

（1）项目投资者提供担保存款或以贷款银行为受益人的备用信用证。这在新建项目安排融资时较为常见。由于新建项目没有经营历史，也没有相应资金积累，抗意外风险的能力比经营多年的项目要弱得多，因而贷款银行多会要求由项目投资者提供一个固定金额的资金缺额担保，或要求项目投资者在指定的银行中存入一笔预先确定的资金作为担保存款，或要求项目投资者由指定银行以贷款银行为受益人开出一张备用信用证。

（2）建立留置基金。即项目的年度收入在扣除全部的生产费用、资本开支以及到期债务本息和税收之后的净现金流量，不被项目投资者以分红或其他形式分配，而是全部或大部分被放置在一个被称为"留置基金"的账户中，以备项目出现任何不可预见的问题时使用。留置基金账户通常规定一个最低资金限额，也就是说，如果账户中的实际可支配资金总额低于该最低限额，则该账户中资金不得以任何形式为项目投资者所拥有，反之，该账户中资金便可释放，用于项目投资者的分红等。最低留置基金金额的额度必须满足 3～6 个月生产费用准备金和偿还 3～9 个月到期债务的要求。

对于新建项目，通常将留置基金与担保存款或备用信用证共同使用来作为项目融资的资金缺额担保。

（3）由投资者提供对项目最小净现金流量的担保。该种方法是保证项目有一个最低的净收益，但关键的是项目投资者和贷款银行对项目总收入和总支出如何进行合理预测。一旦双方对项目最小净现金流量指标达成一致，便将其列入资金缺额担保协议中，若实际项目净现金流量在未来某一时期低于这一最低水平，项目投资者就必须负责将其缺额补上，以保证项目的正常运行。

（三）以"无论提货与否均需付款"协议和"提货与付款"协议为基础的项目担保

项目贷款银行在提供贷款资金时，最关心的是项目收入的稳定性，因此融资结构的构建必须考虑项目产品有稳定的销售或项目设施有可靠的用户，同时也要考虑项目原材料、燃料等产品供给的稳定性。一般情况下，项目公司通过与项目产品（设施）的购买者（用户）或原材料、燃料供应商签订长期销售（供应）协议来实现。所谓长期协议，是指项目产品（设施）购买者（用户）或原材料供应商承担的责任应至少不短于项目融资的贷款期限。

上述长期协议在法律上体现为买卖双方之间的商业合同关系，尽管实质上是由项目产品（设施）买方（用户）对项目融资提供的一种担保，但这类协议仍被视为商业合约，因而是一种间接担保形式。从项目公司角度来说，根据项目的性质以及双方在项目中的地位，这类合约具体又可分为以下四种形式：

1. "无论提货与否均需付款"协议

"无论提货与否均需付款"协议与传统的贸易合同相比，除了协议中规定的持续时间长（有的长达几十年）以外，更本质的区别在于项目产品购买者对购买产品义务的绝对性和无条件性。传统的贸易合同是以买卖双方的对等交换作为基础的，即"一手交钱，一手交货"，如果卖方交不出产品，买方可以不履行其付款的义务。但是在"无论提货与否均需付款"协议中，项目产品购买者承担的是绝对的、无条件地根据合同付款的义务，即使出现由于项目毁灭、爆发战争、项目财产被没收或征用等不可抗力而导致项目公司不能交货的情形，只要在协议中没有做出相应规定，项目产品购买者仍须按合同规定付款。

2. "提货与付款"协议

由于"无论提货与否均需付款"协议的绝对性和无条件性，项目购买者更倾向于采用"提货与付款"协议。

在某些项目经济强度不是很强的项目融资中，贷款银行可能会要求项目投资者提供附加的资金缺额担保作为"提货与付款"协议担保的一种补充。但若项目经济强度很好并且其项目经理有良好的管理能力和管理记录，仅有"提货与付款"协议作为其间接担保，贷款银行也可能接受而提供贷款。

3. 运输量协议

若被融资项目是服务型项目，如输油管道、港口工程，则提供长期运输服务的"无论提货与否均需付款"协议被称为运输量协议。不同性质项目的服务使用的协议名称也不同，在有些项目中，这种协议被称为委托加工协议或服务成本收费等。

4. "供货与付款"协议

在项目原材料、能源供应中所签订的协议称为"供货与付款"协议。按照协议规定，项目所需能源、原材料供应商承担向项目定期提供产品的责任，如果不能履行责任，就需要向项目公司支付该公司从其他来源购买所需能源或原材料的价格差额。

三、其他担保形式

（一）准担保交易

在项目融资中除了上述各种担保形式外，还有许多类似担保的交易。这些交易一般在法律上被排除在物权担保范围之外，而被视为贸易交易。常用的准担保交易主要包括以下内容：

1. 融资租赁

卖方（出租人）将设备租给买方（承租人），卖方仍保留对设备的所有权，买方则拥有设备的占有权，或者卖方将设备给一家金融公司或租赁公司并立即得到价款，然后该金融公司或租赁公司再将设备租给买方。无论以何种形式出租，卖方都足以在租期内收回成本。这实际上是一种商业信用，买方以定期交租金的方式得到融资，而设备本身则起到担保物的作用。

2. 出售和租回

借款方将设备卖给金融公司，然后按与资产使用寿命相应的租期重新租回。在这里价款起了贷款的作用，租金交纳就是分期还款，而设备则是担保物。

3. 出售和回购

借款方将设备卖给金融公司而获得价款，然后按事先约定的条件和时间购回。购回实际上就是还款，而资产在此也起到了担保作用。

4. 所有权保留

所有权保留也称有条件出售，即卖方将资产卖给债务人，条件是债务人只有在偿付资产债务后才能获得资产所有权。资产同样也成为担保物。

（二）东道国政府支持

东道国政府在项目融资中的作用是非常重要的，在许多情况下，东道国政府颁发的开发、经营特许权和执照是项目开发的前提。虽然东道国政府一般不以借款人或项目公司股东的身份直接参与项目融资，但可能通过代理机构进行权益投资，或者是项目产品的最大买主或用户。在我国，特别是大型基本建设项目如公路、机场、地铁等，我国政府将参与项目的规划、融资、建设和运营各个阶段，其中 BOT 项目就是一个典型，在项目运营一定时期后，由政府部门接管该项目。

对于其他项目，政府的支持可能是间接的，但对项目的成功仍至关重要。例如，自然资源开发和收费交通项目均需要得到政府的特许。在多数国家，能源、交通、土地、通信等资源均为国家所有，而这些资源是任何项目要成功所必不可少的。因此，只有得到东道国政府的支持，才能保证项目顺利进行。

（三）消极担保条款

所谓消极担保条款，是指借款方向贷款方承诺，将限制在自己的资产上设立有利于其他债权人的物权担保。消极担保条款是融资协议中的一项重要条款，一般表述为：只要在融资协议下尚有未偿还的贷款，借款人不得在其现在或将来的资产、收入或官方国际储备上为其他外债设定任何财产留置权，除非借款人立即使其融资协议下所有的未偿债务得到平等的、按比例的担保，或这种其他的担保已经得到贷款人的同意。

第五节　担保的法律文件

一、基本文件

（1）政府的项目特许经营协议和其他许可证。

（2）建设工程合同。承包人进行工程建设、发包人支付价款的合同。建设工程合同包括工程勘察、设计与施工合同。

（3）项目担保合同。包括抵押合同、质押合同和其他具有担保功能的合同。担保合同是主债权债务合同的从合同，通常若主债权债务合同是无效的，担保合同也无效。

（4）原材料供应协议。

（5）能源供应协议。

（6）产品购买协议。

（7）项目经营协议。

（8）保证合同。为保障债权的实现，保证人和债权人约定，当债务人不履行到期债务或发生当事人约定的情形时，保证人履行债务或者承担责任的合同。保证合同可以是单独订立的书面合同，也可以是主债权债务合同中的保证条款。

二、融资文件

（1）贷款协议，借款人向贷款人借款，到期返还借款并支付利息的协议。贷款协议的内容包括借款种类、币种、用途、数额、利率、期限和还款方式等条款。

（2）担保文件和抵押文件，包括：

1）对土地、房屋等不动产抵押的享有权。

2）对动产、债务以及在建生产线抵押的享有权。

3）对项目基本文件给予的权利的享有权。

4）对项目保险的享有权。

5）对销售合同、照付不议合同、产量或分次支付协议以及营业收入的享有权。

6）用代管账户来控制现金流量（必要时提留项目的现金流量）。

7）长期供货合同的转让，包括"或供或付"合同和能源、原材料的供应合同。

8）项目管理、技术支持和咨询合同的转让。

9）项目公司股票的质押，其效力包括股权产生的法定孳息，股利是一种法定孳息。

10）各种设押和为抵押产生的有关担保的通知、同意、承认、背书、存档及登记。

（3）支持性文件，主要包括：

1）项目发起方的直接支持：偿还担保、完工担保、营运资金担保协议、超支协议和安慰信。

2）项目发起方的间接支持：无货亦付款合同、产量合同、无条件的运输合同、供应保证协议。

3）东道国政府的支持：经营许可、项目批准、特许权利、不收归国有的保证和外汇许可等。

三、担保的主要条款

在工程项目担保中，担保合同的内容包括：被担保债权的种类和数额；债务人履行债务的期限，担保物的名称、数量等情况；担保的范围。担保合同的内容一般包括以下条款：

1. 对价条款

以贷款担保为例，担保中的对价是贷款人给予借款人贷款，即担保人通过为借款人提供担保所得到的回报是贷款人向借款人提供贷款。在担保合同中，对价一般以这样的条款来表达："贷款人向借款人提供贷款的前提是担保人出具担保书。"

在不同的国家，对对价条款的重视程度有所不同。在英国，对价是适用于一切合同的基本原则，是否有对价是合同生效的前提；在我国企业的对外融资中也是如此，即必须具备对价条款。

2. 担保责任

在项目融资中，由于融资金额较大，担保人通常是两个以上，因此必须在担保合同中明确各担保人的责任。

（1）各个担保责任。即每个担保人只对借款人一定比例的债务承担担保责任，如果借款人违约，贷款人只能向每个担保人提出其担保比例上限范围内的清偿要求。

（2）共同担保责任。即每个担保人对全部贷款债务承担担保责任，如果借款人违约，贷款人可以向担保人中的任何一个或所有担保人提出清偿要求。

（3）个别和共同担保责任。在此种条件下，如果借款人违约，贷款人可以向所有担保人提出清偿要求，也可以向担保人中的任何一个提出清偿要求。同时，在向一个担保人提出清偿要求未能被满足时，还可以向其他担保人提出清偿要求。这种形式的担保由于综合了各个担保责任和共同担保责任的优点而被广泛地采用。

3. 担保条件

在担保合同中，一般会有这样的条款：本担保书是无条件的、不可撤销的或本担保人无条件、不可撤销的保证等。这些都属于担保条件，其中："无条件"是指如果借款人违约，贷款人在没有用尽一切补救措施向借款人要求清偿的情况下，就可要求担保人履行担保义务；"不可撤销"是指未经贷款人（担保受益人）的同意，担保人不得解除担保合同。担保条件确立了担保合同的独立性，因而使担保人承担的义务不因贷款合同的变化而受影响。担保条件还明确了贷款人对担保人的立即追索权，即借款人如果出现违约行为，贷款人可直接向担保人要求清偿。

4. 陈述和保证

陈述和保证条款是明确担保人的担保资格和担保能力所做出的保证。其内容一般有以下方面：

（1）担保人必须是法人。

（2）担保人不存在对本合同的执行有实质性影响的负债。

（3）除非国家法律另有规定，担保合同中的担保责任和其他合同中的担保责任具有同等地位。

（4）在每个财务报告期结束的一定日期内，担保人向代理行提供经审计的财务报告。

5. 延续担保

这一条款可使贷款人在借款的全部债务未完全清偿之前，经担保人同意，不将部分或全部解除担保责任。在担保合同中，通常规定为："本担保合同是延续不断的担保，直到借款人清偿完毕所有贷款合同项下的贷款及其利息、费用为止。"延续担保可使贷款人避免因担保合同期满而无法向担保人索付，从而保障了贷款人的合法权益。

6. 见索即付

见索即付是指一旦贷款人向担保人提出付款指示，担保人就必须立即付款。见索即付在担保合同中通常表示为："本担保人在收到代理行发出的书面索付通知书的数日内，向代理行支付本协议内的担保金及利息与费用。"这一条款的作用是：在担保人采取任何诉讼或其他手段对借款人或任何其他人采取行动之前，担保人的义务已履行，一经代理行提出要求，担保人必须立即通过代理行向贷款人赔偿相应的费用或损失。

7. 延期、修改及和解

担保合同中，贷款人和借款人就延长借款清偿期限达成协议或对贷款协议做出实质性修改，以及贷款人与借款人达成的和解，均须经担保人同意，否则担保人的担保义务将自动免除。

8. 适用法律及司法管辖

这是指担保合同选择什么法律作为适用法，例如，本合同适用于英国法律。在司法管辖方面，一般选择与适用法相关联的法院作为管辖法院，其次就是确定诉讼代理人。

9. 税收费用

一般情况，担保人在合同中均承诺，担保人将通过代理行补偿贷款人因执行担保合同而发生的费用，贷款人可获得无任何抵扣的、足额的收益。

四、特许权

特许权是项目融资中政府对项目的投资者所授予的特定权利。以 BOT 融资模式为例，就是在确定了项目开发商的情况下，政府与其经过对项目的技术、经济、法律等多方面谈判后所形成的各类法律文件。

（一）授权法律

授权法律是政府就某一工程项目的建设、经营而制定的专门法律，它明确了开发商在专营期内对项目的建设、经营、转让所具有的法定权利和义务，为保证项目资金筹措和工程建设的顺利进行提供了基础。

（二）特许权协议

特许权协议是政府和项目开发商在授权法律的指导下，针对项目的建设、经营和转让而签订的明确双方权利和义务的法律文件，是在保证政府应有权益的前提下，向财团、法人、业主授予充分权利的协议。一般情况下，特许权协议包括以下内容：

1. 项目建设方面的规定

（1）设计责任。开发商要在遵守政府有关方面的基本规定的基础上，进行工程项目的设计工作。政府要对开发商的设计方案实施审查，如发现该设计方案不符合合同标准，政府有权要求开发商对设计方案进行修改，如果修改后的设计方案仍不能为政府所接受，政府有权取消该方案直至终止开发商的设计权。同时，政府也应保证开发商提供工程项目设计方案所涉及的专利权、商标、版权等知识产权不受侵犯。

（2）建设时间。特许权协议中应明确工程项目的建成时间，开发商如未能按规定的时间完成项目的建设，须支付给政府约定的赔偿金。但是，由于战争、恐怖活动、叛乱、暴乱等不可控的原因造成的项目建设时间延期等现象，开发商不承担赔偿责任；同时，由于政府向工程提供设备有延误、政府暂时中止工程进行等原因造成的项目工期延误，开发商也不承担赔偿责任。

（3）建设责任。作为工程建设的具体实施者，开发商有权决定工程建设的承包者以及工程项目所需材料及设备的采购。同时，政府也有权通过代理人对工程项目建设实施监督，并保持对工程变更、材料设备标准变更的审批权。如果政府认为工程建设存在安全等问题，可要求中止项目的建设，发生的费用则根据中止原因，由政府或开发商分别承担。

（4）项目的建成。当开发商认为建设工程项目已建成，符合特许权协议的有关规定，应及时通知政府，政府在接到开发商的完工通知后，应组织对工程进行审核，审核合格后签发完工证书；如果工程项目建设出现质量等问题，则须由开发商承担相应的修理责任。

2. 工程的保险

工程保险的主要范围有：①最终损失保险。因建设施工毁损导致的交工期延误而造成的财务方面的损失；②空运、海运的运输保险。因空运、海运事故造成的财产损失保险；③施工全过程风险。包括在施工现场发生的和在运输过程中发生的风险，涵盖人身及财产伤害与毁损；此外，还有为建设项目的雇佣人员及机械设备损害投保的险种等。

3. 履约保证金

为保证开发商履行其义务，政府往往要求开发商交纳一定的履约保证金，其金额一般为建筑工程造价的10%。

4. 政府对项目相关的土地移交责任

主要包括土地移交的时间、土地移交的相关资料等，同时明确政府对土地有关地质方面的资料的准确性不承担责任，并规定如果在一定时间内政府不能移交项目所需土地，则开发商有权得到额外时间以完成工程，并得到对方给付的违约赔偿。

5. 开发商的财务安排及公司结构

（1）收益及税收。特许权协议必须明确规定工程项目由开发商独立经营，可通过服务收费或销售项目产品以取得合理回报，同时明确规定上述费用或产品销售价格的调整原则及依据。为了强化项目对开发商及贷款者的吸引力，特许权协议中还应考虑税收优惠政策。

（2）融资方面。在特许权协议中，应明确贷款人所关心的问题，例如：贷款的担保手段；风险的种类及政府或组成开发商的财团分担风险的意愿；政府愿为开发商提供外汇供给担保的条款等问题。

（3）开发商的公司结构。作为一个由多家财团组成的开发商，各财团成员之间的相互关系是通过一份股东协议规定的，特许权协议中必须规定股东协议中有关条款的制定原则，因为这将影响到该项工程计划可行性和在经营期内能否维持下去。这些原则包括以下两方面：

1）必须规定开发商在政府熟悉的司法制度下注册，以便于政府对开发商进行监管，同时使开发商根据有关法律将规定所需的资料提交给政府。

2）财团各成员必须承诺向开发商提供融资的义务，同时向政府提供开发商履行义务的担保，且保证提供融资的贷款条件为政府所认可。

五、许可权

在许多情况下，项目所在国或所在地政府会依照法规向项目颁发其开发和营运的营业执照和许可证，这是项目的基础。当一定情况发生时，政府会依照法规所赋予的权力，撤销对项目颁发的许可证。

在工程项目融资时，贷款人可能遇到风险，不只是任何与特定贷款人相关的借款人的过失可能造成许可证被撤销，而且合资中的任何一方的过失也可能导致许可证被撤销。同时，即使项目进展顺利，发生在同一特许地区的不相关的违约情况也可能损害本项目的特许权。另外，许可证本身可能要求许可人承担实质性责任，并要求许可人限期履行这些责任，否则将视为违约或撤销许可证。

在工程项目融资中，贷款人可寻求项目所在国或所在地区政府许可或支持的范围包括：①政府对项目融资的批准；②政府对项目发展计划的批准；③政府保证不对项目的生产或资源的耗减施加不利于项目现金流量的直接或间接控制等。

六、新形势下的融资与监管措施

（一）新形势下的融资

新形势下的融资采用互联网支付方式。互联网支付是指通过计算机、手机等设备，依托互联网发起支付指令、转移货币资金的服务。银行业金融机构和第三方支付机构从事互联网支付，应遵守现行法律法规和监管规定。第三方支付机构与其他机构开展合作的，应清晰界定各方的权利义务关系，建立有效的风险隔离机制和客户权益保障机制。要向客户充分披露服务信息，清晰地提示业务风险，不得夸大支付服务中介的性质和职能。互联网支付业务由人民银行负责监管。

（二）新形势下的融资监管措施

任何组织和个人开设网站从事互联网金融业务的，除应按规定履行相关金融监管程序外，还应依法向电信主管部门履行网站备案手续，否则不得开展互联网金融业务。同时工业和信息化部负责对互联网金融业务涉及的电信业务进行监管，国家互联网信息办公室负责对金融信息服务、互联网信息内容等业务进行监管，两部门按职责制定相关监管细则。

本章小结

本章主要介绍工程项目融资担保的基本概念、种类、特征以及主要作用，重点阐述了作为担保人的项目投资者、商业担保人以及第三方担保人的适用条件和类型，重点叙述了担保的范围与类型。重点针对信用担保和物权担保进行了详细的阐述，并且介绍了与担保相关的法律文件。

思　考　题

1. 简述工程项目融资担保的基本概念。
2. 工程项目融资的担保人有哪些？
3. 简述商业担保人的含义。
4. 简述担保的范围和类型。
5. 简述信用担保的定义及主要形式。
6. 简述完工担保的主要内容。

第十一章　国内外工程项目融资案例

第一节　国外典型的融资案例

一、国外基础设施建设概况

基础设施建设的目的围绕改善社会经济和保护环境两方面。在20世纪70年代之前，基础设施产业的建设往往由政府垄断，随后的经营也是由政府主持工作。在20世纪后期，各国政府更是加大了基础设施建设资金的投入，各国的基础设施建设取得了前所未有的成就，形成了逐渐成熟的建设体系。其中，随着项目难度的增大，同时各国面临不同的经济问题，之前的由政府单独投资的工程项目开始融入了私有资本等资金方式，拉开了融资多样性的序幕。例如：在美国开发西部初期，联邦政府及各个州政府着重发展交通行业，通过政府给予财政上的大力支持和对铁路公司的优惠政策，修建了铁路。在水利建设中，政府也投入了巨额资金来建设水利工程。在加拿大，政府高度重视基础设施的建设，其中的公共交通设施就有公共汽车、无轨电车、"海上巴士"及"天铁"等多种方式，由于地广人稀且高楼稀少，"天铁"这一方式显示了其独特的优越性，如造价低、工期较短、管理便捷等。

二、国外项目融资的发展概况

项目融资雏形始于20世纪30年代，通过项目工程本身的开发、建设及运营，以项目产生的净现金流量作为还款来源，并将项目资产作为抵押担保，以项目的未来收益和资产作为偿还贷款的资金来源和安全保障。近年来，项目融资在石油、天然气、煤炭、铜、铅和一些大型项目建设中得到广泛而成功的运用；而到了20世纪80年代，项目融资在基础设施建设中广泛使用。政府一味地投资使得基础设施建设的资金使用效率较低，随着经济日益壮大和人民生活日益富足，对基础设施建设的需求越来越大，而此时的政府面临着财政紧缩等问题，对项目的投资显得力不从心。同时，西方发达国家的国有企业不断私有化，基础设施建设部门的处境更为尴尬。此时政府规划理论的兴起，促进了企业间的竞争活力，在保证政府对于这些项目拥有一定控制权的前提下，利用了市场的竞争关系。

三、案例分析

案例一："英法海峡隧道"的失败对PPP项目风险分担的启示

（一）引言

1. 概述

PPP是一种提供公共基础设施建设及服务的模式，由私营部门为项目融资、建造并在未来的一段时间里运营此项目。在PPP项目的实施过程中风险对项目目标的实现至关重要，对于公共和私营部门而言，有必要详尽地评估整个项目生命周期中的潜在风险。特别是在PPP项目合同谈判阶段，公共和私营部门必须对整个采购过程给予特别的重视，以确保风险分担的公平性和合理性。

但是现有理论不足，导致仍有许多问题需要解决，例如：风险分担是否固定以及如何确定风险分担的程度等。同时实践中也发现很多风险分担结果不甚理想，例如，政府在合同谈判期间倾向于将尽可能多的将风险转移给私营部门，特别是私营部门很难掌控的风险，如汇兑风险和利率风险。其中，"英法海峡隧道"就是一个典型案例。本案例将探讨"英法海峡隧道"的实际风险分担结果与项目失败之间的对应关系，并据此提出风险分担和风险管理要点。

2. 基础设施项目风险分担的原则

风险分担作为风险处置的一项选择措施，一般都是定义于合同中，但是合同的起草者总是试图将更多的风险转移给对方，从而导致双方在达成一致协议前所需要的谈判时间和成本居高不下，项目风险分担因此成为 PPP 风险管理研究中更受关注的重点内容。

实践中，很多学者错误地认为"采用 PPP 模式就是要把尽可能多的风险转移给私营部门"和"承担更多的风险就可以获得更多的回报"，从而把承担风险看成是获得高额回报的机会。事实上，让私营部门承担其无法承担的风险，一旦风险发生时又缺乏控制能力，必然会降低提供公共设施（服务）的效率和增加控制风险的总成本。提供公共设施（服务）的效率、控

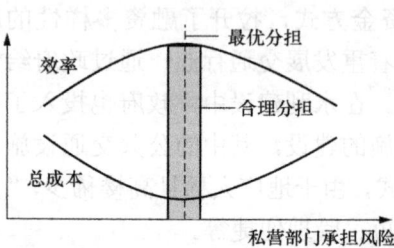

图 11-1　风险分担与效率和总成本的关系

制风险的总成本与风险分担的关系如图 11-1 所示。三者的关系不是简单的正相关或负相关，随着公共部门转移给私营部门的风险增加，项目的效率不断上升，总成本不断下降。但是当风险转移到一定程度后，项目的效率将开始下降，总成本却开始上升。也就是说，合理的风险分担应该是围绕着最优风险分担量，在一个各方都能接受的区间内。

在以往的研究中，许多学者建议过不少风险分担原则。例如，Rutgers 和 Haley 提出风险应该分担给比自己更能管理好该风险的一方。国家发改委 PPP 双库专家刘新平和清华大学王守清曾提出风险分担应该遵循三条原则：①由对风险最有控制力的一方控制相应的风险；②承担的风险程度与所得回报相匹配；③承担的风险要有上限。罗春晖认为，基础设施私营投资项目中的风险分担应该遵循三条主要原则：①风险分担与控制力相对称；②风险分担与收益相对称；③风险分担与投资者参与程度相协调。

但是，实际风险分担结果与获得利益往往不完全对称。对于经济强度弱的项目，政府为了能够增加项目的财务可行性，往往放弃享有部分相应的收益权利。在这种风险分担安排下，当风险损失超过私营部门的承受范围时，政府承担超额损失，但是当风险收益超过相对范围时，政府却放弃享有对应的超额收益。除此之外，风险合理分担原则更需要项目参与方以积极的态度去执行，即项目参与者的风险态度对风险分担谈判和结果有着重要影响作用。天津大学教授张水波和何伯森认为，风险分担并不存在绝对的原则，而是应该在基本原则的基础上，综合考虑双方对风险的态度和项目的具体条件。

（二）"英法海峡隧道"的发起和进展

1. "英法海峡隧道"的发展过程

1994 年投入运营的英法海峡隧道横穿多佛海峡，连接英国多佛尔和法国桑加特，全长约 50 千米，其中 37.2 千米在海底，12.8 千米在陆地下面。英法海峡隧道项目堪称 20 世纪最伟大的基础设施建设工程，该项目的主要历史事件如下：

1981 年 9 月 11 日，英法两国举行首脑会晤，宣布该项目必须由私营部门出资建设经营；

1985 年 3 月 2 日，两国政府发出海峡通道工程融资、建设和运营的招标邀请；

1985 年 10 月 31 日，收到四种不同的投标方案；

1986 年 1 月 20 日，两国政府宣布选中 CTG-FM（Channel Tunnel Group-France Manche S.A）提出的双洞铁路隧道方案；

1986 年 2 月 12 日，两国政府正式签订海峡隧道条约，又称肯特布（Canterbury）条约；

1986 年 3 月 14 日，两国政府和 CTG-FM 签订特许权协议，授权建设和经营海峡隧道 55 年（包括计划为 7 年的建设期），并承诺于 2020 年前不会修建具有竞争性的第二条固定英法海峡通道，项目公司有权决定收费定价，但两国政府不提供担保；

1986 年 8 月 13 日，成立欧洲隧道公司，并与 TML（Trans Manche Link）签订施工合同，合同类型为固定总价和目标造价合同；

1987 年 12 月 15 日，海峡隧道英国段正式开挖；

1993 年 12 月 10 日，工程建设完成，TML 将项目转交给欧洲隧道公司；

1994 年 5 月 6 日，英法海峡隧道正式开通；

1997 年 7 月 10 日，欧洲隧道公司财务重组计划审核通过；

1997 年 12 月 19 日，两国政府同意将特许经营期延长至 2086 年；

1998 年 4 月 7 日，财务重组完成；

2006 年 8 月 2 日，巴黎商业法庭表示批准欧洲隧道公司的破产保护申请；

2007 年 1 月 15 日，巴黎商业法庭表示批准欧洲隧道公司的破产保护计划；

2007 年 6 月 28 日，欧洲隧道公司宣布通过公开换股，债务重组成功；

2007 年 7 月 2 日，欧洲隧道集团首次在巴黎和伦敦证券交易所上市交易，将替代欧洲隧道公司负责英法海峡隧道的经营。

2. 英法海峡隧道的资金和合同结构

该项目初始投资预算为 60.23 亿英镑，其中 10.23 亿英镑为股权资金，由英国的海峡隧道集团（CTG）和法国的法兰西曼彻公司（FM）各出资 79%和 21%；中标之后，CTG-FM 分别在英国和法国注册了 Eurotunnel PLC 公司和 Eurotunnel S.A 公司，两家公司联合成立了合伙制公司 Eurotunnel General Limited（即欧洲隧道公司）。其余的 50 亿英镑来自于世界上最大的辛迪加贷款（超过 220 家银行，牵头银行是 CTG-FM 的股东），在签订贷款协议之前，银行要求项目公司完成 1.5 亿英镑的二期股权融资，英法两国议会必须通过有关协议来保证项目合同的合法性，并给予欧洲隧道公司自主营运权。TML 联营体（也是由 CTG-FM 的股东组成）作为项目的总承包商，负责施工、安装、测试和移交运行。

英法海峡隧道项目的合同结构如图 11-2 所示。

3. 英法海峡隧道面对的风险

（1）索赔争议。在项目建设期内，承包商 TML 联营体与项目公司欧洲隧道公司之间出现了一些争议，并提出索赔，其中以 1991 年隧道电气系统设备安装成本为代表，最终以支付预期付款的利息解决了索赔问题。据称，1994 年 4 月之前 TML 联营体获得的实际索赔额高达 12 亿英镑。

欧洲隧道公司也向两国政府提出索赔要求，索赔范围是由于政府要求增加安全管理和环保措施而引起的额外成本增加，最终解决办法是特许经营期的延长。

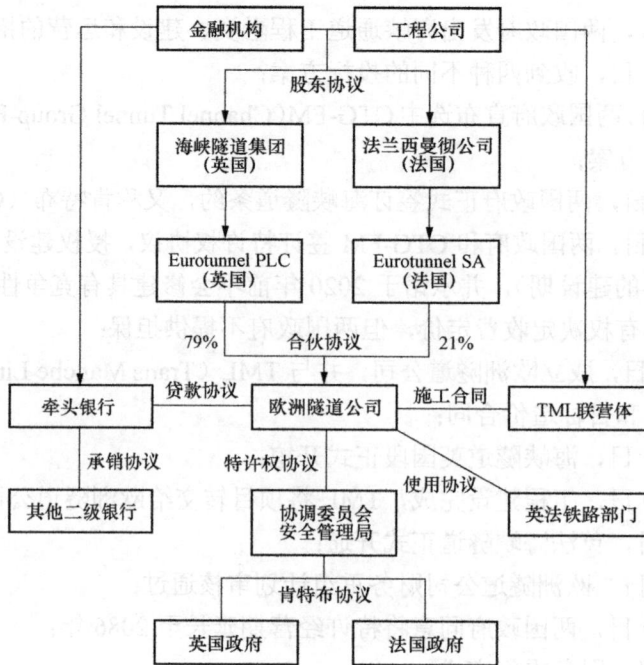

图 11-2　英法海峡隧道项目的合同结构

（2）运营时间延迟。最初规定的货运和客运服务正式开通的时间是 1993 年 5 月，但是由于关键项目延误（例如，施工工期延误、英法两国政府的营运许可证书延迟发放等），正式开通时间不得不延迟到 1994 年 5 月 6 日，而开通当时系统并没有整体运转，部分服务尚未开通。项目运营延迟使得现金流入延迟，带来了巨大的财务负担。

（3）实际收入偏低。欧洲隧道公司的预期运营收入主要来自于穿梭列车收费、在铁路使用合同（Railfreigh 和 Eurostar 公司）规定下的铁路使用费和其他副业收入。尽管两国政府许诺不兴建第二条固定的海峡通道，但是轮渡和航空公司大幅度消减票价引发了一场价格大战，迫使欧洲隧道公司降低票价。另外，Eurosta 在隧道开通半年后才开始运营，铁路利用水平比预期要低，铁路使用收入也低于预期。利润的缺口也使欧洲隧道公司违反了贷款协议中的一些条款，使其不能继续使用剩余的信用额度，更加恶化了项目的现金危机。

（4）总成本增长。项目初始计划成本是 48 亿英镑，最后实际成本大约是 105 亿英镑，其中，施工成本比预期增加了近 65%，实际施工成本达 58 亿英镑，潜在原因是大量的设计变更和设备安装及列车车辆的成本超支；初始公司成本是 6.42 亿英镑，实际成本到 1994 年 5 月增加到 11.28 亿英镑，主要原因是对项目管理上的延误以及加强安全控制所导致的成本超支；1990 年增股公告时，项目融资成本已经从预计的 9.75 亿英镑增加到 13.86 亿英镑。建设成本超支、运营延期、实际现金流入偏低等因素都严重影响项目的整体现金流。

（三）英法海峡隧道的风险分担

在英法海峡隧道项目的进展过程中发生的风险事件主要包括：项目唯一性（没有竞争项目）、项目审批延误、成本超支、融资成本增加、工期延误、运营管理水平低、运营时间延误、市场需求变化、收益不足以及项目公司破产等。表 11-1 比较了该项目主要风险的实际分担与合理分担的一致性。

表 11-1　　　　　　　　　　　英法海峡隧道的风险分担比较

风　　险	合　理　分　担	实　际　分　担	一　　致　　性
项目唯一性	政府、项目公司共同承担	项目公司	不一致
项目审批延误	政府、项目公司共同承担	项目公司	不一致
成本超支	承包商、放贷方共同承担	项目公司、放贷方共同承担	不一致
融资成本增加	放贷方	项目公司、放贷方共同承担	不一致
工期延误	项目公司、承包商共同承担	项目公司	不一致
运营管理水平	运营商	项目公司	一致*
运营时间延误	项目公司	项目公司	一致
市场需求变化	项目公司	项目公司	一致
收益不足	项目公司	项目公司	一致
项目公司破产	股东、放贷方共同承担	股东、放贷方共同承担	一致

* 英法海峡隧道项目中，运营商是项目公司本身。

从表 11-1 的风险分担结果比较可以看出，项目公司实际承担了部分应该由政府、承包商或者放贷方承担的风险，当这些风险事件发生后，项目公司的掌控能力不足，导致项目公司巨大的财务压力，进而面临破产的危机。以下按照风险类别划分，详细探讨英法海峡隧道项目的风险分担以及项目失败的主要原因。

1. 政治风险

回顾历史可以发现，"英法海峡隧道"的决策主要受欧洲一体化进程的影响，两国政府在项目前期的推动起着至关重要的作用。在特许权协议中，两国政府承诺 2020 年之前不兴建第二条竞争性的固定海峡通道，给予项目公司自主定价的权力。但是也明确表示不提供担保，在项目的建设和运营过程中，两国政府缺少了足够的监督管理和必要的支持。

首先，兴建类似英法海峡隧道的固定通道造价相当昂贵，理性的私营投资者是不会参与新海峡通道建设的，而由公共部门投资兴建必然会引起较大的社会争议，因此政府的所谓"项目唯一性"担保并不起实质性作用。相反，在英法海峡隧道正式开通之后，有实质性竞争关系的轮渡、航空公司打起了价格战，迫使欧洲隧道公司大幅降低票价。两国政府在此问题上，没有提供足够的支持。

其次，两国政府在项目前期并没有对建设方案进行足够的调查分析，在建设期间要求增加安全管理和环保措施导致了施工成本的增加和工期的延迟，在施工结束后又延迟发放欧洲隧道公司的营运许可证书，使得项目正式开通一拖再拖，项目现金流不能及时回收。在项目公司的索赔要求下，两国政府最终将特许期由 55 年延长至 99 年，但是项目公司在运营的前十几年背负着巨大的财务压力，以至于 2006 年不得不申请破产保护。

2. 建造风险

欧洲隧道公司与 TML（Trans Manehe Link）联营体签订的施工合同分为三个部分：

（1）固定设备工程，包括终点站、设备安装、所有机电系统，采用固定总价合同；

（2）掘进工程，包括隧道和地下结构，采用目标费用合同（Target Cost Contract）；

（3）采购项目，包括牵引机车、穿梭列车的采购，采用成本加酬金合同（Cost Plus Fee

Contract）。

施工合同中还规定，欧洲隧道更改系统设计、英法政府的干预行为、隧道岩床条件与所预计的不符等带来的损失不归 TML 联营体负责。在该施工合同设置下，建造风险的分担如图 11-3 所示。

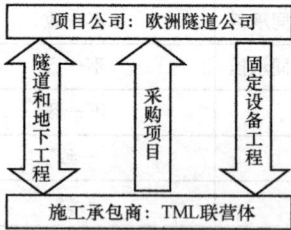

图 11-3　英法海峡隧道的建造风险分担

回顾项目建造过程可以发现，隧道和地下工程因为未知因素多、风险高，采用目标费用合同使业主和承包商的利益一致，该部分工程基本上按计划完成；采购项目采用成本加酬金合同，缺乏足够激励导致带来较多延迟和成本超支；而设备工程采用固定总价合同并不合理，因为项目是以设计与施工总包方式和快速推进（Fast-Track）方法建设，在施工合同签订时还没有详细设计，合同执行过程中很容易发生分歧、争议和索赔，总价合同并非真正的固定价。实际上，每笔建造成本增加几乎都成为承包商 TML 联营体的索赔请求，截至 1994 年 4 月，项目公司已支付给承包商高达 12 亿英镑的索赔额。此外，工期延误直接导致了项目正式开通延误，项目公司实质上承担了大部分的建造风险。

导致上述问题的主要原因在于 TML 联营体的成员本身也是欧洲隧道公司的股东。首先，在选择施工承包商的时候缺乏投标竞争性，导致施工合同报价高昂；其次，对于 TML 联营体而言，项目公司欧洲隧道公司不是一个强硬的、独立的业主，导致索赔与建设谈判困难；最后，作为英法海峡隧道项目公司股东的承包商，其主要目的只是在建设施工过程中获得可观的利润，而不是项目本身长期稳定的收入。

3. 运营风险

项目公司作为项目的运营者，承担着全部运营风险，但是由于项目公司本身的缺陷所在，项目公司的股东全是施工承包商和金融机构，没有任何运营实体项目的经验，前期运营绩效很不理想。运营时间的延迟、项目公司本身运营能力的不理想、轮渡和航空公司引起的价格战以及其他原因，欧洲隧道公司一直到 1998 年才正式全面正常运营，而此时项目公司的债务负担已经极其严重。

4. 市场收益风险

英法海峡隧道的前期市场研究结果表明项目在经济上是可行的。研究报告认为：隧道将比轮渡更快、更方便和安全，比飞机在时间和成本上有优势，估计在 1993 年隧道将占有英法海峡客运市场的 42% 和货运市场的 17%，即客运量将达到 3000 万人次，货运量将达到 1500 万吨。

但是实际情况相比市场研究结果产生了巨大差异，首先是正式开通时间的延迟以及项目运营前期经营管理不善等其他原因，一直到 1998 年英法海峡隧道才全面正常运营；其次是在海峡运输市场上的价格竞争中处于被动，进一步减少利润空间，这种不利的影响一直维持到 1998 年两家轮渡公司（P&O 和 Stena）合并，欧洲隧道公司才正式确定跨海峡市场中的主导地位；最后，跨海峡市场本身的客运量和货运量也并没有出现市场研究中的增长趋势，欧洲隧道公司对于该市场持有的态度过于乐观。

（四）结论和建议

在基础设施建设领域中，PPP 模式的创新可以有效减小公共财政负担、优化财政支出配置、引进先进的技术和管理经验。但是，PPP 模式本身并不是万能的，合理公平的风险分担是 PPP 项目成功的关键因素之一。在英法海峡隧道项目中，项目公司破产的主要原因在于过多承担无法掌控的风险。因此，本案例对基础设施 PPP 项目的风险分担和风险管理要点提出如下建议：

1. 政府

对于政府而言，在基础设施建设领域中引入私营资本，并不意味着政府可以将所有的风险全部转移给私营部门。

在 PPP 项目中，政府需要有足够的监管，政府监管核心在于定义对项目的输入（支持和担保学和输出）产量、价格、质量、服务、环保学要求，并据此在整个项目期间执行监管。同时，政府必须确保竞标中的有效竞争，提供项目公司忠于特许权协议的激励，同时能够在特许经营期间惩罚投资者的机会主义行为（包括以参与 PPP 项目为门槛，主要目的是在施工阶段获得足够回报的短期投资行为）。

总的来说，政府有能力影响规章制度、政策、法律和其他规定，相比私营部门对政治风险、法律变更风险、国有化风险等更有控制能力，因此这些风险应该由政府来承担。

2. 私营投资者

与政府相比，私营投资者则对项目的融资、建设和经营等相关风险更有控制能力，因此在特许权协议中通常将这些风险以条文形式转移给私营投资者。而投资者则可以将部分风险转移给其他更为专业的机构，如将建造相关风险转移给施工承包商。

对于参与 PPP 项目的投资者应该重视以下几点：

首先，需要谨慎选择投标合伙人。发起人组建 PPP 项目投标联合体时，应紧紧围绕三个目标来进行伙伴选择：①确保联合体在项目竞标中的竞争优势，增加竞标成功的概率；②确保中标后所组建的项目公司在特许期内各阶段具有足够的运作能力，保障特许权协议的顺利执行和实现预期收益；③尽可能优先保障发起人的个体利益。

其次，需要客观评价政府对项目的支持，注意保证项目在某一区域的垄断性，客观准确地评价市场环境，切勿过分乐观预测，高估市场前景，低估市场竞争风险、价格风险和需求风险。

最后，制定严格谨慎的融资方案和财务预算，认真对待高杠杆融资背后的潜在危险，确保项目的垄断经营和收入稳定的市场优势。

3. 金融机构

PPP 模式是一种典型的项目融资，由项目的稳定收入来源作为全部融资基础，还款保证应仅限于项目资产以及项目合同协议规定的其他利益。因此，金融机构在 PPP 项目中应该承担的主要风险包括融资成本增加、成本超支、项目公司破产、通货膨胀、利率风险等。具体而言，金融机构需要积极参与项目的决策和为政府及企业提供必要的咨询服务，增强对项目融资的理解，放宽对 PPP 项目融资条件的限制，制定适合于 PPP 项目的项目评价标准等。

案例二：马来西亚南北高速公路项目

BOT 投融资模式是在 20 世纪 80 年代发展起来的一种主要用于公共基础设施建设的项目投融资模式。其典型形式是：项目所在地政府授予一家或几家私人企业所组成的项目公司特许权利——就某项特定基础设施项目进行筹资建设，在约定的期限内经营管理，并通过项目经营收入偿还债务和获取投资回报；约定期满后，项目设施无偿转让给所在地政府。简而言之，BOT 是对一个项目投融资建设、经营回报、无偿转让的经济活动全过程典型特征的简要概括。马来西亚南北高速公路建设项目对 BOT 融资的应用是一个典型的成功案例，本案例对其 BOT 项目融资的实践进行深入分析，以求更全面地认识 BOT 项目融资，更好地指导项目融资的实践工作。

（一）项目概况

马来西亚南北高速公路项目全长 912 千米，最初是由马来西亚政府所属的公路管理局负责建设，但是在公路建成 400 千米之后，由于财政困难，政府无法将项目继续建设下去，采取其他融资方式完成项目成为唯一可取的途径。在众多融资方案中，马来西亚政府选择了 BOT 融资模式。

经过历时两年左右的谈判，马来西亚联合工程公司（UEM）在 1989 年完成了高速公路项目的资金安排，使得项目得以重新开工建设。BOT 项目融资模式在马来西亚高速公路项目中的运用，在国际金融界获得了很高的评价，被认为是 BOT 模式的一个成功的范例。

（二）项目融资结构

1987 年初，经过为期两年的项目建设、经营、融资安排的谈判，马来西亚政府与当地的马来西亚联合工程公司签署了一项有关建设、经营南北高速公路的特许权合约。马来西亚联合工程公司为此成立了一家项目子公司——南北高速公路项目有限公司。以政府的特许权合约为核心组织起来项目的 BOT 融资结构，由三部分组成：政府的特许权合约、项目的投资者和经营者以及国际贷款银行。

1. 政府的特许权合约

马来西亚政府是南北高速公路项目的真正发起人和特许权协议结束后的拥有者。政府通过提供一项为期 30 年的南北高速公路建设经营特许权合约，不仅使得该项目由于财政困难未能动工的 512 千米得以按照原计划建设并投入使用，而且通过项目建设和运营带动了周边经济的发展。

对于项目的投资者和经营者以及项目的贷款银行，政府的特许权合约是整个 BOT 融资的关键与核心。这个合约的主要内容包括以下几个方面：

（1）南北高速公路项目公司负责承建 512 千米的高速公路，负责经营和维护高速公路，并有权根据一个双方商定的收费方式对公众收取公路的使用费。

（2）南北高速公路项目公司负责安排项目建设所需的资金。但是，政府将为项目提供一项总金额为 1.65 亿马来西亚元（6000 万美元）的从属性备用贷款，作为对项目融资的信用支持；该项贷款可在 11 年内分期提取，利率 8%，并具有 15 年的还款限期，最后的还款期是在特许权协议结束的时候。

（3）政府将原已建好的 400 千米高速公路的经营权益在特许权期间转让给南北高速公路项目公司。但是，项目公司必须根据协议对其公路设施加以改进。

（4）政府向项目公司提供最低公路收费的收入担保，即在任何情况下，如果公路交通流量不足，公路的使用费用收入低于协议中规定的水平，政府负责向项目公司支付其差额部分。

（5）特许权合约期为 30 年。在特许权合约的到期日，南北高速公路项目公司将无偿地将南北高速公路的所有权转让给马来西亚政府。政府的特许权合约不仅构成了 BOT 项目融资的核心，也构成了项目贷款的信用保证结构核心。

2．项目的投资者和经营者

项目的投资者和经营者是 BOT 模式的主体，在本案例中，是马来西亚联合工程公司所拥有的马来西亚南北高速公路项目公司。

在这个总造价为 57 亿马来西亚元（21 亿美元）的项目中，南北高速公路项目公司作为经营者和投资者除股本资金投入之外，还需要负责项目建设的组织，与贷款银行谈判安排项目融资，并在 30 年的时间内经营和管理这条高速公路。

马来西亚联合工程公司作为工程的总承包商，负责组织安排由 40 多家工程公司组成的工程承包集团，在为期 7 年的时间内完成 512 千米高速公路的建设。

3．项目的国际贷款银团

英国投资银行——摩根格兰福（Morgan Grenfell）作为项目的融资顾问，为项目组织了为期 15 年、总金额为 25.35 亿马来西亚元（9.21 亿美元）的有限追索项目贷款，占项目总建设费用的 44.5%；其中，16 亿马来西亚元（5.81 亿美元）来自马来西亚的银行和其他金融机构，是当时马来西亚国内银行提供的最大的一笔项目融资贷款；9.35 亿马来西亚元（3.4 亿美元）来自由十几家国外银行组成的国际银行。对于 BOT 融资模式，这个金额同样也是一个很大的数目。项目贷款是有限追索的，贷款银团被要求承担项目的完工风险和市场风险。然而，由于实际上政府特许权合约中所提供的项目最低收入担保，项目的市场风险相对减轻了，并在某种意义上转化成为一种政治风险，因而贷款银团所承担的主要商业风险为项目的完工风险。但是，与其他项目融资的完工风险不同，公路项目可以分段建设，分段投入使用，从而相对减少了完工风险对整个项目的影响。项目建设所需要的其他资金将由项目投资者在 7 年的建设期内以股本资金的形式投入。

（三）项目融资方案评析

（1）采用 BOT 模式为马来西亚政府和项目投资者以及经营者均带来了很大的利益。

1）从政府的角度，由于采用 BOT 模式，可以使南北高速公路建设投融资按原计划建成并投入使用，对于促进国民经济的发展具有很大的好处；同时，可以节省大量的政府建设资金，并且在 30 年特许权合约结束以后，可以无条件收回这一公路。

2）从项目投资者和经营者的角度，BOT 模式的收入是十分可观的。马来西亚联合工程公司可以获得两个方面的利益：第一，根据预测分析，在 30 年的特许权期间南北高速公路项目公司可以获得大约两亿美元的净利润；第二，作为工程总承包商，在 7 年的建设期内从承包工程中可以获得大约 1.5 亿美元的净税前利润。

（2）对 BOT 融资模式中的风险问题的分析。采用 BOT 模式的基础设施项目，在项目的风险方面具有自己的特殊性。这些特殊性对 BOT 模式的应用具有相当的影响。

1）基础设施项目的建设期比一般的项目要长得多。如果采用净现值的方法（DCF）计算项目的投资收益，则会由于建设期过长而导致项目净现值大幅度减少，尽管类似高速公路这样的项目，可以分段建设，分段投入使用。然而，基础设施项目的固定资产寿命比一般的工业项目要长得多，经营成本和维护成本按照单位使用量计算也比工业项目要低，从而经营期的资金要求量也相对比较低。

因此，从项目融资的角度来看，项目建设期的风险比较高，而项目经营期的风险比较低。

2）对于公路项目建设，有关风险因素的表现形式和对项目的影响程度与其他采用 BOT

模式的基础设施项目也有所不同：①公路项目的完工风险要低于其他采用 BOT 融资模式的基础设施项目，如桥梁、隧道、发电厂等，这是因为在前面反复提到的公路项目可以分段建设、分段投入使用、分段取得收益。如果项目的一段工程出现延期，或由于某种原因无法建设，虽然对整个项目的投资收益会造成相当的影响，但不会像桥梁、隧道等项目那样"颗粒无收"。正因为如此，在马来西亚南北高速公路的 BOT 项目融资中，贷款银行同意承担项目的完工风险。②公路项目的市场风险表现也有所不同。对于电厂、电力输送系统、污水处理系统等基础设施项目，政府的特许权协议一般是承担 100%的市场风险，即按照规定的价格购买项目生产的全部产品。这样，项目融资的贷款银行不承担任何市场需求方面的风险，项目产品的价格是根据一定的公式（与产品的数量、生产、成本、通货膨胀指数等要素挂钩）确定的。然而，对于公路、桥梁等项目，由于市场是面对公众，由使用者的数量以及支付一定的使用费构成，所以面临着较大的不确定性因素。项目使用费价格的确定，不仅仅是与政府谈判的问题，也必须考虑到公众的承受能力和心理因素。如果处理不好，类似收费加价这样的经济问题就会演变成为政治问题。因此，在公路建设的项目中，政府在特许权合约中关于最低收益担保的条款，成为 BOT 融资模式中非常关键的一个条件。

3）项目所在国金融机构的参与对促成 BOT 融资结构起着很重要的作用。在 BOT 融资结构中，由于政府的特许权合约在整个项目融资结构中起着举足轻重的作用，从项目贷款银团的角度考虑，项目的国家风险和政治风险就变成了一个十分重要的因素。这方面包括政府违约、外汇管制等一系列问题。项目所在国的银行和金融机构，通常被认为对本国政治风险的分析判断比外国银行要准确得多。从而，在 BOT 融资结构中，如果能够吸引到若干本国的主要金融机构的参与，可以起到事半功倍的作用。在马来西亚南北高速公路的项目融资安排中，这一点被国际金融界认为是十分成功的。

（四）结语

成功的 BOT 项目融资方案的结果是一个多赢的局面。从案例中可知，项目的发起人（项目的最终所有者）、项目的直接投资者和经营者以及项目的贷款银行，都通过项目的建设和运营获得了可观的收益，这也正是一个融资模式能够得以实施的最根本的动力。BOT 项目融资方案成功实施的两个关键点：特许经营权协议和项目所在国的投资环境。特许经营权协议不仅是项目建设和运营者进行投资核算的基础，而且也是其获得投资回报的保证，而项目所在国的投资环境则对项目的完工风险有很大的影响。

案例三：澳大利亚悉尼海底隧道项目

（一）项目概况

针对悉尼港湾大桥车流量逐年增多并已超过大桥设计能力的现状，澳大利亚新南维尔州政府在 1979 年就向社会公开发出邀请，就解决悉尼港湾的交通问题请私人企业提出建议，最初提出的建议（主要是修建悉尼港湾第二大桥）由于种种原因均未被政府所接受。1986 年，澳大利亚最大的私人建设公司 Gransfield 和日本的大型建设公司之一 Kumagai Gumi Co Ltd（熊谷组）联合向州政府提出了建设海底隧道作为悉尼港湾第二通道的建议。州政府在经全面研究后，认为这个建议是可以接受的，于是授权这两个公司用自有资金对该项目的筹资方式、建设和经营隧道进行全面的可行性研究。

（二）项目可能性

在对未来悉尼港湾交通量进行预测分析的基础上，提出了 8 个可能的走向，然后根据地质条件、隧道的结构、隧道与现有快速车道的连接方式、隧道通风方式、对通航航道及行船的影响等多方面比选，选择了最佳的线路走向。

（三）环境影响

澳大利亚对环境保护的要求很多，为此特别提交了一个环境影响报告，从对建设海底隧道项目对环境及公众的各种影响主要包括大质量、噪声、历史性重大建筑、城市规划、公共设施、过往船只、水质和海洋生物、当地居民的生活等方面，做出全面的评估论证，同时也提出了避免和减少对环境和公众影响的措施。在环境影响报告完成后，州政府向社会广大众民予以公布，并邀请相关人士和单位对环境影响报告提出意见。根据公众意见，除对原设计进行了小的优化修改以外，最大变化是将隧道预制件浇筑施工场地由原来的波特尼湾移到肯布拉港，以避免对波特尼港湾附近的化工厂产生不利影响。

（四）资金筹备方案

资金筹措方案聘请了澳大利亚西太平洋（Wespac）银行为财务咨询单位，对筹资方式进行了咨询并协助提出了初步方案。该项目可行性研究报告历时 18 个月，共投入 400 万澳元，并在 1987 年被州政府批准，两家私人公司为保证该项目的实施，正式成立了悉尼港隧道有限公司，并与州政府进行谈判，签订了特许权合同。1987 年 5 月，州议会通过立法形式批准了《悉尼港隧道法》，该法对政府的职责、悉尼港隧道公司职责以及相应的部分的职责等都做了十分明确的规定。

最后确认的项目达到了政府以下的目标：

（1）项目在经济上是可行的，但政府的财政预算内不承担提供资金的义务。

（2）隧道收费要保持在最低水平上。

（3）政府承受的风险限制在最低限度上。

（4）政府能影响项目的设计、建设和经营，以保证项目的财政能力。

（5）长期解决悉尼港大桥的交通问题。

（6）政府仅承担项目实际收入与设计收入之间的差额风险，保证项目有足够的收入归还货款。

（五）项目主要参与者

（1）承建商：组成悉尼港隧道有限公司的两个私人公司只能承担该工程 30% 的施工任务，其余 70% 通过招标选择其他施工企业承担。

（2）供应商：相关设备供应商、能源供应商、原材料供应商。

（3）项目产品使用者：所有通过该隧道的车辆。

（4）保险公司：CROWN 保险公司。

（5）融资顾问：Cameron McNamara（卡梅隆·麦克纳马拉）以及 WESPAL（西太平洋银行）。

（6）政府机构：NSW Department of Main Roads 新南威尔州主要道路部门。

（六）项目融资结构

悉尼海底隧道是典型的 BOT 项目融资，政府特许悉尼港区隧道有限公司（后面简称SHTC）建设项目。

（1）项目投资者澳大利亚的 Gransfield 建设公司和日本的 Kumagai Gumi 建设公司根据股东协议组件了单一目的的项目公司（SHTC），并且注入一定的股本金。

（2）以项目公司为独立的法人实体，签署一切与项目建设、生产和市场有关的合同，安排项目融资，建设经营并拥有项目。具体为：

1）发行 30 年期 4.86 亿澳元的企业债券，与澳大利亚西太平洋银行和德意志银行签署债券认购协议。其中的 220 万澳元由 Cheung Kong Infrastructure（50%），DB Capital Partners（30%），Bilfinger Berger（20%）三家企业共同购买并签署购买协议。

2）新南威尔士州政府提供无息贷款 2.24 亿澳元并签署贷款协议；与新南威尔士州政府签署特许权协议，负责筹资、建设、运营、回收投资、偿还债务等事务，经营期满后该项目无偿移交给政府。

3）与 CROWN 保险公司签订保险合同，对项目风险进行分担。

4）与联合经营者悉尼公司和日本签署建设合同，对项目建设进行安排，项目收益属于 SHTC。该项目融资结构如图 11-4 所示。

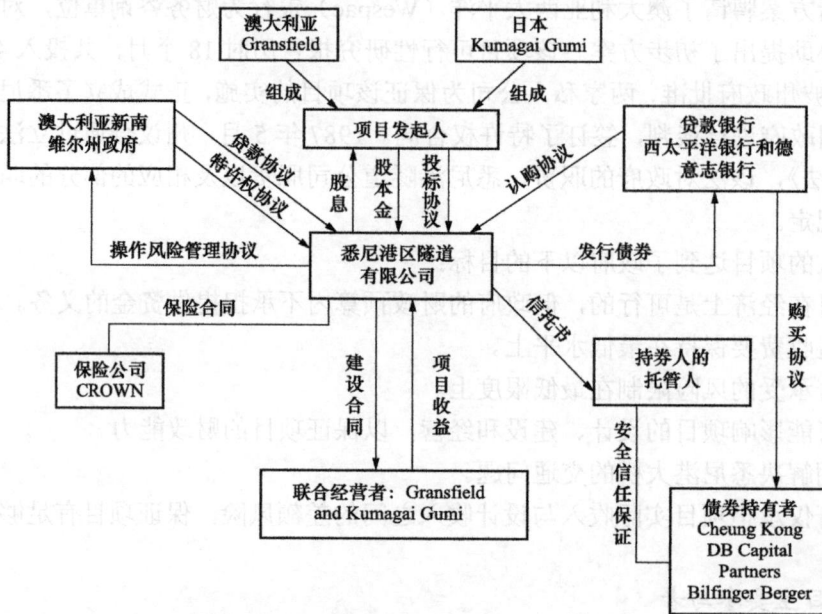

图 11-4　澳大利亚悉尼海底隧道项目融资结构图

案例四：伦敦地铁运营维护项目

（一）项目背景与概况

伦敦市中心大部分线路是在 20 世纪初完成的，最初的设施由于设计者的远见直到今天都很少有改变。然而近几年，伦敦地铁线路的老化和服务水平的恶化越来越多地被关注。伦敦地铁由国营的伦敦地铁公司（简称 LUL）拥有并运行，由于长期的投资不足导致地铁系统产生许多不稳定因素。在 1998 年的政府检测中发现地铁的可靠性指标为 94%，这意味着每发出 16 列车，因为安全问题就要取消一列，更新改造成为伦敦地铁最大的挑战，其中绝大部分资金投入依赖于中央政府的投资及补贴。自 1994 年以来，英国政府用于交通资金的预算逐年下降，而地铁损耗日益严峻，资金需求逐步扩大，完全靠政府补贴已经无法持续。

为了解决巨大的资金缺口，1997 年英国政府开始考虑新的资金筹措方式，考虑到完全私有化不符合地铁准公共产品的特殊属性，政府倾向使用 PPP 模式对整个地铁进行升级改造。

经过四年多的论证和试行，分别于 2002 年 12 月和 2003 年 4 月签署了三份 PPP 合同，将 30 年的特许经营权分别转让给 SSL，BCV 和 JNP 三家公司。使用设计-建造-融资-运营的 DBFO 模式，三家公司分别负责不同类别的地铁的维护和修复，而运营和票务依然由伦敦地铁公司负责，基础设施公司的回报由固定资产和业绩决定。

伦敦地铁实施 PPP 模式主要基于以下考虑：

（1）由私营机构提供更加确切和有保障的长期投资；

（2）刺激私营机构提供更有效和积极的长期（30 年）管理模式；

（3）同时政府部门保留对地铁的维护控制权；

（4）促使伦敦地铁系统更加高效。

三家公司其实分别由两大联合体控制，Metronet 的联合体控制了 SSL 和 BCV 两家公司，其主要成员包括世界最大的地铁建造商庞巴迪公司、英国大型咨询公司阿特金斯、EDF 能源公司、泰晤士水务和英国最大的建筑公司保富比迪。另外，Tube Line 的联合体控制了 JNP 控制的三条线路，该联合体包括美国柏克德（BECHTEL）工程公司和英国最大的公众服务提供商 Amey 公司。

政府希望私营机构在项目前期为伦敦地铁带来大约 70 亿英镑的直接投入。而作为回报，政府每年向 PPP 联合体支付 11 亿英镑的服务费，费用由英国交通部直接划拨给伦敦交通局，然后再下拨给伦敦地铁公司。PPP 合同允许联合体提出 3.6 亿英镑的上限来弥补一些无法预见的问题和风险，但是联合体要自行承担每年大约 5000 万英镑的费用直到 7.5 年之后才可以结算。

伦敦地铁 PPP 模式可能是世界上最复杂的结构之一，为了确保该结构有效运营及 PPP 合作有效执行，英国政府设立了一种独特的仲裁审核机制，政府每 7 年半就对 PPP 联合体进行一次效果评估。然而 2008 年 Metronet 联合体宣告破产，该 PPP 项目的失败直接导致英国政府损失超过 41 亿英镑；2010 年联合体 Tube Line 也宣布破产。Tube Line 最初希望政府为其更新的 Piccadilly 和北方线支付 68 亿英镑，但是政府的仲裁人只核定 44 亿英镑的费用，因此该公司只好破产。

（二）伦敦地铁 PPP 模式之失

伦敦地铁 PPP 模式失败有多方面的原因。在项目失败后，英国议会以及英国审计署都对项目进行了检讨和深度分析，并对项目的失败进行了认真总结，主要有三方面的问题：

（1）政府监管不力。由于伦敦地铁项目巨大，能够参加竞标的联合体极为有限，因此政府和联合体直接的谈判相对复杂和不透明。另外，由于该项目对保证伦敦城市经济的稳定性政治意义重大，政府采取了债务担保的方式确保项目的持续性，政府部门（交通部）无法控制项目的金融风险，虽然不是项目的直接参与方，却给项目担保，只能使得政府对项目的监控表现得无力。交通部希望私营机构自行发现实际操作中的问题并解决，但是却没有什么效果。同时，虽然政府设立了审核仲裁人，却无法从联合体获得必须的信息和成本数据，因此无法监控成本的变化，也无法获知联合体的实际操作情况。

（2）私营企业管理混乱，缺乏创新动力。地铁项目本身的非商业性约束了企业的热情。由于项目的主要目的是对地铁基础设施和车站进行修复和维护，与地铁实际收益（车票收费）相分离，因此很难激起参与方的创新能力。最大的问题是联合体的企业治理和领导力。联合体参与企业过多，比如组建成 Metronet 联合体的 5 家企业不但没有形成合力，反而因为利益出发点各异，意见不同，频频更换管理者，缺乏很好的管理机制，对整个项目无法进行有效管理。另外，该项目使用的内部供应链（Tied Supply Chain）模式，也使得整个联合体公司无法管控采购，更无法通过激励的方式促使供应商提供最佳的产品和服务，这也是导致 Metronet 失败的一个主要原因。伦敦地铁的基础设施过于陈旧，在合同签署前许多实际的操作困难无法获知，有极大的不确定性和难以施工性。

（3）公私部门矛盾严重。地铁类公共项目有很强的独特性，私营机构以利润最大化为目的，而公共部门以成本最低为目标，因此在费用结算方面很难达成一致，机构内的矛盾就会日益凸显，导致项目效果不理想，长期合作的伙伴关系也会破裂。该项目的负债率相对较高，其银行贷款和联合体股份的比例为 88:3:11.7，联合体企业的自身风险比较低，束缚也小，一旦发生联合体破产，政府为 95% 的债务担保。5 家企业为其所购股份 3.5 亿英镑买单，这些资金对于国际大型机构而言并不是大的问题，不会影响到企业的业绩。同时这些企业本身就是该项目的供应商，在 2003—2007 年已经获得了 30 亿英镑的服务费收入，因此私营部门也就不会特别在意如何与公共部门保持长期良好关系，甚至最后联合体倒闭也不会对企业造成过大的财政压力。

第二节　国内典型的融资案例

案例一：北京大兴国际机场项目的项目融资分析

1. 资金结构

北京大兴国际机场工程总投资 799.8 亿元，资本金占总投资的 50%，包括机场工程的所有建设和运营成本，其中，民航局民航发展基金 180 亿元，首都机场集团公司自有资金 60 亿元，并积极吸引社会资本参与，不足部分由发改委和财政部按同比例安排中央预算内投资和国有资本经营预算资金解决，资本金以外投资由首都机场集团公司通过银行贷款等多元化渠道融资解决。同时，空管工程总投资 41.6 亿元，由民航局安排民航发展基金解决；供油工程机场场区内项目投资 22 亿元，资本金按 35% 的比例安排，由首都机场集团公司和中国航空油料集团公司组建的合资公司安排自有资金投入，资本金以外投资由该合资公司利用银行贷款解决。

2. 融资模式（PPP 模式）的基本合作关系

PPP 模式是多方通过合作实现共赢的有效机制，具有参与主体众多、法律关系复杂的特点。因此，在具体项目操作中政府、社会资本方、金融机构、咨询机构及其他参与方均需明确各自的角色定位和职能分工，从而实现真正的共赢。

（1）大兴机场线 PPP 项目引入社会资本的操作模式。大兴机场线一期工程项目总投资约人民币 292.63 亿元，建设内容分 A、B 两部分，A 部分投资额约占项目总投资的 40%，B 部分投资额约占项目总投资的 60%。A 部分由京投公司负责投资建设，B 部分引入社会资本投资建设。采用政府和社会资本合作（PPP）模式，资本金比例占 40%，债务融资比例占 60%。该项目实施机构为北京市交通委员会，由北京市基础设施投资有限公司（政府出资人代表）与社会投资人共同组建项目公司进行特许经营（图 11-5）。项目特许期分为建设期和特许经营期，建设期约 35 个月（从 2016 年 11 月 1 日至 2019 年 9 月 19 日），特许经营期从全线贯通试运营日（2019 年 9 月 20 日）起，期限为 30 年。项目公司履行项目法人职责，负责 B 部分的投资、建设和特许经营期内权限的运营。京投公司持有项目公司 2%的股权，其余股权由社会投资人持有。项目公司与大兴机场线公司签订资产租赁协议，取得 A 部分资产的使用权。特许经营期结束时，项目公司将新大兴机场轨道线（含 A，B 部分）设施完好无偿地移交给大兴机场线公司或市政府指定部门。该项目的实施方式是政府与中标人建立的"利益共享、风险共担、全程合作"的共同体关系，可减轻政府的财政负担，减小社会主体的投资风险。

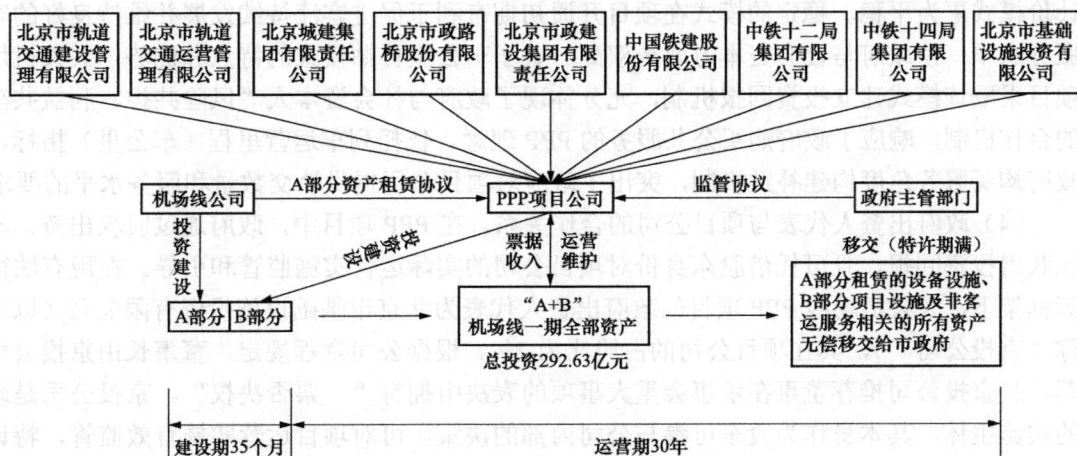

图 11-5　北京大兴国际机场 PPP 融资结构图

　　（2）社会资本方之间的合作关系。大兴机场线是北京轨道交通工程现阶段规模最大的社会化引资项目，其 PPP 模式市场化程度比传统轨道交通行业 PPP 模式更高，主要采用"大PPP"模式。所谓"大 PPP"模式，是指社会资本在原"设备+运营"合作范围的基础上，加入了土建施工部分。在这种模式下项目更加复杂，对资金和技术要求也较高，单靠一家的力量难以顺利完成，因此在招标阶段允许以联合体的方式参与竞标。在联合体成员中，有运营强项的公司、有建设管理强项的公司，有施工强项的公司，通过社会资本方之间的良好合作，以"建筑集团+建设、运营企业"的社会资本组合模式，以建设管理经验丰富的北京市轨道交通建设管理有限公司作为牵头人统筹建设和运营，集中联合体各方的优势，通过精诚合作最终高质量、高水平地完成项目的运作。

　　（3）政府方与项目公司的合作关系。

　　1）权责清晰的特许协议。根据《北京市城市基础设施特许经营条例》规定，并根据经市政府批准的《北京市轨道交通新大兴机场线引入社会资本项目实施方案》，北京市交通委员会代表市政府与项目公司签订《新大兴机场轨道线社会化引资项目特许协议》（以下简称《特许协议》）。除《特许协议》正文外，主要附件包括《股东协议》《资产租赁协议》《公司章程》《建设监管第三方协议》《仲裁协议》等。通过一系列法律文件，明确了政府、社会资本方和项目公司各主体在大兴机场轨道线投资、建设、运营过程中的权利义务，为项目的落地实施提供了规范化、法制化的运作环境。

　　2）合理共担风险的回报机制。上述 PPP 项目的回报机制为基于车公里补贴模式的可行性缺口补助。车公里补贴模式指以车公里服务费及协议车公里数作为基础指标所构建的项目财务模式，包括项目票务收入、非客运服务收益、定价和调价，以及相关风险处置的各种机制安排的总和，其优势如下：

首先，从政府监管角度看，车公里补贴模式可更好地体现项目运营情况，可与成本监审等政府监管措施有机衔接。

其次，从风险把控角度看，车公里指标本身可预测性强，可承载较大幅度的客流变化，指标稳定，可有效和显著地降低客流预测不确定性对政府和项目公司双方风险的影响。

最后，从项目收益角度看，车公里模式补贴总额相对较客流模式略小，支付流程较客流计价模式更为平稳。稳定的模式在项目开通初期有利于促进客流持续发展并维持良好的客运服务水平，使政府与社会资本方取得双赢。鉴于车公里补贴模式的特点和优势，大兴机场线项目采取该模式建立投资回报机制，充分体现了政府与社会资本人"风险共担、利益共享"的合作机制，响应了政府购买公共服务的 PPP 理念。依托列车运营里程（车公里）指标，从政府购买服务角度构建补贴机制，突出了政府对项目公司提供轨交数量和服务水平的要求。

（4）政府出资人代表与项目公司的合作关系。在 PPP 项目中，政府通过股权出资，不仅能获得投资回报，且可凭借股东身份对项目公司的实际运营实施监管和引导。在现有法律政策框架下，大兴机场线 PPP 项目的政府出资人代表为北京市基础设施投资有限公司（以下简称"京投公司"），其在项目公司的占股比为 2%。根据公司章程规定，董事长由京投公司推荐，且京投公司推荐董事在董事会重大事项的表决中拥有"一票否决权"。京投公司是政府的实施主体，其本身作为股东可参与公司内部的决策，可对项目运营实施有效监管，特许经营期结束后也有利于项目的直接交接，可有效解决可能发生的监管不到位、交接混乱等问题。

（5）项目公司与金融机构的合作关系大兴机场线 PPP 项目资本金占比 40%，债务融资占比 60%。由于贷款金额大、期限长，项目采用银团贷款方式，由多家银行参与组成的银行集团通过同一贷款协议，项目公司按约定的条件获得融资贷款，能获得优惠的贷款条件和大额资金支持，得益于大兴机场线的发展前景和项目公司的积极运作。随着市场利率持续上升，信贷环境趋于紧张，项目公司为控制自身融资成本并实现银企双方共赢，持续加强与各银行的沟通交流，多次组织贷款银行与其他金融服务机构进行现场勘察，并对运营期广告投放、自助银行及发放联名信用卡等商业合作模式进行深入探讨交流，降低了融资成本。

3. PPP 模式下的多目标多利益方协作平台

项目公司在与北京市交通委员会签订的《特许协议》法律框架下，负责大兴机场线一期B 部分从投融资到建设、运营的全过程管理，立足"特许协议履约主体、业主责任融资平台、公共服务统筹平台、股东收益协作平台"四大职能定位，明确为项目的实施者和运行者，成为政府方、社会资本方等各方为完成大兴机场线 PPP 项目有效运作的"特别目标载体"。项目公司作为特许经营期的经营主体，搭建 PPP 模式下的多目标多利益方的良好协作平台，可做好各方关系的桥梁与纽带，找到与各方之间合作的模式，寻求解决问题的有效途径，突破既有惯性思维，协调各方之间的利益，努力找到平衡点。

（1）多方协作的工程调度平台。大兴机场线建设期约 35 个月，土建工程体量大，施工组织及施工工艺十分复杂；各类风险工程的施工难度及安全要求较高；设备招标、采购、安装、调试周期长；项目验收、全线试运行、运营人员培训等工作众多。因此，在工程复杂、交叉施工及接口多，工期异常紧张的情况下，如何处理好各社会投资人之间的关系，搭建合作共赢的工程调度平台，建立良好顺畅的沟通机制，确保工程顺利推进，是该 PPP 项目面临的巨大挑战。

1）发挥股东优势，明确分工与协作。项目公司委托轨道交通建设管理经验丰富的北京轨道交通建设管理有限公司负责从施工图设计至工程竣工的全过程管理。轨道公司牵头做好工程筹划工作，将规划方案、征地拆迁、高压线改移、盾构机制造、穿越铁路等难点问题进行分解并将具体工作安排分配至各参建单位，同时及时与市交通委、市重大办等各委办、各区政府，电力、自来水、热力、燃气等各产权单位沟通对接，为全面进场开工创造了良好的开局。北京城建集团有限责任公司充分发挥其多年来在轨道交通勘察、设计、施工管理及大型场馆建设等方面积累的成功经验；北京市政路桥股份有限公司发挥道路桥梁等市政工程施工优势及建设施工管理经验；中国铁建股份有限公司充分发挥多年铁路建设的经验。三家集团均有丰富的地铁建设经验，在分配施工任务时充分考虑和利用各自的优势，分别成立工程建设指挥部，建立联合作战指挥体系，切实保障了工程高质量、高水平如期完成。

2）工期协调联动机制。联合体各成员经认真研究并综合各方意见，对项目建设从工程管理机制、开工条件落实、工程管理措施、工程方案优化、新技术应用、系统功能完善、设备技术优化、科学研究等多方面有独特合理的思路和安排。例如联合体构建了大兴机场线工程管理前期协调保障机构，发挥其在北京市，尤其是在丰台区、大兴区的建设管理和施工管理地域优势，依靠政府相关部门和单位加大与大兴机场线公司沟通配合，积极配合大兴机场线公司开展 A 部分前期工作，配合与冀北超高压公司和北京电力公司协调，促成拆迁占地及输变电高压线改移，推进了大兴机场线各工点顺利按期进场施工，为大兴国际大兴机场轨道线按期通车运营提供了保障。

3）提前开展运营筹备工作。项目公司牵头提前开展运营筹备，作为股东之一的轨道运营公司积极配合支持运营筹备工作，发挥了其建设运营一体化输出的优势。作为多年多条线路的建设者，该公司对设备系统和设施系统的可靠性、可用性、安全性、可维修性更熟悉，从建设管理到运营管理的转变更具人才优势、研发优势、培训优势和信息化优势等运营管理特色化优势。

（2）业主责任融资平台。项目公司肩负项目业主的法定责任，特别是在投融资方面，需提供工程所需的充足、及时的资金支持，同时力求控制融资成本，维持投资预期效益。因受金融去杠杆、严监管及社会融资增长放缓的影响，社会平均贷款利率已经达到 6%以上，为此项目公司积极维护与各金融机构的合作关系，依托大兴机场线作为国家重点项目的优势和打造国门第一线的政府定位，通过金融市场的动态调整提款利率及加强银企合作交流等多种措施，严格控制融资成本，尽最大努力降低了平均融资成本率。

（3）公共服务统筹平台。除特许协议约定与法定的责任外，项目公司还应履行企业的公共责任，为乘客提供对标航空的优质轨道交通服务产品。

1）大兴机场线功能服务需求和商业策划。项目公司从大兴机场线功能定位和乘客需求出发，积极组织开展了大兴机场线功能服务需求和商业策划系列研究工作。经深入考察研究，在车辆内饰及功能、站内设施及功能、资源开发、文化品牌建设、运营管理五大板块形成指导建议。

2）大兴机场线站内环境、车辆内饰及服务功能专题研究。为保证大兴机场线高品质客运专线服务，项目公司一是在大兴机场线站内环境、装修风格、使用条件等方面进行了较大幅度的优化；二是通过调研国内类似线路车辆内饰和服务功能，改进了车辆内饰及服务功能设计方案，对标准统一的客舱进行了差异化调整，设置了商务车厢，为乘客提供了更优质的人性化乘车服务。

3）大兴机场线行李辅助方案研究。为满足航空功能需求，提升大兴机场线服务品质，解决携带大件行李的旅客乘坐轨道交通不便的问题，提供全过程服务，通过实地调研广州、深圳、上海、长沙、成都、乌鲁木齐等其他城市类似线路行李值机托运系统的使用情况，出台了大兴机场线行李辅助研究方案。

（4）股东收益协作平台。股东各方通过项目公司密切协作，通过建设、运营与多种经营，最终实现了自身经济效益与社会效益目标。

1）项目公司建立了项目投资收益实时测算工作机制，对常规经济运行进行测算，为公司投融资计划、工程变更、重要经营项目盈亏等工作提供客观决策依据，保证了大兴机场线建设投资经济风险可控。

2）充分挖掘大兴机场线非客运资源，开展专题研究及策划。通过对资源内容的梳理，明确了以广告资源、商业资源、文化品牌资源为主的三大板块。

3）采取不同商业模式的组合方式，以"性价比最优的高效益、低成本"为原则，通过多种经营提高广告商业收入。

4）为维护大兴机场线初期的良好形象、快速培育客流，研究探索多种举措吸引客流。例如提供灵活多样的票制票价，通过推出团体票、往返票等方式吸引多种类型的乘客；与大兴国际大兴机场、各大航空公司讨论空轨联运合作框架，设计完善联合产品计划；改善草桥站的接驳条件，提升站外接驳功能，规划公交巴士和航空巴士路线，增加出租车和私家车的停车场地等。

案例二：北京地铁四号线工程项目

北京地铁四号线长 28.65 千米，位于北京西部市区；南起丰台区的马家楼，穿越西城区，北至海淀区的龙背村，南北向运行；全程共有 24 个车站（其中 23 个在地下），总投资约为 153 亿元。

1. 项目背景

城市轨道交通造价高昂，地下线大概每千米为 5 亿元（地面线大概每千米 2 亿元）。但是地下轨道交通运量大、速度快、不占地面，可以有效的缓解城市交通拥挤，解决乘车难的问题，是各国大城市解决城市交通问题的主要途径，具有巨大的社会经济效益。

城市轨道交通的竞争对象是公共汽车。由于无须建路，公共汽车的成本要低得多。在此竞争之下，轨道交通的票价不可能定太高。在如此高的投资和运营成本下，地铁很难产生盈利，现有地铁线的运营基本靠政府的补贴。2003 年 10 月，《北京市城市基础设施特许经营办法》正式颁布实施；2003 年 12 月，北京市政府转发了市发展改革委《关于本市深化城市基础设施投融资体制改革的实施意见》，明确提出了轨道交通项目可以按照政府与社会投资 7:3 的比例，吸引社会投资参与建设。

鉴于北京地铁四号线的社会效益，北京市政府计划通过北京市基础设施投资有限公司提供 70% 的资金（约 107 亿元人民币），其余 30% 的资金通过项目融资由私人开发商提供。采用创新开发策略要满足两个要求：一方面要有效地利用政府资金；另一方面要充分发挥私营企业的管理效率，避免政府对私营企业的不当干扰。因此，北京地铁四号线分拆为 A、B 两个部分：

A 部分包括洞体、车站等土建工程的投资和建设，由政府或代表政府投资的公司来完成。

B 部分包括车辆、信号等设备资产的投资，由吸引社会投资组建的 PPP 项目公司来完成。两部分形成一个整体后，由项目公司负责运营和维护一定的年限，通过票价收入及非票价收入（如广告、零售、通信、地产等）回收投资和赚取利润。

北京地铁四号线工程项目开发过程中的重大事项概括如下：

（1）2003 年 11 月，北京市基础建设投资有限公司作为北京市基础建设投资融资平台正式成立；制定北京地铁四号线市场化运作的初步方案，并开始与香港地铁等多家战略投资者进行接触，项目前期工作全面展开。

（2）2004 年 4、6 月，市发展改革委分别组织召开了奥运会经济市场推介会，北京地铁四、五、九、十号线国际融资研讨会等一系列大型招商推荐会，面向国内外投资者对以四号线为重点的北京地铁项目进行了广泛的招商活动。

（3）2004 年 9 月，制定《北京地铁四号线特许经营实施方案》，市发展和改革委组织对方案进行了评审并上报市政府。同年 11 月，北京市政府批准了特许经营实施方案，地铁四号线特许经营项目取得实质性进展。

（4）2004 年 11 月，北京市交通委牵头成立了北京地铁四号线特许经营项目政府谈判工作组，与"港铁—首创"联合体、"西门子—中铁工"联合体等社会投资者针对《特许经营协议》的竞争性谈判正式开始。

（5）2005 年 2 月初，政府谈判工作组与优先谈判对象"港铁—首创"联合体针对《特许经营协议》达成一致意见。

（6）2005 年 2 月，北京市交通委代表市政府与"港铁—首创"联合体草签了《北京地铁四号线特许经营协议》，特许经营期为 30 年。在特许经营期内，合资公司依法承租并获得在经营期内对地铁四号线 A 部分的经营、管理和维护权，票价仍将由北京市政府统一制定，如果票价亏损较高，政府会适当给予补贴。经营期满后，合资公司将全部设施无偿移交北京市政府。

2. 投资结构

香港地铁公司、北京首都创业集团和北京市基础建设投资有限公司三方合资成立北京京港地铁有限公司。香港地铁公司和北京首都创业集团各占 49% 的股份，北京市基础建设投资公司占 2% 的股份。在持股的 3 家企业中，香港地铁公司在香港地铁建设与运营方面累积了 30 多年的经验，能将香港地铁的运营经验和服务理念应用到四号线；北京首都创业集团则是直属北京市的企业，投资房地产、金融服务和基础设施；北京市基础设施投资有限公司是由北京市人民政府国有资产监督管理委员会出资，并依照《公司法》在原北京地铁集团公司基础上改组成立的国有独资有限责任公司，作为市一级基础设施投资融资平台，对轨道交通等基础设施项目进行市场化运作，属北京市政府所拥有，主要经营轨道交通基础设施的投资、融资和资本管理业务。这种组合，为地铁四号线的高质量建设和运营打下了基础如图 11-6 所示。

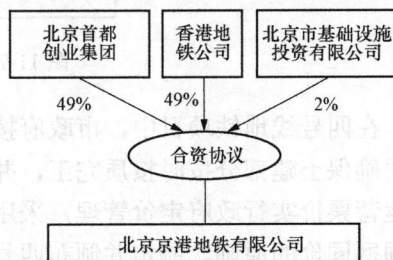

图 11-6　北京地铁四号线 B 部分的投资结构

3. 资金结构

该项目总投资为 153 亿元，其中 70%（约 107 亿元）由北京市政府出资，30%（约 46 亿元）由北京京港地铁有限公司（项目公司）负责筹资，该公司注册资本约 15 亿元人民币（股本资金），大约 2/3 的资金采用无追索权的银行贷款。在项目公司中，香港地铁公司和北京首都创业集团各投资约 7.35 亿元（各占 49%），北京市基础设施投资有限公司投资约 3000 万元（占 2%）。

4. 项目融资结构

北京地铁四号线的 A 部分采用代建的方式，北京市基础设施投资有限公司作为项目法人，负责组织建设，组建北京地铁四号线投资有限责任公司（以下简称"项目建设公司"）。B 部分由北京京港地铁有限公司（以下简称"项目运营公司"）承建。根据与北京市政府签订的"特许经营协议"，项目运营公司只负责地铁四号线 B 部分的融资、设计和建设，而 A 部分项目设施则通过"资产租赁协议"从项目建设公司获得使用权，在 30 年的特许经营期内（不包括 5 年的建设期），项目运营公司要负责四号线项目设施（包括 A 部分项目设施和 B 部分项目设施）的运营和维护（包括在四号线项目设施中从事非客运业务），并按照适用法律和"特许经营协议"规定获取票款和其他收益。特许期到期后，项目运营公司按照"特许经营协议"和"资产租赁协议"的规定将 A 部分项目设施（北京地铁四号线投资有限责任公司拥有 A 部分项目设施所有权）移交给北京地铁四号线投资有限责任公司，或移交给市政府或其指定机构，同时将 B 部分项目设施无偿地移交给市政府或其指定机构，如图 11-7 所示。

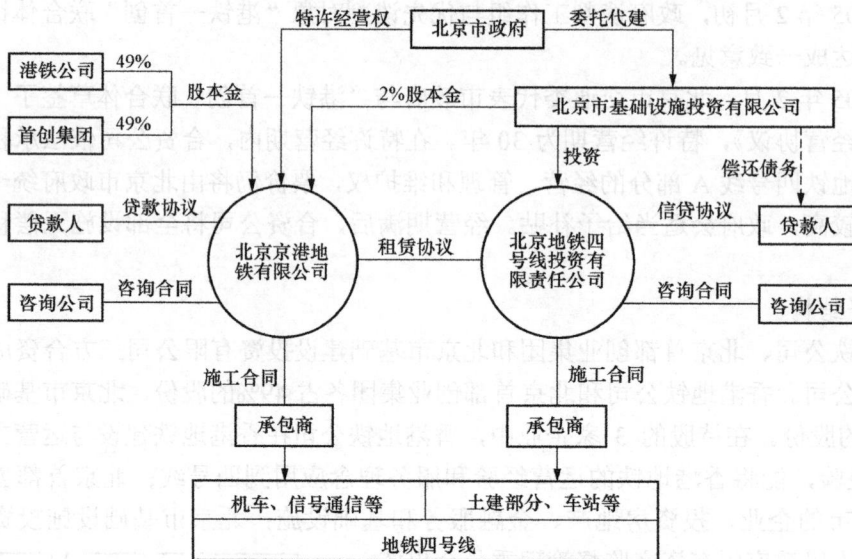

图 11-7　北京地铁四号线的融资结构

在四号线地铁项目中，市政府按照"特许经营协议"规定，在建设期内将监督项目建设公司确保土建部分按时按质完工，并监督项目运营公司进行机电设备部分的建设。四号线地铁运营票价实行政府定价管理，采用计程票制。在特许期内，市政府根据相关法律法规，本着同网同价的原则，制定并颁布四号线地铁运营票价政策，并根据社会经济发展状况适时调整票价。运营期内按有关运营和安全标准对项目运营公司进行规制。在涉及公共安全等紧急事件时，市政府拥有介入权，以保护公共利益。如果项目运营公司违反"特许经营协议"规定的义务，市政府有权采取收回特许权在内的制裁措施，市政府也要履行"特许经营协议"

规定的义务并承担相应的责任。

在四号线地铁项目中，项目运营公司按照"特许经营协议"规定，对在特许期内设计和建设 B 部分项目设施及运营和维护四号线设施所需资金（包括注册资本金和贷款）的获得负全部责任。在建设期内，项目运营公司应确保其资本金比例符合适用法律和政府批准文件的要求，主要义务还包括：

①根据适用法律的规定，申请 B 部分建设工程建设所需要的许可；

②负责 B 部分建设工程的设计工作；

③按"特许经营协议"规定的关键工期、进度计划和建设标准完成 B 部分项目设施的建设，并承担相关的一切费用、责任和风险；

④及时向项目建设公司提供 B 部分的初步设计文件及其变更文件（如有），并向项目建设公司提供与四号线建设相关的分项工作的信息、资料和文件，包括设计文件、招标文件、进度信息、性能指标等，前述信息、资料和文件的电子版（如有）也应同时提供；

⑤按"特许经营协议"的规定进行接口工程的中间验收；

⑥按"特许经营协议"的规定组织进行四号线试运行，与项目建设公司共同按照适用法律组织完成四号线的竣工验收；

⑦按"特许经营协议"的规定接受北京市政府的监督和检查；

⑧按"特许经营协议"的规定在建设期内为 B 部分建设工程的建设购买保险。

在运营期内，项目运营公司应自行承担风险和费用，运营、维护和更新四号线项目设施，提供客运服务，具体包括：

①按协议中的规定提供客运服务；

②按协议中的规定确保地铁安全运营；

③执行北京市政府制定的地铁运营票价，并根据适用法律和协议规定接受北京市政府的价格监督检查；

④进行四号线项目必要的维护和更新，但是项目运营公司有权将四号线项目设施维护的辅助工作委托于第三方；

⑤按照协议的规定服从北京市政府或其指定机构的监督，服从北京市政府或其指定机构的统一调度安排，并根据市政府的要求提供资料。

在运营期内，项目运营公司将按照协议执行北京市政府制定的运营票价，并依此按年计算实际平均人次票价收入水平。如果实际平均测算票价收入水平低于协议中规定的调整后的测算平均人次票价收入水平，北京市政府将按照协议规定就其差额给予项目运营公司补偿。如果实际平均人次票价收入水平高于协议中规定的调整后的测算平均人次票价收入水平，项目运营公司将按照协议规定将其差额返还给北京市政府，或经北京市政府同意，以项目运营公司增加租金的形式支付给项目建设公司。

为保证地铁四号线正常运营和特许期结束时，项目运营公司能够向市政府指定部门移交的是能够正常运营的地铁四号线项目设施，项目运营公司应根据更新手册对更新资金的来源进行合理安排。在特许期届满前 36 个月，北京市政府或其指定机构和项目运营公司将共同成立一个移交委员会，由北京市政府或其指定机构任命的 3 名代表和项目运营公司任命的 3 名代表组成，负责有关特许期届满后项目移交的相关事宜。

（1）移交委员会。"特许经营协议"约定，移交委员会应在双方同意的时间举行会谈。商定地铁四号线项目设施移交的详细程序、培训计划的实施和移交的设备、设施、物品、零配件和备件等的详细清单，以及向第三方公告移交的方式。项目运营公司应在会谈中提交移交的代表名单，北京市政府或其指定机构应告知项目运营公司其负责接收移交的代表名单。上述工作移交委员会应在移交前的 6 个月内确定。

（2）移交范围。项目运营公司应在移交日向北京市政府或其指定机构无偿移交"特许经营协议"附件中注明的地铁四号线项目设施。项目运营公司应确保这些资产和权利在向北京市政府或其指定机构移交时没有任何抵押、质押等担保权益或权益约束，也不存在任何种类和性质的索赔权。四号线项目相关土地及场地在移交日应不存在因项目运营公司建设 B 部分项目设施、运营和维护四号线项目设施导致的或项目运营公司导致的环境污染问题。

（3）保险的转让和承包商的责任。在移交时，项目运营公司将所有承包商、制造商和供应商提供的尚未期满的担保及保证，以及所有的保险单、暂保单和保险单批单等与四号线项目设施有关的其他担保、保证及保险凭证，全部无偿转让给北京市政府或其指定机构（双方另有约定的除外）。

（4）技术转让。项目运营公司应在移交日将其拥有的、运营和维护四号线项目设施所需的，有关四号线项目设施运营和维护的所有的技术，无偿移交及转让给北京市政府或其指定机构，并确保北京市政府或其指定机构不会因使用这些技术而承受侵权索赔；如果是以许可或分许可方式从第三方获得的技术，在移交日后将该技术继续许可给北京市政府或其指定机构使用，但因此产生的使用该技术相关许可费用，由北京市政府或其指定机构承担。

（5）合同的转让。如果北京市政府或其指定机构要求，项目运营公司应转让其签订的、在移交时仍有效的运营维护合同、设备合同、供货合同和所有其他合同。北京市政府或其指定机构对于转让合同所发生的任何费用不负责任，同时项目运营公司应保护北京市政府或其指定机构，使之不会因此受到损害。

（6）风险转移。项目运营公司应承担移交日前地铁四号线项目设施的全部或部分损失或损坏风险，除非损失或损坏是由北京市政府或其指定机构或项目建设公司的违约所造成的（就 A 部分项目设施而言，除非损失或损坏是由北京市政府或其指定机构或项目建设公司违约或不可抗力造成的）。移交日后，地铁四号线项目设施的全部或部分损失或损坏的风险由北京市政府或其指定机构承担。

（7）已交费用和批准。对于依据"特许经营协议"所进行的向北京市政府或其指定机构的移交和转让，北京市政府或其指定机构无需向项目运营公司支付任何赔偿或代价。项目运营公司及北京市政府应负责各自的因上述移交和转让的成本和费用，北京市政府获得所有的批准并使之生效，采取其他移交和转让所必需的行动，并且应支付与移交、转让有关的所有税费。

5. 经验与教训

北京地铁四号线项目的建设安排充分体现了 PPP 策略的精髓——政府与私营部门合伙合作，缩小了项目建设公司和项目运营公司的融资规模。从政府角度来说，只需要出资 70%，大大减轻了融资压力；对于私营开发商来说，增加了投资机会。

北京地铁四号线项目的开发模式可以推广成"建设—租赁—移交"（Build-Lease-Transfer，BLT）与"租赁—开发—运营—移交"（Lease-Develop-Operate-Transfer，LDOT）的组合模式，如图 11-8 所示。这种组合模式具有以下优点：

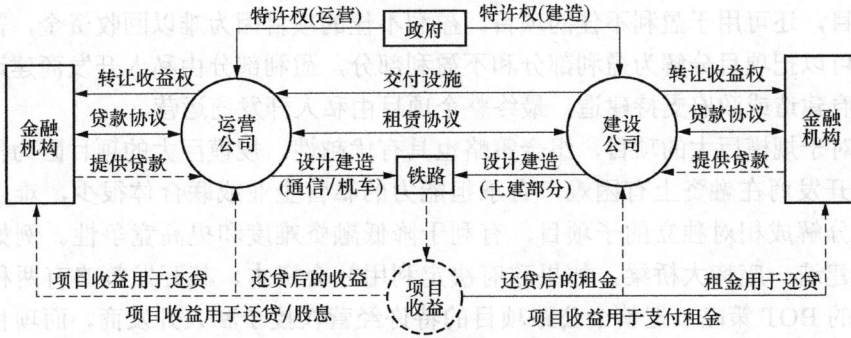

图 11-8　BLT+LDOT 的组合融资模式

（1）项目建设公司和项目运营公司可以采用不同的特许经营期，增加了项目开发的灵活性。例如，授予项目建设公司较长的特许期使之能够收回投资并获得合理利润，因为土建工程部分具有较长的（经济、技术）寿命，加长特许期是可能的；相比之下，单一特许经营权模式难以做到。

（2）土建工程可以由政府建造或提供资助让私营企业建设：如果土建工程由政府建造，则可以通过调整租金水平使项目运营公司获得合理回报；如果政府提供资助，则可以通过控制资助的大小使项目建设公司获得合理的回报，从而增加项目对私营资本的吸引力。

（3）这种模式也可以用于经济效益较好的项目，此时，租金的确定应保证项目建设公司的回收投资和获得合理的利润。由于土建工程与机车车辆等设备分开后，项目运营公司可以运用设备租赁融资，拓宽融资渠道，提高融资的可能性。

土建工程与机车车辆等设备分开发包，为土建工程的分段建设创造了条件。分段由不同的项目建设公司建设，但都出租给同一家项目运营公司，保证运营的整体性，有利于进一步采用多个特许权合同的组合开发策略，从而把"建设—租赁—移交"与"租赁—开发—经营—移交"的组合模式进一步扩充为多个"建设—租赁—移交"合同与一个"租赁—开发—运营—移交"合同的组合模式，如图 11-9 所示。

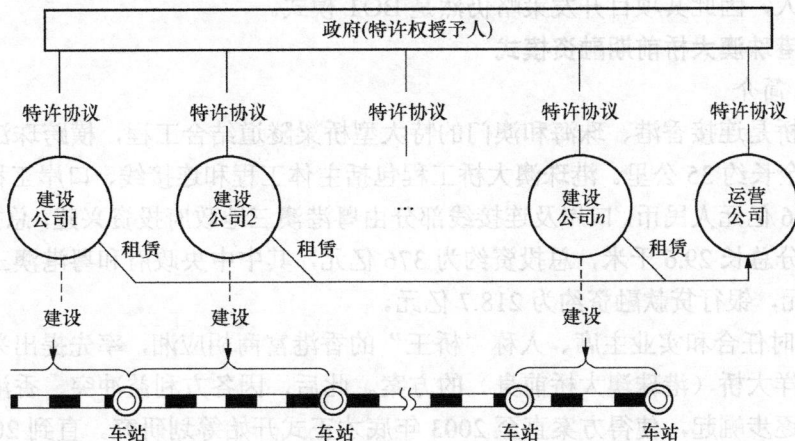

图 11-9　"建设—租赁—移交"与"租赁—开发—运营—移交"组合融资模式

组合策略比单一的 BOT 模式具有更大的适应性，具有更广泛的应用前景，不但能用于盈利较好的项目，还可用于盈利不佳的项目。盈利不佳的项目因为难以回收资金，需要政府的资金支持。可以把项目分解为盈利部分和不盈利部分，盈利部分由私人开发商建造，而不盈利部分由政府建造或政府支持建造，最终整个项目由私人开发商运营。

此外，对于规模巨大的项目，组合策略也具有优越性。规模巨大的项目因为需要大量的资金，私人开发商在融资上有困难，有承担能力的私营企业或联合体很少，难以获得竞争性投标。若分解成相对独立的子项目，有利于降低融资难度和提高竞争性。例如，一个公路项目包含建造一座特大桥梁，如果政府决定利用社会资本，其开发策略有两种方法：一是采用典型的 BOT 策略，把整个公路项目的特许经营权授予私人开发商，而项目开发商也有两种策略——吸收桥梁专业公司以项目发起人的身份进入项目公司或者把桥梁（或隧道）的设计施工外包给桥梁专业公司；二是采用组合策略，把该桥梁与公路的其他部分分离，分别授予桥梁专业公司和公路项目公司，特许期满后，移交给政府，即"建造—租赁—移交"的模式。

采用何种形式更为适合，取决于多种因素。当全国采用统一收费标准时，含有特大桥梁的公路平均每千米造价高于一般公路，如果不想延长特许期，可考虑采用组合策略，把桥梁独立出来。对于铁路项目而言，铁路项目可以把车站与铁路分离，车站之间又有不少桥梁和隧道，它们也可作为分段的分界点。鉴于多数基础设施项目可以分解为先后衔接或相对独立平行的子项目，组合策略是现实可行的；只要合理运用，组合策略可获得更好的效果。

组合开发策略与传统的 BOT 模式的区别在于先发包再分解，还是先分解再发包。前者是先分解，再授予不同的项目公司特许权；而后者是先授予不同的项目公司特许权，再由项目公司把项目分解为若干子项目，采用平行发包或系列发包模式实施项目。例如，在 BOT 模式下，台湾高铁公司获得特许权建设台湾高铁，考虑到高铁不同组成部分的特性，而采用了不同的采购方法：土建工程采用设计/施工（D&B）合同。车站采用设计—招标—施工合同，机车车组及交通控制系统采用设计—采购—施工一体的"交钥匙"合同。铁路建设（土建部分）实行分标制的工程管理，全线（345 千米）共分为 12 个合同段，每段实行一标联合承揽的办法。这与传统的平行发包和系列发包模式没有多少区别，只是发包人是项目公司而不是特许经营权的授予人，因此其项目开发策略仍然是 BOT 模式。

案例三：港珠澳大桥前期融资模式

（一）项目简介

港珠澳大桥是连接香港、珠海和澳门的特大型桥梁隧道结合工程，横跨珠江口伶仃洋海域，主体工程全长约 35 公里。港珠澳大桥工程包括主体工程和连接线、口岸工程两部分，估计总投资为 726 亿元人民币。口岸及连接线部分由粤港澳三地政府投资兴建，总投资约为 350 亿元；主桥部分总长 29.6 千米，总投资约为 376 亿元，其中中央政府和粤港澳三地政府共同出资 157.3 亿元，银行贷款融资约为 218.7 亿元。

1983 年，时任合和实业主席、人称"桥王"的香港富商胡应湘，率先提出兴建连接香港与珠海的伶仃洋大桥（港珠澳大桥前身）的方案。此后，因各方利益冲突、香港主权问题、广深珠等地的逐步崛起，使得方案直至 2003 年底才正式开始筹划研究。直到 2005 年基本确定工程方案，西岸着陆点为珠海拱北和澳门明珠，东岸着陆点为香港大屿山西北的散石湾；2006 年粤、港、澳三方商定大桥采用"三地三检"模式。该桥通车后，由香港开车到珠海或澳门，只需要 15～20 分钟（行船需一个小时），有助吸引香港投资者到珠江三角洲西岸投资，并可促进港、珠、澳三地的旅游业。2008年7月29日，为加快兴建港珠澳大桥项目进度，广东省、香港、澳门三地政府考虑由企业投资改为政府出资，以收费还贷的方式建设项目。

2008年4月8日，经粤、港、澳三地政府批准，港珠澳大桥主桥项目贷款牵头行揭晓：中国银行获聘该项目唯一牵头行。这标志着港珠澳项目开工建设前最重要的环节之一的融资圆满解决。

（二）可供选择的融资模式

港珠澳大桥是典型的大型公共基础设施工程，其融资决策主要解决两个问题：一是项目资金的来源；二是项目融资模式的选择。

公共基础设施工程项目融资的主体一般为政府机关，结合项目工程的复杂程度和资金需求，可以选择的融资模式有：

（1）BOT模式。BOT（Build-Operation-Transfer）模式是政府或代表政府的授权机构通过特许权协议，将特定项目的建设及特许期内的经营权授予私人资本设立或私人资本与国有资本共同设立的项目公司，由项目公司负责项目的投融资、建设、运营和维护。在政府资金短缺的情况下，BOT模式可以引入私人资本参与公共基础设施项目，也是近年来世界各发达国家和发展中国家通用且取得良好成果的先进模式。但该模式事先需确立明确的政府与投资主体的风险分担机制、明确政府支持政策协议及较高的建设管理与运营风险，并且在国内现行的法律体系框架内运行存在法律障碍。BOT模式在港珠澳大桥融资模式中曾是最被看好的融资模式，合作融资模式即由三地政府成立一个合作企业全面负责大桥的投资、建设以及运营，三地政府按照平均持有股份或自愿认购股份，并为其认购股份筹集相应资金，当经营期满后，政府无偿收回项目的经营权（包括收费权）。合作融资模式有明确的法律支撑，但由于该模式的全部投资均需由三地政府筹措，并且所有风险全部由政府承担，易给政府造成较大的财政负担与风险。

（2）PPP融资模式。PPP模式是政府与私人投资者通过某种方式共同投资，项目的建设资金来源于政府和私人投资者，并由政府及私人投资者分别承担项目投资风险的模式。在目前的法律环境下，PPP模式只能在BOT模式或者合作项目公司模式的框架内进行创新。

项目在以上融资模式中选择，既包含了关于资金来源的考虑，也是对融资模式本身进行了选择，因而整个港珠澳大桥项目融资决策的重点环节就是对融资模式的选择。

（三）融资决策影响因素分析

港珠澳大桥进行融资决策时面临的主要问题有：

（1）港珠澳大桥融资额巨大。由于港珠澳地处特殊地理位置致使工程投资巨大，依据工程投资建设费用及收费收入，工程项目的财务状况不理想，因此仅靠项目车辆通行费收入是难以吸引社会资金的，这给融资模式的选择带来了很大的法律障碍。由于港珠澳大桥涉及"一国两制"的特殊背景，工程具有跨境性质，这将涉及一系列的法律问题。特别是基于基本法的规定，香港及澳门地区实行特殊法律制度，因此在融资模式制定与选择过程中需同步开展方案的法律可行性研究，并将其作为融资方案综合评价的重要因素。另外，在我国现有的法律框架下难以满足BOT融资模式涉及的众多当事人权利、义务的法律需要，并且该模式在投资回报率担保、外汇担保、收费标准等方面也突显出诸多的法律障碍。

（2）公共基础设施工程融资理念差别。由于粤港澳三地在社会经济法律环境及基础设施建设管理模式上的差异，三地政府在大型公共基础设施工程融资理念和模式选择上存在着不同的观点。基于建设管理经验，香港和澳门趋向于采用 BOT 模式，即建设-经营-转让模式，该模式一方面可弥补港珠澳大桥投资巨大带来的建设资金不足，减轻政府财政负担；另一方面也有利于以利益驱动机制提高大桥建设的效率和生产力，提高项目管理水平。但就国内工程建设管理实践而言，多采用政府投资，BOT 的建设管理模式则较少。

（3）三地政府责任分摊。由于三地共同投资建设，因此在确定融资模式的同时，还要确定粤、港、澳三地的投资责任分担比例问题，如何进行比例划分以及制定具体的融资实施方案也是一个复杂的问题。

由以上的问题可以看出，港珠澳大桥融资决策已经不再是对已有模式的评价和选择问题，需要针对工程建设需求在法律框架下寻求新的解决办法。对于港珠澳大桥而言，融资模式与建设管理模式及运营管理有着直接紧密的关系，并且融资模式选择本身需要综合考虑建设管理及运营管理中的诸多问题。由于港珠澳大桥跨界的性质，上述问题需在三地法律法规框架内进行。

因此，港珠澳大桥融资模式决策的影响因素分析主要是对港珠澳大桥的运营管理模式和融资决策涉及的法律事项进行分析与归纳。具体来说包括以下方面：

1）项目范围的确定。港珠澳大桥由三地合作兴建，其投资范围及合作方式的不同将会涉及不同的法律事项，因此从物理上划分港珠澳大桥项目的建设范围，确定不同范围内的建设方式是具体法律问题研究的基础，也是融资决策中需要首先解决的问题。

2）三地备忘录。不同的融资模式，其政府间备忘录签署的必要性、紧迫性和所涵盖的内容将有所区别，所涉及的法律事项也将有所不同，并且三地政府协调的难度与有效性也是融资决策的重要影响因素。

3）三地政府间协调决策机构及机制。三地政府间协调决策机构的设立需考虑三地法律所允许的机构组织形式、权力来源、权力范围、职责、议事规则和三地相关主管部门的关系安排等。采用不同的融资模式，可能对三地政府间协调决策机构的职责范围等要求有所区别。

4）口岸布设模式和管辖权移交。在方案制定的过程中，需要考虑由于口岸布设方式不同带来的部分桥面管辖权移交和移交方式等法律问题，包括管辖权移交与接受需经过的立法程序，移交管辖权的地理范围、时间范围、移交管辖权的权力范围，移交管辖权与建设、维护标准的关联等问题。该内容是融资方案实施中的重要组成部分。

5）项目公司设立地。项目公司是指最终以其名义投资、建设、经营港珠澳大桥的企业，该企业可以由政府或私人投资者设立，也可以由政府及私人投资者共同投资设立。由于项目公司设立地实行不同的法律制度，将对项目公司的设立、经营行为等产生不同影响。三地政府需根据已确定的项目投资方位考虑如何设立项目公司。

6）招标适用法律。港珠澳大桥项目投资设计建设的招标主要包括对私人投资者的招标，选择工程勘察、设计机构的招标，对项目施工总承包的招标，购买建设项目所需设备的招标等。根据香港、澳门调研中港、澳双方的答复，以两地政府名义进行的招标可以按内地法律进行。

7）税收。港珠澳大桥项目涉及的主要税收问题，在建设期主要是承建商及其他设计、勘察、中介等机构就其从项目获得收入是否需要划分为来源或产生于三地的收入，在需要划分的情况下如何划分；运营期间主要是项目公司就港珠澳大桥项目取得车辆通行费收入是否需要划分为来源或产生于三地的收入，在需要划分的情况下如何划分，以及车辆通行费收入划分原则与收费点设立地的关系。

8）外汇。内地实行严格的外汇管制，如项目公司设立在内地，涉及的外汇问题主要是项目公司偿还投资、贷款本金能否退还成外币并自由汇出，以及日常业务需要在境外支付的经常性外汇资金、贷款利益和投资股利是否方便获得及汇出，包括收取的通行费涉及的外汇管理问题，均需严格按照有关法律法规处理。

9）车流量问题。就港珠澳大桥而言，车流量受到可在三地或两地间出入境通行的车辆配额的限制。目前部分车辆同时办有香港-内地车牌，或澳门-内地车牌，但其配额数量极为有限。如果不改变配额数量将严重影响大桥的车流量，降低投资回报率，因此对两地车牌发放原则及其配额决定原则进行约定，增强项目的市场融资能力，是三地政府需要解决的问题。

10）与特许权协议相关的事项。与特许权协议相关的问题仅在 BOT 和 PPP 投融资模式下可能出现，需考虑的相关事项包括特许权协议的签署主体、签署方式、适用法律等。由于港珠澳大桥的特殊性，该问题的解决无先例可循，因此若需采用上述两种方式应尽早开展研究。

11）港珠澳大桥是否需要单项立法。由于港珠澳大桥多方面的特殊性，基于基本法的规定，香港及澳门地区实行特殊法律制度，可预见有较多的问题需要面对，虽然可通过三地备忘录形式确定问题的基本解决原则，但是三地备忘录并不具有法律强制力，因此可考虑制定适用于港珠澳大桥的单行法规，如果接受此种建议则三地政府需分别考虑是否通过本地的立法程序，将三地备忘录在本地区实行的内容通过立法赋予法律效力，考虑到制定法律或地方规定的程序和时间，三地政府应尽早开展研究。

（四）融资决策理论框架在本案例的运用

（1）决策目标。港珠澳大桥融资决策的目标——选择最能够实现公平和效率的经济性融资方式，该决策目标是确定决策原则，支撑决策主体进行影响因素分析和评价选择时的评价指标的选取和评价标准的制定。

（2）影响因素。港珠澳大桥为大型公共基础设施项目，且其具有跨境的特殊性质，因此其融资决策的主要影响因素为大桥的运营模式和涉及的相关法律条件。

（3）融资方案。港珠澳大桥最终确定了五个可供选择的融资方案。每个方案内容包括项目投资责任划分；项目公司组建、建设、运营管理模式；三地政府协调方式三个方面。方案的制定基于前期的准备工作和各重要影响因素的分析。

（4）评价指标。港珠澳大桥融资决策确定了前期准备时间、投资人选择难度、政府财政风险及监管成本、建设阶段协调难度、法律约束等评价指标，评价标准基于决策目标——实现社会的公平与效率确定的决策原则确定。

（五）其他

此外，港珠澳大桥在进行融资决策的过程中，还有以下几点启示：

（1）融资目标对融资决策的影响。港珠澳大桥是大型公共基础设施工程，在进行融资决策时，决策主体是政府而非企业，对于政府而言，融资决策的目标不再是收益最大化，更多的是考虑项目实现的社会效率和公平。因融资目标的不同导致港珠澳大桥进行融资决策时，尤其是方案的评价和选择过程，其选择的评价指标和标准与企业有所不同。所以，港珠澳大桥放弃了一致看好的 BOT 模式和 PPP 模式，因为这两种模式虽然可以引入私人投资者，增加项目的创新能力和服务水平，但在私人投资者考虑项目自偿性为首要因素的前提下，BOT 模式和 PPP 模式不一定能够实现政府融资的目标期望——效率和公平。以港珠澳大桥为例，BOT 模式不可避免地会涉及特许协议的问题，由于该项目的投资回报不理想，私人投资者为了收回投资和取得回报，项目的收费时限极有可能达到 50 年，这与政府实现大桥效率和公平的目标是不相符的。

（2）决策者对融资决策的影响。对于港珠澳大桥而言，虽然项目成本高达 1269 亿元，投资回报也不理想。但是，具有如此宏大的战略意义的公共项目，政府完全可以运用行政裁量权，提供私人投资者参与公共建设的诱因，提供关联产品的生产与经营权等方式，使私人投资者有利可图。这种相应的补偿机制在很多 PPP 模式的运营中使公共项目的低收益得以弥补。因此，港珠澳大桥工程项目的融资中政府仅从经济回报的角度"放弃"私人投资者并不完全成立，在本案例中，融资模式选择的关键决定因素还在决策主体——政府。

案例四：上海迪士尼项目融资方案

（一）项目简介

2009 年 1 月，迪士尼已宣布与上海市政府签订《项目建议书》，将联合上海市政府，在浦东兴建全球第 6 个迪士尼乐园。2009 年 11 月 4 日，上海迪士尼项目申请报告获国家有关部门核准，上海迪士尼乐园项目启动。2009 年 11 月 23 日，国家发改委发布：2009 年 10 月，经报请国务院同意，我委正式批复核准上海迪士尼乐园项目。该项目由中方公司和美方公司共同投资建设。2010 年 11 月 5 日，上海申迪与美国迪士尼签署上海迪士尼乐园项目合作协议，标志着上海迪士尼乐园项目正式启动，也意味着中国迄今为止规模最大的中外合资现代服务业项目正式落地。项目建设地址位于上海市浦东新区川沙新镇，占地 116 公顷。项目建设内容包括游乐区、后勤配套区、公共事业区和一个停车场。

项目建设期：上海迪士尼乐园项目于 2011 年 4 月 8 日动工建设，到 2015 年建成，工期大约为 5 年。

（二）项目融资分析

（1）投资结构。申迪集团是由上海市政府进行的，在上海市工商登记部门注册，主要负责人由上海市政府任命。据《第一财经日报》报道称，在 3 亿元注册资金中，上海市国资委管理的锦江国际出资 7500 万元，占股 25%；上海广播电影电视发展有限公司出资 9000 万元，占股 30%；上海陆家嘴（集团）公司出资 1.35 亿元人民币，占股 45%。三方投资注册项目上海申迪公司运营迪士尼项目可以减少投资风险。而"上海国际旅游度假区暨上海迪士尼项目银团贷款框架协议"在沪签订，由国家开发银行、上海浦东发展银行和交通银行等组成的银团与上海申迪集团签订了银团贷款协议，所以由政府管理的上海申迪公司也可向银团贷款。

上海迪士尼乐园项目是由上海申迪旅游度假有限公司和美国迪士尼公司投资合作，成立了上海国际主题乐园有限公司、上海国际主题乐园配套设施有限公司、上海国际主题乐园和度假区管理有限公司三个项目公司。

上海迪士尼项目所使用的是公司型投资结构，在这种结构中，美国迪士尼和上海申迪集团均承担有限责任，项目投资与融资也十分方便，能有效地减少项目带来的风险。该项目的公司型投资结构如图 11-10 所示。

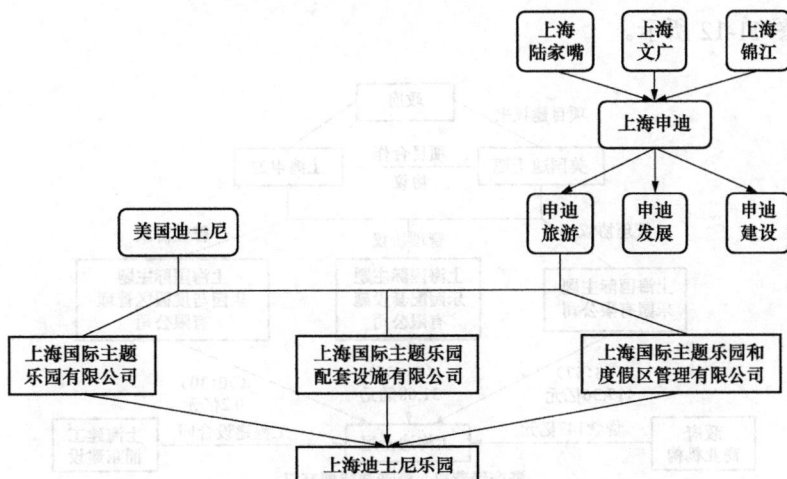

图 11-10 上海迪士尼项目的公司型投资结构

（2）资金结构。迪士尼乐园项目直接投资额约 245 亿元，间接投资达上千亿。一期的银团贷款 129.15 亿元，具体投资没有明确表示。《21 世纪经济报道》中指出，所有投资中 40% 的资金为中方和迪士尼双方共同持有的股权，其中中方占 57%，迪士尼占 43%。其余占总投资的 60% 的资金则为债权，其中政府拥有 80%，20% 则为商业机构拥有，但其并没有得到官方确认。该项目的资金结构如图 11-11 所示。

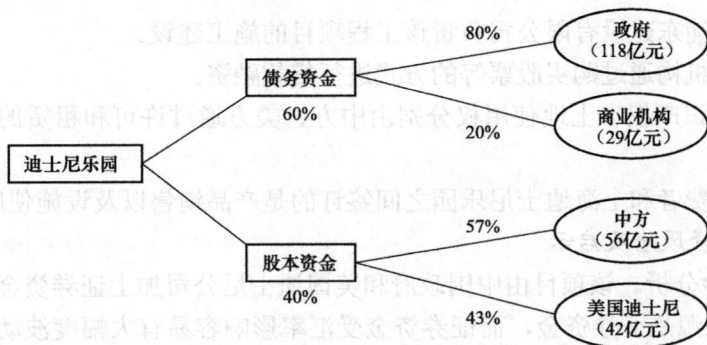

图 11-11 上海迪士尼项目的资金结构

（3）信用担保结构。上海迪士尼乐园的信用担保结构并没有明确指出，也没有具体的资料显示。但是，该项目是由美国迪士尼与上海政府直接签订的协议，所以在一定程度上保证了此项目的可信度。

（4）融资结构。在上海迪士尼项目中，所有投资中 40% 资金为中方和迪士尼双方共同持有的股权，其中中方政府占 57%，迪士尼占 43%。其余占总投资的 60% 的资金则为债权，其中政府拥有 80%，另外 20% 则为商业机构所有。迪士尼公司只出了一小部分资金用于一期园区的建设，其主要以品牌入股投资。在迪士尼公司看来，把过多的资金投在乐园的建设上将承担一定的风险，所以迪士尼公司更愿意通过品牌估值方式入股。而上海政府则希望通过迪士尼项目，促进上海旅游业发展和第三产业的发展，所以对项目的渴求是比较迫切的。因此上海在迪士尼乐园项目的投资金额的比例上做出了让步，愿意承担主要的项目资金。该项目的融资结构如图 11-12 所示。

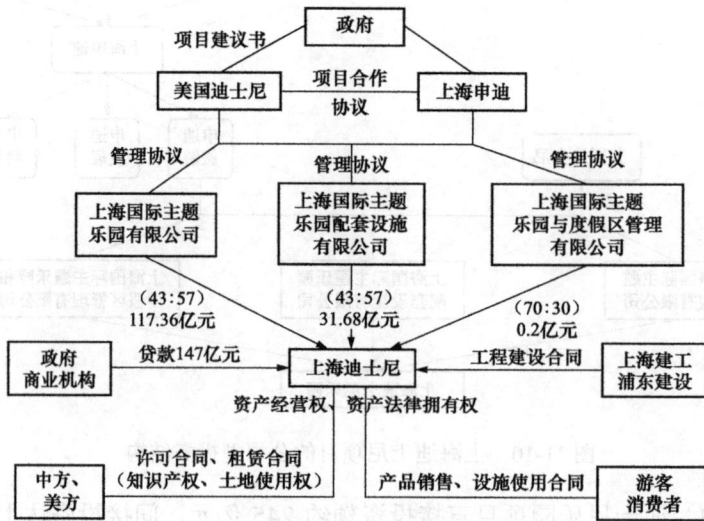

图 11-12　上海迪士尼项目的融资结构

项目融资结构解释如下：

1）由美国迪士尼和上海申迪集团合资创办的三个项目公司负责上海迪士尼项目的正常运营。

2）上海建工浦东建设有限公司负责该工程项目的施工建设。

3）政府商业机构通过购买股票等的方式进行贷款融资。

4）项目的知识产权、土地使用权分别由中方、美方通过许可和租赁的方式提供给上海迪士尼乐园项目。

5）游客和消费者和上海迪士尼乐园之间签订的是产品销售以及设施使用合同。

（三）项目融资风险及启示

（1）融资风险分析。该项目由中国政府和美国迪士尼公司加上证券资金共同组成，其中60%的资金主要来源是证券资金，而证券资金受汇率影响容易有大幅度波动。就普遍情况而言，目前在大项目的建设上，签约的项目投资总量巨大，即便发改委在项目审批上或比以往快，但是项目的发展和进度还是要看国家的金融政策情况。

除此之外，迪士尼项目还面临融资以外的挑战：①银行信贷额度捉襟见肘，额度紧张；②迪士尼项目可能在信贷的期限和利率的上限过于苛刻，时任申迪集团副总裁邵晓云也表示，近年来由于受到国际国内经济形势的影响，迪士尼也面临融资压力，面对未来，上海迪士尼仍然不能盲目乐观。

但是也有公开资料显示，上海迪士尼是继上海世博会之后的又一重大建设项目，项目直接投资额约 245 亿元，间接拉动的投资规模或为千亿级。以每年 1000 万游客计算，全年门票销售将超 20 亿元。按照以往的迪士尼产业链效应，1 元的门票将拉动 8 元的消费，因此，单计算行食住、游购娱等最基本的游客消费，迪士尼每年带来的服务业产值将达到 160 亿元。

由此，上海旅游、酒店、餐饮、观光、交通等产业将直接受益。毫无疑问，上海迪士尼乐园建成后，将会分流香港迪士尼乐园的客流。一位专家评论说，这也都说明了上海迪士尼一旦建成运营起来，能给我国带来巨大的收益，若未来真的能带来巨大收益，我国政府可投资引入其他类似项目。

（2）启示。从表11-2项目公司资金注入表以及其他资金相关资料来看，我国政府在上海迪士尼项目的资金注入过大，从项目投融资和管理角度来看，应该借鉴巴黎，香港迪士尼的经验，我国政府可以出资，但也应当适量。尽量避免当地政府和国家在参与迪士尼项目建设过程中消耗过大的现象，毕竟成本回收较为缓慢。

表 11-2　　　　　　　　　　　　上海迪士尼项目公司资金注入表

公司名称	注册资金	中方持股比例	美方持股比例
上海国际主题乐园有限公司	1 713 600 万元	57%	43%
上海国际主题乐园配套设施有限公司	316 796.76 万元	57%	43%
上海国际主题乐园和度假区管理有限公司	2000 万元	30%	70%

本章小结

本章主要从国内外的角度，介绍了有关工程项目融资的典型案例，分别从融资方式、投资结构、融资风险和防范等不同层面去解析，将前述章节融资的理论的基本内容和工程实践案例相结合，从而达到理论与实践相结合的教学效果。

思考题

1．试总结英法海峡隧道项目失败的原因。
2．简述泉州刺桐大桥的融资方式。
3．简述北京地铁四号线的主要融资模式。
4．简述影响港珠澳大桥融资决策的因素。

参 考 文 献

[1] 中国国际工程咨询公司. 投资项目可行性研究报告编写指南（2023 年版）[M]. 北京：中国电力出版社，2024.

[2] 王治，郭爱军. 工程项目投资与融资 [M]. 北京：高等教育出版社，2023.

[3] 卡梅尔·F. 德·纳利克，弗兰克·J. 法博齐. 项目融资：分析和构建项目 [M]. 上海：上海人民出版社，2023.

[4] 徐耸，彭志胜. 绿色建筑项目投融资决策与评价 [M]. 北京：化学工业出版社，2023.

[5] 陈德强. 工程项目融资 [M]. 重庆：重庆大学出版社，2023.

[6] 吕峰. 项目投融资模式和金融工具研究与创新 [M]. 北京：中国建筑工业出版社，2022.

[7] 马秀岩，卢洪升. 项目融资 [M]. 5 版. 大连：东北财经大学出版社，2022.

[8] 项勇，卢立宇，徐姣姣. 建设工程项目投资与融资 [M]. 北京：机械工业出版社，2021.

[9] 宋映忠，等. PPP 项目融资实操指南 [M]. 北京：中国市场出版社，2020.

[10] 郑宪强. 工程项目融资 [M]. 2 版. 武汉：华中科技大学出版社，2020.

[11] 约翰·特里安蒂斯. 项目融资实务指南 [M]. 北京：机械工业出版社，2020.

[12] 吴泽斌，吴伟程. 工程项目投融资管理 [M]. 北京：中国建筑工业出版社，2019.

[13] 胡恒松，陈德华，黄茗仪，等. PPP 项目可融资性评价研究与应用 [M]. 北京：经济管理出版社，2019.

[14] 宋永发，石磊. 工程项目投资与融资 [M]. 北京：机械工业出版社，2019.

[15] 芭芭拉·韦伯，米丽娅姆·斯托布-比桑. 基础设施投资指南 [M]. 北京：机械工业出版社，2018.

[16] 叶苏东. 项目融资 [M]. 北京：清华大学出版社，2018.

[17] PMI 项目管理协会. 项目管理知识体系指南（PMBOK 指南）[M]. 北京：电子工业出版社，2018.

[18] 陈洁. 建设项目 PPP 融资模式风险识别及控制策略研究 [M]. 北京：经济科学出版社，2018.

[19] 爱德华·耶斯库姆. 项目融资与实务 [M]. 北京：中国金融出版社，2017.

[20] 王盈盈，冯珂，王守清. 特许经营项目融资：PPP [M]. 北京：清华大学出版社，2017.

[21] 李开孟，孙慧，范志清. 工程项目融资评价理论方法及应用 [M]. 北京：中国电力出版社，2017.

[22] 芭芭拉·韦伯. 基础设施投资策略、项目融资与 PPP [M]. 北京：机械工业出版社，2016.

[23] 王广斌，安玉侠. 项目融资 [M]. 上海：同济大学出版社，2016.

[24] 爱德华·法夸尔森. 新兴市场公私合作模式 [M]. 北京：中国电力出版社，2015.

[25] 马丽. 经营性公共基础设施 TOT 项目融资集成管理研究 [M]. 四川：西南财经大学出版社，2015.

[26] 赵辉. 基础设施项目融资模式及其选择研究 [M]. 天津：南开大学出版社，2014.